我们 一起 解决 问题

数据权益资产化与监管

大数据时代的个人信息保护与价值实现

朱晓武 黄绍进 ◎ 著

人民邮电出版社

北　京

图书在版编目（ＣＩＰ）数据

数据权益资产化与监管：大数据时代的个人信息保护与价值实现 / 朱晓武，黄绍进著. -- 北京：人民邮电出版社，2020.9（2022.1重印）
ISBN 978-7-115-54579-4

Ⅰ. ①数… Ⅱ. ①朱… ②黄… Ⅲ. ①个人信息－法律保护－研究－中国 Ⅳ. ①D923.74

中国版本图书馆CIP数据核字(2020)第144217号

内 容 提 要

随着大数据、人工智能等新技术的迅速发展，人们在获得互联网红利的同时也面临着隐私信息泄露的风险。如何保护个体免受信息泄露、滥用带来的不法侵害，同时又能够有效利用个人信息促进数字经济的发展，成为全社会面临的挑战。

本书以国家大数据战略为导向，从法、商结合的视角，对于将数据权益纳入生产要素参与市场化配置进行了深入研究，并在此基础上结合国内外数据权益实践案例，提出了数据权益资产化的全新解决方案，详细阐述了如何通过数据权益资产化平衡个人信息保护和利用之间的矛盾，如何对个人信息进行确权、定价，如何建立数据确权和定价机制，如何建立数据市场监管体系，如何利用区块链技术实现数据权益资产交易，以及如何设计个人信息交易的商业模式等。

本书的研究成果对我国数字经济的发展有重要的理论创新意义和实践价值，能够为互联网公司、网信部门等机构提供参考。

◆　　　著　　朱晓武　黄绍进
　　　责任编辑　杨佳凝
　　　责任印制　彭志环

◆ 人民邮电出版社出版发行　　　北京市丰台区成寿寺路 11 号
　邮编 100164　电子邮件 315@ptpress.com.cn
　网址 https://www.ptpress.com.cn
　北京虎彩文化传播有限公司印刷

◆ 开本：700×1000　1/16
　印张：17　　　　　　　　　2020 年 9 月第 1 版
　字数：250 千字　　　　　　2022 年 1 月北京第 3 次印刷

定　价：79.80 元

读者服务热线：（010）81055656　印装质量热线：（010）81055316
反盗版热线：（010）81055315
广告经营许可证：京东市监广登字20170147号

前 言

　　随着信息技术的发展，数据在社会发展和科技进步中起到越来越重要的作用。2015 年，党的十八届五中全会正式提出"实施国家大数据战略"，全面推进我国大数据的发展和应用，加快建设数据强国，推动数据资源开放共享，促进经济转型升级。2020 年 4 月 9 日，中共中央、国务院发布《关于构建更加完善的要素市场化配置体制机制的意见》，将数据纳入生产要素参与市场化配置，并提出"加快培育数据要素市场：研究根据数据性质完善产权性质，制定数据隐私保护制度和安全审查制度，推动完善适用于大数据环境下的数据分类分级安全保护制度，加强对政务数据、企业商业秘密和个人数据的保护"。

　　实现国家大数据战略，推进数据生产要素市场化配置，必须解决以下几个问题：如何平衡隐私保护和数据利用之间的矛盾；如何确立数据产权；如何为数据定价；如何打破数据流通壁垒，构建数据交易的商业模式；如何监管数据市场等。针对上述问题，本书作者在回顾了国内外研究现况，调研了诸多数据治理的实践案例，并经过反复讨论后，以"个人信息"为研究对象，通过探讨个人信息的数据权益资产化与监管来尝试回答上述问题。

　　本书作者以国家大数据战略为方向，对个人信息这一数据生产要素的确权、定价、流通、监管进行了深入的研究和案例分析，并设计了相关的数据交易商业模式。个人信息在促进经济发展、科技进步的过程中日益显现出巨大价值，但由于个人信息涉及隐私问题，所以必须加以重点保护。公民作为个人信息的数据权益所有者，对自身信息的掌握最为真实、全面，对自身信息的共享和交易较为便利。因此，如何激励公民在安全的前提下维护并共享个人信息成为使个人信息发挥价值的重要议题。

个人信息的数据权益资产化可以有效解决个人信息的合法流通和交易问题。通过采取"谁产生、谁维护、谁受益"的方式来保护和利用个人信息，将个人信息进行确权、定价，使其在数据权益所有人授权的情况下实现安全交易，真正做到"我的信息我做主"，并且在解决个人信息合理合法使用问题的同时，激发公民维护、共享个人信息的积极性，让个人信息这一宝贵资源充分发挥其价值。由于个人信息与隐私紧密相关，因此，个人信息交易必须受到严格监管，尤其是数据权属、交易机制、交易对象等必须有明确的法律法规对其进行监管，从而避免个人信息被滥用、权益被非法侵害，保障大数据战略的健康可持续发展。区块链为数据权益资产化与监管提供了新的实现思路和必要的技术手段，有助于促进相关隐私保护法律的执行，奠定了数字经济发展的基石。本书通过对新冠肺炎疫情中健康码的使用、脸书的个人隐私泄露和 Libra 等案例进行深度分析，进一步说明了数据权益资产化与监管的必要性。

数据权益资产化与监管是一个全新的研究课题，涉及信息技术、法律、金融、经济等多个专业，具有较大的挑战。2018 年年初，本书作者产生了对这一课题的研究构想，在不断吸取国内外研究的前沿成果的基础上，深入企业实践，终于在 2020 年春季完成了本书的写作。在新兴的数字经济领域，实践往往先于学术理论，本书是产学合作的成果。本书作者黄绍进有着丰富的企业实践经验，是国内最先进行个人信息资产化的实践者之一，与朱晓武教授有着长期的合作关系。2019 年，黄绍进加入朱晓武教授领导的中国政法大学全球价值链与票据金融研究中心，担任副主任，展开合作研究，将实践经验上升到理论。朱晓武教授的研究团队中的曾泓叡和董云蕾也积极参与了本书的撰写。

2020 年新冠肺炎疫情期间，朱晓武教授的研究团队经常通宵达旦地撰写书稿，有时候一坐就是数小时，这不仅是对脑力的考验，也是对体力的考验。我们希望努力做好本职工作，为我国大数据的发展贡献绵薄之力。我们要感谢教育部人文社科规划项目（17YJA630148）、中国政法大学优秀中青年教师培养支持计划资助项目（ZQ2017–1003）、中国政法大学科研创新项目（10818418）、北京市社科基金重点项目（18KDAL043）、北京市法学会课题（BLS［2019］B002）、国家计算机网络与信息安全管理中心课题（ZLC–XXYJ–201925）的支持。

数据权益是一个全新的研究课题，本书的观点仅代表我们研究数字经济的阶段性成果。书中难免有疏漏和错误之处，恳请读者指正。

目　录

第 1 章

个人信息时代来临

早晨骑一辆共享单车前往地铁站，中午用手机点一份可口的外卖，周末网购心仪已久的外套，足不出户缴纳水、电、燃气费用……这些已是现代人的日常生活场景。随着互联网技术的快速发展，电子商务、出行服务、智能家居和医疗健康等新兴业态发展迅猛，人们凭借手机就可以方便快捷地体验网上购物、网约车和在线挂号等，各类"互联网＋"的便民服务日益渗透到人们的衣、食、住、行当中，深刻地改变着每个人的生活。

人们在享受互联网带来的便利的同时，个人信息也被保存在网络中，现实中的个人行为在互联网中得到映射，就像一个虚拟的"我"存在于互联网世界中。这个虚拟的"我"由可穿戴设备、车联网、物联网和各类互联网行为，包括社交、购物、出行、医疗等所产生的大量个人信息组成，构成了网络大数据最重要的组成部分。这些数据可以作为生产要素为人工智能提供原材料，更好地为现实的"我"服务，甚至预测未来的发展路径。我们可以想象，未来虚拟的"我"将以合法的身份代替我们完成很多影响未来的事情。在数字经济中，个人信息的价值日益显现，人类将迎来一个全新的数字世界！

1.1 个人信息价值巨大

在互联网兴起之前，信息系统是分散和割裂的"孤岛"，不同的信息系统管理不同的数据，各自的数据量也很小。虽然信息系统有商业智能的概念，但在实际应用中，我们很难在少量数据中找到规律，实现真正的智能化。但进入互联网时代后，人们的衣、食、住、行、社交有很大一部分在互联网上进行，这使得数据集中度大大增加，数据量呈几何级数增长。虽然数据有质量差、单位价值低的问题，但其快速增长、多样、海量的特点，再加上大数据技术的出现和成熟，使得数据的价值充分体现出来。

个人信息作为互联网上最易获得的规模最大的数据种类，已经成为被利用最多、价值最大的一类数据。数据加技术犹如打开了潘多拉魔盒，在释放大量潜能的同时也带来了各种问题。我们的行为暴露在互联网上，各种商品推送和推销电话接踵而至，服务商甚至比我们自己都要了解我们的喜好。例如，我们刚和同事在社交媒体上讨论中午吃什么，外卖 App 就向我们推送了刚才讨论的食物；刚刚搜索房地产信息，中介就打来了电话。

1.1.1　商业价值

个人信息在精准营销、产品制造、商业智能等领域的应用越来越广泛，已经成为数字经济的重要组成部分。企业利用其获取个人信息的便利来提升服务用户的质量。例如，亚马逊通过对用户的购买行为进行统计分析，自动为用户推荐他们可能感兴趣的各种商品；输入法通过收集用户的输入数据，可以为用户提供更强大的词库。某些企业甚至将用户信息卖给广告商以换取收入，同时为用户提供补偿。例如，用户在接受了谷歌扫描邮件内容后，就可以免费使用 Gmail，谷歌则据此为用户推送广告。这种用个人信息作为交换条件的商业模式已经被用户认可，但个人信息的所有者因付出隐私而应得到多少补偿或者回报呢？与那些标明价钱的资产相比，个人信息到底价值几何？

2019 年，世界经济论坛将个人信息定义为"资产类别"，认为互联网用户应当将个人信息看作"银行存款"。有的企业提出数据银行这一概念，鼓励用户将财务信息、医疗记录等个人敏感信息存入网站，并确保用户的个人信息只向合法可信的网站提供。以目前个人信息在商业领域所起的作用及未来的发展趋势来看，个人信息的价值是巨大的。毫不夸张地说，建立在个人信息基础上的数字经济正在形成，而且是新的商业机遇。

1.1.2　社会价值

个人信息不仅在商业方面，而且在医疗科研、社会治理、改善民生、生产制造等领域也已经显现出巨大价值。

1. 医疗科研

在医疗科研方面，相关科研机构通过人类基因研究所发现的重大疾病的规律来提高医疗水平。例如，"中国耳聋基因筛查与诊断临床多中心研究"项目已开发完成病例信息收集系统的建设，利用这个系统可以完成患者的信息录入。该项目为医生和患者以及各个临床分中心之间提供了一个便捷的交流平台，为耳聋基因数据库的构建打下了良好的基础。

2020 年，美国国立卫生研究院（NIH）下属的人类基因组研究所（NHGRI）表示，未来将启动一项新的精准健康研究计划。这个计划将利用现有的基因组信息、生物统计学技术及储存有数十万人类 DNA 序列和电子健康记录的大型基因组数据库来实现大范围的精准健康应用。

2. 社会治理

在社会治理方面，交通管理部门可以通过市民的出行信息制定城市交通规划，并利用个人出行轨迹有效防控突发公共卫生事件。2020 年，新型冠状病毒带来的肺炎疫情来势汹汹，个人信息对社会治理的重要价值更加得到体现。

此次疫情的特点是突发性高、传染性强、扩散性广、风险性大，防控工作任务艰巨、时间紧迫、形势严峻。交通部门、电信运营商及互联网公司等组织利用大数据技术收集个人交通信息，并利用大数据分析人们近期的地理位置信息和时间戳信息，并据此绘制出确诊人员的行动轨迹。除此之外，大数据可以根据确诊人员在确诊日期前　段时间内的密切接触人员的个人交通信息，更大范围且更精确地推断出所有密切接触者，然后通过大数据综合分析确诊人员、疑似人员及相关接触者的个人行动轨迹，从而准确地刻画出跨地区人员的流动信息。这不仅为疫情的精准施治提供了有效指导，也为预测高危地区和潜在高危地区提供了精准的数据支持。

如何获取、描述并分析一个人的轨迹信息和多人之间的位置重叠信息便成为最基础和最重要的问题。因此，无论是手机信令数据信息还是互联网App所获取的位置信息，都成了重要的数据信息资源。

3. 改善民生

在我国的脱贫攻坚战中，大数据和人工智能功不可没！具体表现为各机构可以通过大数据、人工智能采集贫困人口的个人信息，然后在分析这些信息后进行精准扶贫。

打开陕西省汉中市的"互联网 + 精准扶贫信息系统"，点击"我的帮扶户"就能看到这样的信息："李某某，家中 5 口人，耕地面积 1.6 亩，住房面积 80 平方米，砖混结构，已通自来水。2014 年，李某某被识别为贫困户，因病致贫，母亲患有糖尿病……"通过扶贫信息系统，工作人员可以一目了然地看到贫困家庭的基本情况及最近动态。汉中市扶贫干部通过这个系统收集贫困人口的各类信息，并进行综合分析，弄清贫困人口的家庭基本情况、致贫原因、帮扶需求等。这一系统为汉中市 23 万户 67 万建档立卡贫困人口建立了到户到人的"云档案"。

每一位贫困户的基本信息被扶贫工作人员采集后，由微观信息形成"贫困对象分布云地图"，工作人员点击进去便可查看村组信息、人口规模、贫困发生率、脱贫计划、贫困户基本情况等各类帮扶信息。通过大数据精准分析贫困户的个人信息，对扶贫对象进行精细化识别，对扶贫项目、资金、措施进行精准安排，对扶贫形成有效管理，从而使扶贫工作效率倍增。

未来，随着大数据和人工智能技术的逐步完善，个人信息将发挥越来越重要的作用，个人信息的价值将更加巨大！

1.2 大数据战略与数字经济

1.2.1 大数据战略

2012 年 7 月，联合国发布了《大数据促发展：机遇与挑战》白皮书，自此宣告人类社会即将进入大数据时代。大数据时代是根据科技发展标准而对人类社会发展阶段进行的划分，"本质上来说并不是又来了一个新时代，而是后工业社会或信息社会的真正来临"。为应对信息时代在大数据方面的发展和挑战，世界各国纷纷行动。

1. 中国的大数据战略

为适应新时代的发展要求，党中央抓住大数据时代的重大机遇，高度重视大数据的发展，实施国家大数据战略。从 2013 年开始，习近平总书记围绕大数据先后发表了一系列重要讲话，为推动国家大数据战略的制定与实施提供了理论指导和行动指南。2014 年 3 月，大数据第一次被写入中国政府工作报告。2015 年 8 月，国务院常务会议通过了《促进大数据发展行动纲要》。在 2015 年 10 月 26 日至 29 日召开的十八届五中全会上，"十三五"规划中提出实施国家大数据战略，其旨在全面推进我国大数据的发展和应用，加快建设数据强国，推动数据资源开放共享，释放技术红利、制度红利和创新红利，促进经济转型升级。至此，大数据战略上升为国家战略。

2. 其他国家的大数据战略

2012 年 3 月，美国发布《大数据研究和发展计划》并成立"大数据高级指导小组"。2013 年，美国推出"数据—知识—行动"计划，同年，美国总统办公室提交《大数据：把握机遇，维护价值》政策报告。2016 年 5 月，美国发布《联邦大数据研发战略计划》，在原有基础上提出美国下一步的大数据发展战略，其中包括提高数据质量、共享价值、保护隐私安全、聚焦新型技术、建设基础设施、加大人才培养和加强合作七大战略，希望建成一个有活力的国家大数据创新生态系统。2019年12月23日，美国行政管理和预算局（OMB）发布了《联邦数据战略与2020年行动计划》。其中战略部分以2020年为起始，描述了美国联邦政府未来十年的数据愿景，并初步确定2020年各级政府机构应当采取的关键行动。这个战略有一个突出特点，即对数据的关注从原来的技术转向资产，把数据作为战略资源进行开发。

2012年9月，欧盟发布了名为《欧洲云计算战略——释放欧洲云计算潜力》的战略规划，希望欧洲可以被打造成推广云计算服务的领先经济体。2013年，英国政府发布了《英国数据能力发展战略规划》，并建立世界首个"开放数据研究所"。2020年2月19日，欧盟发布了《欧洲数据战略》。

2013年6月，日本安倍内阁公布了《创建最尖端IT国家宣言》，该宣言是一个以开放大数据为核心的IT国家战略，希望通过该战略把日本建成具有"世界最高水准的广泛运用信息产业技术的社会"，并强调"提升日本竞争力，大数据应用不可或缺"。

2011年，韩国科学技术政策研究院正式提出"大数据中心战略"，并于2012年就大数据未来发展环境发布重要战略规划。2013年，韩国未来创造科学部提出"培育1 000家大数据、云计算系统相关企业"的国家级大数据发展计划，并出台了《第五次国家信息化基本计划（2013—2017年）》等多项大数据发展战略。随后韩国政府又推出了《数据与人工智能经济激活计划（2019—2023年）》，该计划旨在激活数据价值链，构建世界水平的人工智能创新生态。

1.2.2　数字经济

数字经济是人类通过大数据的"识别—选择—过滤—存储—使用"，引导和实现资源的快速优化配置与再生，实现经济高质量发展的经济形态。根据历次科技革命的经验，大国崛起的关键在于是否能把握历史机遇，在影响全球发展进程的产业和技术中占据最高点。在当前全球大环境下，各国纷纷将数字经济看作实现经济复苏及推动可持续发展的关键。

根据中国信息通信研究院发布的《全球数字经济新图景（2019 年）》报告中测算的 47 个国家的数字经济发展情况，这 47 个国家的数字经济总规模超过 30.2 万亿美元，占 GDP 比重高达 40.3%。全球大约有一半的国家，其数字经济规模超过 1 000 亿美元。其中，美国和中国的数字经济规模分别蝉联全球第一和第二，美国达到 12.34 万亿美元，中国则达到 4.72 亿美元，如图 1-1 所示。

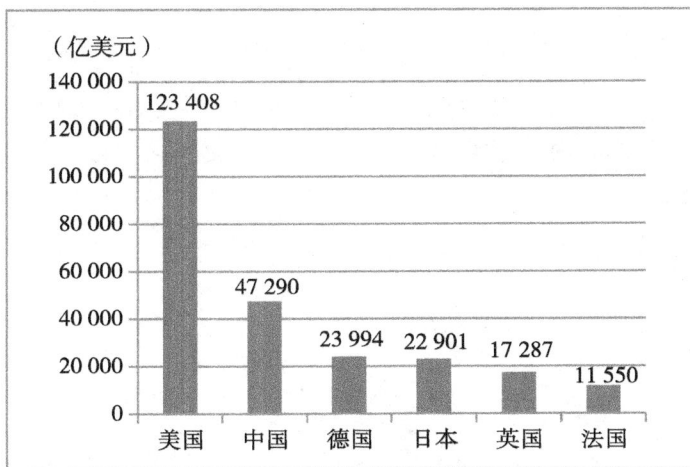

图 1-1　数字经济规模前六名的国家

1. 中国的数字经济发展情况

我国数字经济的发展成果离不开党和国家的战略眼光以及政策的大力扶持。2018 年，党的十九大和全国两会提出发展数字经济，建设数字中国。《国家信息化发展战略纲要》提出"加快建设数字中国"。《"十三五"国家信息化规划》将"数字中国建设取得显著成效"作为我国信息化发展的总目标。2019 年政府工作报告提出深化大数据、人工智能等研发应用，培育新一代信息技术等产业集群，壮大数字经济。

2003 年"非典"期间，阿里巴巴、京东抓住了发展契机。2020 年新冠肺炎疫情使中国经济遭受了重大损失，谁能把握这次危机中的机遇？新冠肺炎疫情中产生的新需求使大数据、人工智能等领域得到了大范围的普及，更使得学习通、钉钉、企业微信、腾讯会议等平台的注册用户暴增。传统经济因疫情防控阻断了大规模的人员流动而受损，人们的行为方式纷纷转向互联网，在线医疗、在线教育、视频会议等数字经济行业一片火热。这些线上服务和模式让用户在疫情当中有了更直接的体验，也在潜移默化中培养和转移了用户的行为习惯，使更多的数字化服务脱颖而出。这场没有硝烟的战争成了数字经济快速发展的催化剂，数字经济将成为中国经济的重要支柱之一。

其实，数字经济的魅力并非因为此次疫情的爆发才被认识到。《2019 年中国数字企业白皮书》中的调研结果显示，截至 2019 年，数字化转型 0 ~ 3 年的企业占 59.2%，数字化转型 4 ~ 10 年的企业占 26.4%，数字化转型超过 10 年的企业占 5.7%，如图 1-2 所示。

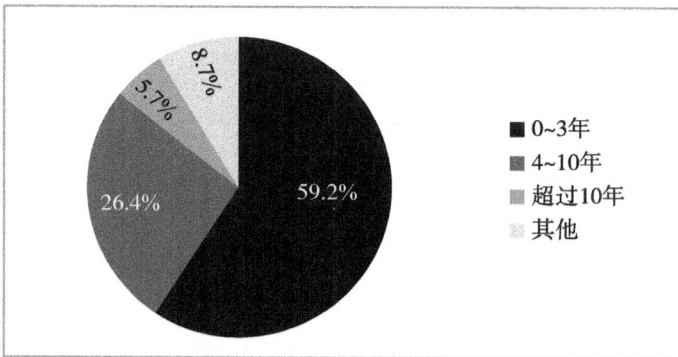

图 1-2 中国企业数字化转型时间

2. 其他国家的数字经济发展情况

美国是全球最早布局数字经济的国家。20 世纪 90 年代，美国先后发布了《新兴的数字经济（1999）》《数字经济（2000）》《数字经济（2002）》《数字经济（2003）》等报告。2015 年，美国商务部成立了数字经济咨询委员会，旨在"为数字时代的经济增长和机遇提出建议"。2016 年 7 月，美国贸易代表办公室成立了数字贸易工作组，旨在"快速识别数字贸易壁垒，制定相应政策规则"。2018 年，美国政府颁布了《国家网络战略》等规划，明确表达了对未来数字经济发展的愿景。

英国是最早发布数字经济政策的国家。2009 年，英国政府发布了《数字英国》计划，这也是数字化首次以国家顶层设计的形式出现。随后，英国政府又发布了《信息经济战略（2013）》《数字经济战略（2015—2018）》等。这些战略文件中明确了英国数字经济发展的短期方向和长期目标，并希望将英国建设成为数字经济强国。2010 年 4 月 8 日，英国议会通过了《数字经济法案（2010）》，该法案于同年 6 月开始施行。2017 年 4 月 27 日，英国上议院通过了《数字经济法案（2017）》，并获得王室同意，该法案中的部分条款在该法案通过当日立即生效。

东南亚是全球数字经济发展的热门地区之一，东南亚各国多年来从区域和国家层面纷纷出台数字经济规划，比如《东盟电子商务协议》《东盟数字融合框架》。东南亚各国希望将自身打造成一个有竞争力的全球数字经济中心之一。

1.3 数据治理

1.3.1 我国数据治理现状

随着 21 世纪第四次工业革命的兴起，万物互联（IoE）正深刻改变着人们的思维方式，影响着世界的格局，数据与各行各业的结合使个人信息展现出巨大价值。但是，个人信息在实际应用过程中也存在诸多问题。近年来，某些机构或个人通过非法手段盗取个人信息，实施网络暴力、网络钓鱼、电信诈骗等损害公民权益甚至违法犯罪的行为时有发生。另外，外国商业机构或其他组织通过提供各类服务，也在不受限制地收集我国公民的个人信息，对我国国家安全造成隐患。由于我国是互联网大国，网民人口众多，所以数据治理的难度相对其他国家更大。

从个人信息的利用角度来看，互联网行业的头部效应使得大量的个人信息掌握在大型互联网公司手中，互联网公司在提供服务的同时通过用户注册、实名认证、数据采集等方式获取了大量的个人信息。这些信息以文本、结构化数据、影音文件等形式存储在服务机构的数据中心，为自身业务所用。在这种情况下，一方面，由于自身业务范围所限，企业只能收集与其业务相关的信息。例如，电商平台只能获得个人线上购物信息，社交平台只能获得个人社交信息，出行服务平台只能获得个人出行信息等，甚至同一服务机构内部获得的信息也有局限性。例如，医院的各个科室只能获取和本科室相关的医疗数据。各机构之间行业跨度大、信息壁垒强，加之出于商业利益的考虑，数据共享难以真正实现。另一方面，用户在填写个人信息时，出于隐私保护，往往不会填写真实的信息，即便填写了真实的信息，也很难做到随时更新，保持其有效性，以至于各服务机构数据中心个人信息的真实性、完整性和时效性难以得到保证。这些问题对个人信息的有效利用造成了阻碍，需要新的长效机制予以解决。近年来，国家对数据治理的重视程度进一步加强，从战略方针及政策方面对大数据及数字经济制定了不同程度的规划，对社会的信息化建设提出了更高的要求。

1.3.2 全球数据治理存在的问题

当今世界，数据已经成为促进全球经济增长和推动创新的重要资源，世界各国纷纷加强数据治理，但是目前全球的数据治理还存在着一系列问题。

- 目前的治理体系缺乏统一架构。虽然在数据治理体系内存在国际层面、地区层面、国家层面及地方层面的法律法规、公约、协议和标准等，但是不同规范之间的差异导致整个治理体系的清晰度不够，这个问题削弱了治理规则的有效性。

- 现有的数据治理规则更多地体现在对数据的保护上，而不是如何有效使用数据。而对数据的过度保护可能会限制医疗、教育和商业等领域的创新。

- 现有的数据治理框架缺乏可以有效执行的全球化标准和透明度。数据在贸易、创新、国家安全和移民等全球各个领域发挥着越来越重要的作用。建立统一的全球数据治理原则，能够提升各国对数据治理的统一理解。

1.3.3　当前数据治理的主要研究

张明英等（2015）对《数据治理白皮书》进行解读，将数据定义为一种通过服务产生价值的资产，数据治理则是在数据产生价值的过程中，治理团队对其进行的评价、指导和控制。格拉塞特（Grasselt）、迈克（Mike W）等（2017）认为，数据治理是一种控制，这种控制能确保录入人员或经过自动化流程输入的数据符合精确的标准。周毅等（2019）将数据治理定义为"指向数据的治理"，其价值贡献在于确保数据的准确性、可获取性和安全性，并能够适度分享与合规使用。颜佳华等（2019）对数据治理进行了拆分，并对数据治理赋予了双重内涵：一方面是"依数据的治理"，强调数据为治理开辟了一个新的视角，推动治理主体重新审视社会治理；另一方面是"对数据的治理"，强调治理的对象是数据。

现阶段，国内外关于数据治理方面的研究成果较少，且多集中于政府和企业的数据治理研究。而本书主要站在全社会公民个人信息数据治理的角度，将数据治理定义为规范全社会公民数据的确权、控制、使用、共享与保护的整个过程，从而统一公民对个人数据资产的所有权与收益权。

1.4　个人信息价值化的重要意义

长久以来，个人信息通过收集、传播、整合等多种形式持续发挥着稳定且重要的社会作用。随着互联网和信息技术的普及，个人信息已从简单的沟通工具转变为一类催生信息化产品及服务的特殊要素，并由此表现出了巨大的商业价值。在当前的信息社会中，个人信息是一种基础资源，对个人信息进行合法、有效的开发和利用，可促成信用经济的形成，实现信息社会的进一步发展。现有的互联网技术已经拥有强大的数据收集、处理和分享的能力，信息技术促进了个人信息交易的飞速发展，并创造了新的财富。信息的价值一直都是经济分析的主题，市场中现存的大量有效利用个人信息提升企业效益的成功案例，充分证明了个人信息在市场行为中的不菲价值。

随着大数据、人工智能和数字经济的蓬勃发展，个人信息在政治、经济和科技等领域凸显出了巨大价值，若一味地强调对个人信息进行保护而忽略使用，将会造成一种资源浪费。因此，将个人信息价值化十分必要且有重大意义。

1. 政府层次

个人信息价值化对于政府的意义在于，在个人信息保护和利用之间架起沟通桥梁。随着时代的发展和互联网的普及，我们正处于一个高度信息化的生存环境，个人信息也随之在虚拟空间产生并被记录，有越来越多的声音呼吁对个人信息进行保护，比如齐爱民（2005）认为，应该采取一种新的民事权利，并称之为"个人信息权"。2017 年，全国两会提交的《关于制定〈中华人民共和国个人信息保护法〉的议案》建议尽快制定《中华人民共和国个人信息保护法》（以下简称《个人信息保护法》），并将《中华人民共和国个人信息保护法（草案）》（以下简称《草案》）作为附件提交。个人信息价值化的基本理念与《草案》十分一致，因此可作为出台《个人信息保护法》的相关措施，解决因法律保护过度而忽视个人信息使用的问题。《草案》中的

第 14 条"信息访问权"规定：个人信息权人得以查询、访问其个人信息及其有关的处理的情况，并要求答复。该条款为个人收集、整理、维护自身信息提供法律支持，为个人信息价值化提供了落实基础。与此同时，个人信息价值化也为出台《个人信息保护法》提供支持，它解决了个人信息保护和利用之间的矛盾。

2. 使用者层次

个人信息价值化能够促进使用者开发利用个人信息的合法化、规范化，并助力个人信息需求产业健康持续发展。个人信息价值化后，使用者可准确知道其所需的个人信息的相对真实估值，并据此制定相应措施，鼓励个人信息主体主动分享更多信息。阿杰伊（Adjei）指出，若个人信息价值化的可信度超过信息主体的隐私顾虑，即潜在利益超过风险时，信息主体会愿意提供个人信息并使其价值化。我国目前尚未建立个人信息交易市场，个人信息在使用者和信息主体之间自发、盲目地交易。而个人信息价值化后可促使交易市场的建立，约束交易行为并使其走向透明化、规则化，有利于协调信息使用者和信息主体在个人信息的产生、流通和交易等步骤上的关系，促进个人信息合理共享，帮助个人信息需求产业持续健康地发展。

3. 个人层次

个人信息价值化可在一定程度上抑制个人信息被滥用，并在获得信息主体许可后得到经济收益。无论我们的心情如何，个人信息早已在我们毫无防备的情况下进入了政府和商业机构的数据库中，个人信息主体已经失去控制个人信息的能力。个人信息价值化于个人的意义有三个方面：第一，个人信息使用前，在保护个人权利的前提下，可防止使用者滥用个人信息，政府部门和商业机构在使用个人信息前需要考虑成本问题；第二，个人信息使用时，个人信息主体拥有选择权，有权选择是否允许使用者访问其个人信息数据端；第三，个人信息使用后，个人信息主体据此可以获得经济收益。

第 2 章

个人信息权之争

2.1　个人信息保护亟待加强

随着数字经济的蓬勃发展，新的商业模式越来越依赖个人信息。正因为个人信息的用途愈加广泛，产生的价值也愈加巨大，许多违规行为也就由此产生。网络与居民生活的深度融合使我们能够借助互联网实现越来越多的行为，我们运用个人信息注册账号获取服务，但服务提供机构如何使用这些个人信息，作为信息主体的我们却并不完全知情。我们真的能做到"我的信息我做主"吗？

近年来，用户个人信息被泄露甚至被贩卖的事件屡见不鲜，仅 2019 年前三季度全球披露的数据泄露事件就达 5 183 起，比 2018 年（3 886 起）上涨 33.3%。下面我们来看看 2019 年国内外发生的 17 起大规模的数据泄露事件。

2.1.1　2019 年国内发生的重大数据泄露事件

2019 年 2 月，荷兰 GDI 基金会的安全研究员发现，中国深网视界科技有限公司泄露了超过 250 万人的人脸数据。泄露的原因是该公司的 MongoDB 数据库没有访问限制，而是直接开放在互联网上。这起事件泄露了 68 万条数据，数据类型包括身份证信息、人脸识别图像和图像拍摄地点等。

2019 年 4 月，哔哩哔哩公司（B 站）的后台源码被上传到 GitHub 上，出现了一个叫作"openbilibili/go-common"的代码仓库，在短短 6 个小时就获得了 6 000 多个"Star"和"Fork"。这个代码仓库内包含了很多密钥、密码等敏感信息。

2019 年 4 月，根据 ZDNet 的报道，有研究人员发现，国内多家企业在 2019 年前 3 个月出现数起简历信息泄露事件，其中涉及 5.9 亿份简历。而绝大部分简历之所以被泄露，主要原因是 ElasticSearch 和 MongoDB 服务器的安全措施不到位，访问者不需要密码就能访问并获得数据。

2019 年 7 月，vpnMentor 研究人员发现，中国智能家居公司欧瑞博的产品数据库被暴露在互联网上，且无任何密码保护。该数据库有超过 20 亿条日志，包括用户名、电子邮件地址、密码、精确位置等信息。从该起数据泄露事件来看，20 亿条级别的记录是国内外 2019 年度报道的数据泄露事件中数量最大的。

2019 年 9 月，据 Security Affairs 报道，德国有研究人员发现，将近 600 个未受保护的服务器暴露在互联网上，其中就包括中国的 14 个未受保护的 PACS 服务器系统。该起泄露事件涉及中国患者近 28 万条数据记录，这些数据记录十分详细，大多包括姓名、出生日期、主治医师、检查日期、检查范围等个人信息。

2.1.2　2019 年国外发生的重大数据泄露事件

2019 年 2 月，Security Discovery 安全研究人员发现，一个不受保护的服务器公开了美国电子邮件验证公司 Verifications.io 4 个在线 MongoDB 数据库，其中包含 150 GB 的详细营销数据和 8 亿多个不同的电子邮箱地址。这些营销数据包含了消费者的个人数据，还有类似商业情报的数据，比如不同公司的员工信息和收入信息。

2019 年 2 月，法国安全研究员发现，印度天然气能源公司 Indane 泄露了客户的信息，预计泄露的总人数可能超过 670 万。该起事件发生的原因是这家能源公司存在访问者可以"绕过登录页面，直接获得访问经销商数据库的权限"的漏洞，暴露了数以百万计的 Aadhaar（印度国家生物识别项目）

生物识别数据库信息，这些信息包括客户的姓名、家庭地址及隐藏在每条记录链接中的身份号码（Aadhaar ID）。

2019 年 2 月，美国金融公司 Evite 报告称，有未经授权的黑客获得了一个不活跃的数据存储文件。这个文件包含了 Evite 2013 年及更早时期的用户信息。根据 Evite 发布的安全通知，暴露的信息可能会包含用户的姓名、密码、用户名和电子邮件地址等。

2019 年 2 月 28 日，网络安全公司 Gemini 在暗网上发现了美国医疗机构 Medical Collection Agency 长期泄露的累计 2 000 万美元的客户逾期付款记录，其中就包括这些客户的银行账户和社会安全号码等敏感信息。据 Gemini 分析，这些信息可能是黑客在医疗信息收集机构的在线门户网站上窃取的。

2019 年 3 月，美国联邦应急管理局泄露了 230 万条敏感信息，该起事件中泄露的数据并非都是黑客所为。根据监察长办公室发布的消息，美国联邦应急管理局于 2019 年 3 月曾发布在几次自然灾害中的幸存者的个人身份敏感信息。监察长办公室表示，这些信息是不允许被公布的，美国联邦应急管理局的行为违反了 1974 年颁布的《隐私法案》。

2019 年 3 月 22 日和 23 日，一名黑客潜入了美国第一资本投资国际集团 Capital One。美国司法部称，这名黑客是通过一个配置错误的 Web 应用程序防火墙来获取信息的。这起入侵事件导致 1.06 亿条信息被泄露，其中包含客户的姓名、出生日期、家庭住址、电话号码、邮政编码和电子邮件地址等个人基本信息，在某些情况下，甚至客户的信用信息也会暴露。

2019 年 5 月，安全研究员鲍勃·迪亚琴科（Bob Diachenko）在使用搜索引擎 Shodan 时发现，他可以在亚马逊 AWS 上公开访问印度某公司的 MongoDB 数据库。这个大型数据库包含约 2.75 亿条印度公民详细的个人信息，包括姓名、性别、出生日期、电子邮件、手机号码、教育程度、所学专业、工资等。

2019 年 5 月，根据日本媒体报道，优衣库的母公司迅销集团发表了一份声明。该声明称,"2019 年 5 月 10 日,除客户以外的第三方未经授权不可登录公司运营的在线商店网站"。由于优衣库的在线商店网站存在漏洞,使得黑客可以访问在线商店网站上的客户数据。该起事件影响了超过 46 万名客户,泄露的个人信息包括客户的姓名、家庭住址及联系方式。

2019 年 9 月,网络安全公司 vpnMentor 发现,厄瓜多尔的 Novaestrat 公司服务器发生数据泄露事件。这起事件涉及超过 2 000 万人的数据信息。值得注意的是,厄瓜多尔总人口只有 1 700 万,数据泄露范围还包括已故人口,内容涉及公民的姓名、出生日期、身份证件号码、家庭住址、个人税号和雇佣信息等。除此之外,公民的个人财务信息也被泄露,包括银行账户信息、信用类型、个人收支情况等。

2019 年 9 月,根据马印航空的相关证实,有几百万条乘客的个人信息被泄露,其中包括护照信息、电话号码和住址等,并且这些信息还被上传到数据交换论坛。根据马印航空于 2019 年 9 月 23 日发表的声明,乘客的个人信息被泄露是由两名供职于为马印航空提供电商服务的 GoQuo 公司前职员不恰当地获取并盗窃了乘客的个人数据造成的。

2019 年 10 月,研究人员发现,暴露在外的美国数据公司 OxyData.io 和人员数据实验室(People Data Labs)的 Elasticsearch 服务器,里面包含超过 4TB 的数据,存储了近 12 亿人的个人和社交信息。这个暴露在外的服务器所泄露的数据包括姓名、电话号码、电子邮件地址和脸书的账户信息等。此次数据泄露涉及 12 亿人的个人信息,为 2019 年度报道的国外最大的数据泄露事件。

2019 年 12 月,vpnMentor 研究人员发现,美国的短信服务商 TrueDialog 管理的一个数据库被泄露。这个数据库包含了数年来企业向潜在客户发送的几千万条 SMS 短信,其中包括客户的用户名、电话号码、短信内容和密码。这个数据库包含了超过 10 亿条的记录,该起事件涉及 1 亿多名美国公民。

2.1.3　个人信息泄露事件分析

如图 2-1 所示，从上述事件泄露的数据类型来看，首先泄露最多的就是个人基本信息（占比 53%），比如姓名、家庭住址、出生日期、身份证件号码及电话号码；其次是个人的账号密码信息；最后是敏感信息，包括生物识别信息、收入信息和医疗信息，其中，生物识别信息是指人脸识别、指纹和虹膜等信息。

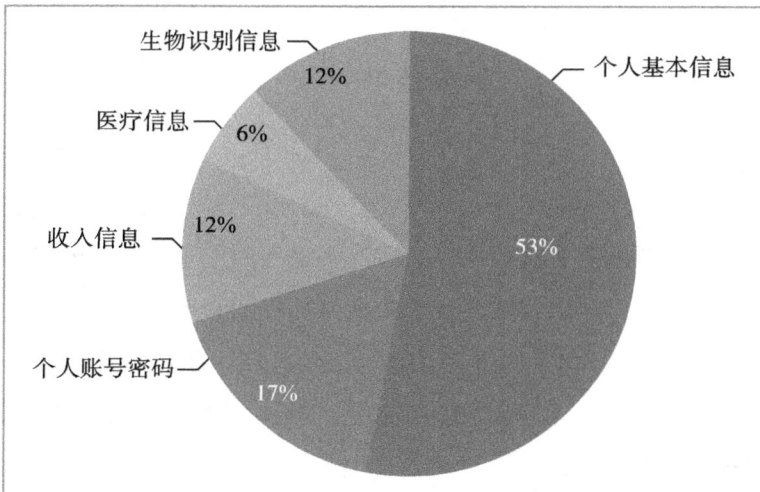

图 2-1　数据泄露类型分布图

如图 2-2 所示，信息泄露主要是由服务器在互联网上暴露与服务器配置问题所引起的。服务器存在漏洞是造成数据泄露的重要原因，并由此导致黑客入侵窃取数据。企业应当重视服务器的安全防护能力，并采取一定的安全措施，比如定期进行漏洞扫描、及时更新软件补丁等。

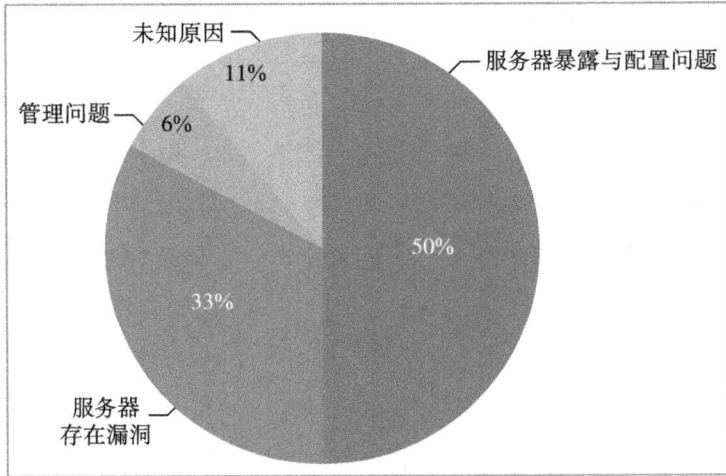

图 2-2　数据泄露原因分布图

从我国的《中华人民共和国网络安全法》（以下简称《网络安全法》）和欧盟的《通用数据保护条例》（GDPR）对数据泄露的定义与范畴来看，前文列举的数据泄露事件可以被定义为个人信息数据的大规模泄露。其中，像人脸数据、账号密码、SMS 短信、财务信息和医疗诊断记录这类个人敏感信息一旦流入非法市场，出现定向电信诈骗、定向网络攻击等违法犯罪行为，其后果将不堪设想。

从上述信息泄露事件中我们不难看出，在如今的互联网时代，我们的个人信息早已在不经意间就被存储在各大企业、机构的数据库当中。个人信息并非完全由我们自己掌控，甚至还可能会出现因举证不足而无法上诉的情况。"互联网+"的全新经济模式和商业环境在不断打破传统观念下的确定性，越来越多的不确定因素，特别是个人信息的权属问题开始进入人们的视线。如何合理分配个人信息的权利与义务、推动个人信息确权迫在眉睫。

2.2　个人信息确权的法律探究

确权是指依照法律、政策的规定，确认主体的所有权、使用权及其他权利。法律是统治阶级意志的体现，是国家的统治工具，需要依靠国家强制力保证实施。通过法律条文的约束，可以明确个人信息的初始产权界定，明确权利的性质、内容和归属，从而从根本上解决个人信息权属不明的困境。

2.2.1 法治现状

1. 国际层面

美国政府于 1974 年出台《隐私法案》，强调保护数据主体的隐私权，规范数据处理机构的行为。2018 年 5 月 25 日，欧盟史上最严数据权利保护法《通用数据保护条例》正式生效，该条例明确了数据主体的各项权利，强调保护数据主体的同意权、更正权、被遗忘权、限制处理权、数据携带权、反对权、获得同意权等多项权利，确保数据主体对信息的控制。其中，英国的执法力度最大，2019 年 7 月，英国信息专员办公室分别对万豪国际酒店集团（以下简称万豪）和英国航空公司（以下简称英航）开出了 9 900 万英镑（约合 9.07 亿元人民币）和 1.83 亿英镑（约合 16.76 亿元人民币）的巨额罚单，处罚的原因是这两家公司由于保护措施不力，导致 2018 年发生大规模数据泄露事件。

2. 国内层面

在《中华人民共和国民法总则》（以下简称《民法总则》）颁布前，我国民事立法并没有专门对个人信息权利做出规定，个人信息权利主要通过《中华人民共和国刑法》（以下简称《刑法》）、《中华人民共和国居民身份证法》（以下简称《居民身份证法》）等法律加以保护，相关个人信息保护立法比较碎片化，各法律法规之间缺乏衔接，没有形成体系化的个人信息保护规则。

2010 年 7 月 1 日实施的《中华人民共和国侵权责任法》（以下简称《侵权责任法》）第 36 条"网络侵权责任"要求网络用户利用网络服务实施侵权行为的，被侵权人有权通知网络服务提供者采取删除、屏蔽、断开链接等必要措施。《侵权责任法》更加直接地提出了对数据隐私权的保护，进一步明确了对数据处理机构侵权行为的惩罚。

2013 年 7 月，中华人民共和国工业和信息化部（以下简称工业和信息化部）出台了《电信和互联网用户个人信息保护规定》，该规定进一步明确了电信业务经营者、互联网信息服务提供者收集并使用用户个人信息的规则和信息安全保障措施等。

2016 年 11 月 7 日，全国人民代表大会常务委员会（以下简称全国人大常委会）通过了《网络安全法》，并将个人信息保护纳入网络安全保护的范畴，《网络安全法》第四章"网络信息安全"也被称为"个人信息保护专章"。《网络安全法》的出台意义重大。

第一，《网络安全法》统一了个人信息的定义和范围，将个人信息定义为"以电子或者其他方式记录的能够单独或者与其他信息结合识别特定自然人身份的各种信息，包括但不限于自然人的姓名、出生日期、身份证件号码、个人生物识别信息、住址、电话号码等"。

第二，《网络安全法》是确定个人信息收集和使用的基本原则，具体体现在五个方面：（1）网络运营者收集和使用个人信息必须出于正当目的，应当遵循合法、正当、必要的原则；（2）网络运营者必须公开隐私规则，获得用户同意；（3）网络运营者不得超范围收集、不得违法和违约收集；（4）网络运营者不得泄露、损毁个人信息，应当采取预防和补救措施防止出现个人信息事故；（5）网络运营者应当应个人要求，删除违法、违约信息，并改正有误信息。

第三，《网络安全法》规定了相关主体的个人信息保护义务。例如，未经个人信息主体的同意，不得向他人提供个人信息；任何个人和组织不得窃取或者以其他非法方式获取个人信息，不得非法出售或者非法向他人提供个人信息。

第四，《网络安全法》规定了违反本法应承担的法律责任。例如，《网络安全法》第 64 条规定了主管部门可根据违法情节采取责令暂停相关业务、停业整顿、关闭网站、吊销相关业务许可证或者吊销营业执照等措施；第

74 条规定了违反本法规应当承担的相应的民事责任或刑事责任。

2019 年 5 月，国家互联网信息办公室（以下简称国家网信办）发布了《数据安全管理办法（征求意见稿）》，对个人信息与重要数据的安全管理进行了具体的规定与约束。2019 年 10 月 25 日，由国家网信办发布的《最高人民法院、最高人民检察院关于办理非法利用信息网络、帮助信息网络犯罪活动等刑事案件适用法律若干问题的解释》，对拒不履行信息网络安全管理义务，致使用户信息泄露的八种情形进行了明确的定罪量刑。例如，致使泄露行踪轨迹信息、通信内容、征信信息、财产信息 500 条以上的；致使泄露住宿信息、通信记录、健康生理信息、交易信息等其他可能影响人身、财产安全的用户信息 5 000 条以上的，均应当认定为《刑法》第 286 条第一款第二项规定的"造成严重后果"。

2019 年 10 月，中国民商法律网首次发布了《个人信息保护法（专家建议稿）》（以下简称《专家建议稿》），其中阐述了数据主体享有的各项权利，包括知情权、同意权、查询权、更正权、拒绝权和删除权。随着数据纠纷案件的不断发生，我国对数据主体信息权的探索也在不断深入。《专家建议稿》的发布彰显了国家层面对个人信息权的重视，个人信息确权已提上立法日程。但就现阶段而言，我国政法系统仍缺乏明确的关于个人信息权的法律法规，对个人信息所有权的规范仍不明确，并且在我国的根本大法《中华人民共和国宪法》中依旧未体现对个人信息确权的司法解释。

2.2.2 法治困境

通过探究个人信息确权有关法律法规的现状，我们不难发现，我国在这一领域的法治建设仍需不断完善，如何实现个人信息确权，仍需要进行谨慎的逻辑判断。

首先，若要赋予用户对个人信息的所有权，那么个人信息就必须满足我国民事权利中作为"物权"客体的特性，即特定性、支配性和排他性。然而，个人信息在传播的过程中极易被复制、修改、删除，稳定性的欠缺导致其特定性不足。并且，个人信息在传输时往往会流经多个网络节点，信息主体难以实现对个人信息的完全控制，使其排他性遭到侵蚀。特定性和排他性的缺失使个人信息难以满足作为物权客体的特征要求，所以，如何赋予个人信息的所有权仍有待探究。

其次，由于个人信息承载了数据主体的各种可直接或间接识别其身份或行为的信息，因此，就这部分信息而言，它们可以涉及民事权利中的人格权。同样，随着大数据技术和商品经济的发展，个人信息蕴含的商业价值也不断被挖掘，具有财产属性。然而，个人信息权利主体的分散与杂糅等特性决定了在其确权道路上必定困难重重。

最后，权利主体是民法上权利的归属者，权利的主体为人，包括自然人及法人。个人信息的确权除了应该明确权利内容外，还应该探究这项权利的归属者是谁，以及谁是个人信息的所有者。个人信息在传递、接受和存储过程中并不能像传统实物资产一样实现完全交割，而是容易被复制、备份存放于多个节点中，出现控制主体多元化、分散化的现象，信息提供者和所有信息处理机构都能够同时拥有同一份数据，且数据处理机构会对原始数据进行提纯、整理、分析、总结，挖掘出更多、更有价值的衍生信息，那么这部分衍生信息的处分权应该如何分配？数据处理机构的处分权限是否应受到限制？目前国内许多学者对这一困境提出了不同的看法。王融（2015）认为，原始数据应归本人所有，企业可限制性拥有在原始数据基础上被充分匿名化的数据集。但数据集被匿名化后则不具备对数据主体的可识别性，因此，作者的观点实际是自然人应享有对个人信息的所有权，数据处理机构无权控制。王玉林（2016）认为，数据的拥有者应分为控制人和原权利人，经用户授权的数据处理机构由于投入了资本和设备，所以可作为信息的控制人享有对应的控制权、使用权、收益权和处分权。丁道勤（2017）认为，个人数据应分为基础数据和增值数据，数据处理者享有对数据主体基础数据经编辑加工和分析后产生的增值数据的所有权。周林彬等（2018）认为，在大数据时代，个人信息应归个人所有，用户对自己不愿意公开的信息享有被遗忘权，但在数据挖掘阶段产生的衍生数据，其处分权应归大数据挖掘者所有。

综上所述，如何规范个人信息权属问题，如何划分原始信息和衍生信息的界限，数据处理机构对个人信息的权限应如何分配，仍是目前我国个人信息确权法律需要探究的重要环节。

2.3　个人信息确权的未来发展趋势

2.3.1　完善法律制度

目前，个人信息的泄露已经引起了国家层面对数据权利归属问题的重视。2010 年，英国首相戴维·卡梅伦提出"数据权"（Right to Data）的概念，并将"数据权"视为每位公民都应享有的基本权利。之后，英国女王伊丽莎白二世也呼吁保障全社会公民的"数据权"。2017 年 12 月，习近平总书记主持中共中央政治局第二次集体学习时强调："要制定数据资源确权、开放、流通、交易相关制度，完善数据产权保护制度。要加大对技术专利、数字版权、数字内容产品及个人隐私等的保护力度，维护广大人民群众的利益，维护社会稳定和国家安全。要加强国际数据治理政策储备和治理规则研究，提出中国方案。"各国政策的出台表明，个人信息的权利问题已引起社会广泛关注，但确保个人对信息的所有权、控制权，真正做到"我的信息我做主"，仍需要法律、技术等手段的支撑。

1. 权利主体与权利客体

首先，应明确个人信息确权的权利主体与客体。权利客体是指能够直接或间接识别数据主体身份或行为的个人信息。权利主体则是个人信息的生产者。毋庸置疑，自然人作为个人信息的生产者应该享有对个人信息的各项权利，在信息传输的过程中应充分保护自然人的信息不被非法复制、窃取。法人、非法人等法律主体在获取用户授权后收集用户个人信息，并在此基础上投入资本、设备、人力等对其进行提纯、分析与挖掘，由此产生的企业所需的匿名数据集合应由数据处理机构享有对它们的控制权和处理权，但这部分信息由于经过匿名化已失去了作为个人信息应该具备的可识别性，因此这并不意味着数据处理机构能够享有对个人信息的控制权。未经匿名化的数据集合仍能直接或间接识别数据主体的身份或行为，仍符合个人信息的概念，仍涉及个人隐私，因此，数据处理机构对这部分信息享有的权利应受到限制，权利主体仍应是作为信息生产者的个人。

现阶段，我国多数公民的个人信息都掌握在少部分企业手中，被数据处理平台所控制，这在一定程度上会对公民的隐私安全甚至国家安全产生威胁。通过立法，明确个人信息的权利主体，让信息真正掌握在自己手中是个人信息确权的关键一步。

2. 权利的内容

2019 年 3 月 4 日，在十三届全国人大二次会议新闻发布会上，个人信息保护再次成为全国两会热点。全国政协委员、中华人民共和国公安部（以下简称公安部）原副部长陈智敏表示，我国法律缺乏对数据所有权、使用权、管理权、交易权及享有权的分配和界定，造成许多数据流通矛盾。数字经济时代，个人信息已成为一种新的生产要素被应用于各行各业，个人信息的交易与流通无法避免。然而，我国法律并未明确赋予个人信息资产的属性，导致其所有权、使用权、管理权等权利无法落实，由此滋生出许多盗用个人信息、侵犯个人隐私的行为。明确个人信息的权属问题，将数据权益资产化，赋予数据主体对个人信息的所有权、管理权、交易权等还需要通过法律条文进行约束。除此之外，法律还应限制数据处理平台对用户信息的挖掘使用，禁止过度挖掘，保护公民隐私和公共安全。

与此同时，我们还应借鉴欧盟《通用数据保护条例》中对数据主体的赋权，保护用户对个人信息的同意权、更正权、被遗忘权、限制处理权、数据携带权、反对权等多项权利,压缩不法分子的违法空间,尽快落实《专家建议稿》。

3. 权利的性质

在对个人信息进行赋权时,我们应保证用户权利的"排他性",即信息主体拥有阻止他人使用其信息的权利。个人信息应属于用户的私有财产,未经授权,他人不得擅自使用。与此同时,我们还应规范授权流程,确保用户是自愿授权,而非"被授权"。

2.3.2　技术治理

针对技术发展带来的个人信息确权问题,我们应考虑通过技术手段来解决。现阶段,我国个人信息确权的主要矛盾是用户对个人信息的所有权、控制权等权属分配不明确。在完善法律制度的基础上,我们还可以通过技术手段来巩固,计算机代码与法律条文的配合能使个人信息确权更加高效、规范。

代码是一串由字符、符号以离散形式组成的明确表示信息的规则体系,其目的就是将人类的可读文本翻译成计算机能够执行的指令。在网络空间中,代码对行为的规范远比各种条例更加有效,因为个人信息依靠计算机网络实现传播,所以这一过程天然地受到代码的控制。我们应尊重网络社会的运行规则,用代码规范确权秩序,借助区块链技术将个人信息确权的法律规范翻译成计算机代码,并将其嵌入智能合约中,一旦发生个人信息的交易,合约自动生效,信息主体就会获得应有的收益和补偿,其个人信息的所有权就会得到保障。

2.3.3　伦理道德约束

伦理道德作为社会的上层建筑、居民的价值取向,应作为法律规范的补充。对此，应从意识形态方面进一步规范用户对个人信息的所有权、控制权等各项权利，形成行业自律，自觉保护用户对个人信息的各项权利。

2.3.4　行业自律及提升公民保护意识

单纯地依赖政府依法监管是无法解决全部问题的，还需要依靠政府、企业及公民个人之间的协同合作，强化个人信息保护水平，调动行业自律的积极性，发挥多元规则的作用，优化商业环境。2019 年，在工业和信息化部信息通信管理局的指导下，中国互联网协会联合业界专家共同制定了《用户个人信息收集使用自律公约》，主要是为了解决用户反映的企业过度收集个人信息、收集信息告知不充分等问题，引导和鞭策互联网行业规范收集和使用用户个人信息的行为。这一自律公约得到了 50 多家互联网公司的积极响应。

此外，公民个人在使用"互联网＋"的服务的过程中，也需要不断增强自我防范意识，自觉保护个人信息安全，不能轻易泄露自己的个人信息。目前，大部分用户都是在使用手机软件、智能家居设备、医疗健康智能硬件等时无意间提交了自己的个人信息。然而，在使用过程中，用户有很多种方式可以提高个人信息的保护水平。例如，选择正规渠道下载软件，在使用产品和服务之前认真阅读相关隐私条款，了解个人信息收集、使用的目的、方式和范围。当遇到侵犯个人信息和权益的情况时，应当及时联系相关产品和服务的提供商，并向相关行业主管部门进行投诉和申诉，必要时还可以通过司法手段来维护个人的合法权益。

2.4　个人信息确权的实现难点

2.4.1　劳动赋权的失败

在"新浪诉脉脉案"和"大众点评诉爱帮网案"中，法院都强调了经营者所付出的成本。在"淘宝诉美景案"中，一审法院更是直接认定"数据产品系淘宝公司的劳动成果"。但是在"大众点评诉百度案"的二审当中，法院认为我国并没有所谓的"劳动成果权"，因为"模仿自由"立场的存在，使得使用他人劳动成果并没有与"不劳而获"和"搭便车"画等号。关于个人信息的生产，我们应当考虑是谁在生产、通过什么来生产，以及生产出何种价值的问题。

其中，对于谁在生产的不同回答，会形成不同的个人信息新型权利主体。一方面，由于企业在个人信息的采集和处理上投入了大量的成本，因而其通常被认为是个人信息的制造者。另一方面，也有学者提出，企业的个人信息数据离不开用户，主张用户才是真正的个人信息数据的生产者。个人信息具有主体非唯一的特征，可由多主体共享，此时如何确认权利主体更是问题多多。

2.4.2　技术制约

首先，将个人信息确权规范翻译成计算机二进制语言，并将其嵌入智能合约，需要相关企业及专业工作者对其进行深入的探索与研究。

其次，控制恶意代码的威胁也是通过技术手段实现个人信息确权的难点之一。随着个人信息带来的价值越来越大，在商业利益和其他诱惑的影响下，大量的病毒、勒索条款、流氓软件等恶意代码容易被嵌入合法代码中损害数据主体的利益、危害公共安全。因此，我们必须增强技术手段，提高代码质量，扼制恶意代码的侵蚀，保证代码的正确性与合法性，维护网络秩序稳定。

最后，个人信息确权的技术实现难点还包括避免"算法黑箱"。一方面，为了避免"算法黑箱"，应保证代码的公开与透明；但另一方面，若一味追求代码的开源性，则容易遭受黑客的攻击，反而不利于个人信息权利的确立与维护。如何把握代码的开放程度有待进一步探究。

2.4.3 推进难点

第一，个人信息不同于传统的实物资产，其价值受到多种因素的影响，不光信息的完整度、准确性、稀缺程度、真实性等会影响数据的价值，主体对隐私的保护程度同样也会使其价值发生改变，导致定价困难。信息价格的不确定性会加大数据交易的难度，同时还给发生个人信息侵权后的理赔环节带来困难，难以落实对数据主体权利的保护。

第二，现阶段我国数据产业发展势头良好，但尚未成熟。若盲目赋权，强行规范用户对个人信息的所有权并限制数据处理机构的利用与挖掘行为，则会导致企业合规成本上升，反而会压缩利益各方的期望空间，抑制创新溢出，甚至阻碍初创数据平台的成长，限制社会发展，激化矛盾。

第三，对个人信息进行确权就意味着数据处理机构获取用户信息的违规风险变大了，这会在一定程度上造成数据产业的谨小慎微，拒绝承担可能发生的风险，这反而会降低个人信息的利用价值。

第 3 章

个人信息的数据治理

3.1 个人信息治理的必要性

大数据时代悄然而至，个人信息有着极其重要的数据资源价值，并且往往会成为犯罪分子非法获取和交易的对象。在当前的大数据时代，通往智能社会的道路充满荆棘与坎坷，我们在手机里保存了大量的个人隐私数据，在社交平台上留下了浏览记录，在购物平台上留下了购物记录，在医院里留存了疾病诊断与治疗记录……根据中国信息通信研究院发布的《"互联网＋行业"个人信息保护研究报告（2020）》，以"互联网＋智能家具"为例，部分智能家具设备存在隐蔽性收集个人信息的风险。例如，智能音箱、智能电视等设备的语音控制存在误触发而泄露隐私的风险，智能摄像头也存在误触发的风险，以及控件漏洞也会造成视频泄露的风险。

回顾整个 2019 年，大规模的数据泄露事件频繁发生，形式比以往更加严峻。根据安全情报供应商 Risk Based Security（RBS）2019 年的季度报告，2019 年前三季度，全球各国披露的数据泄露事件达 5 183 起（如图 3-1 所示），泄露的数据量达 79.95 亿条（如图 3-2 所示）！

数据信息的泄露，一方面会给相关企业带来直接或间接的经济损失，致使企业面临着巨额罚款及事后高昂的处理成本和名誉恢复成本；另一方面，绝大多数大规模数据信息泄露事件都牵涉个人信息及敏感数据，这严重损害了用户的个人信息与隐私安全。为了保障个人信息安全，维护公民的合法权益，规范企业收集、处理及使用个人数据信息的行为，加强个人信息治理刻不容缓！

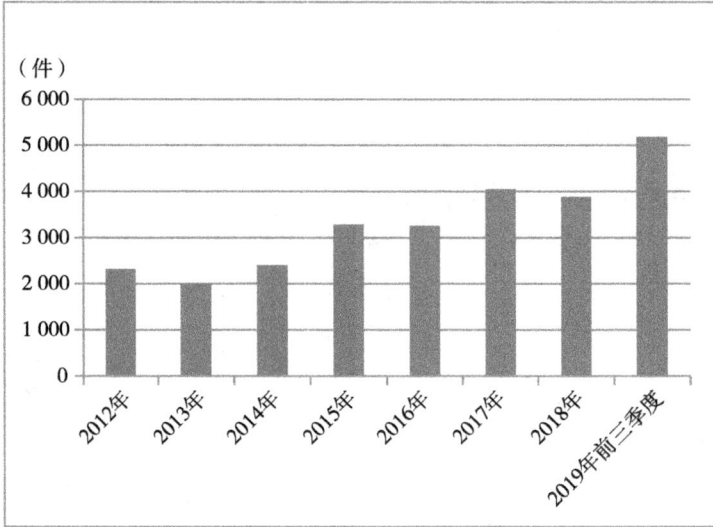

图 3-1 数据泄露事件统计

数据来源：RBS 报告。

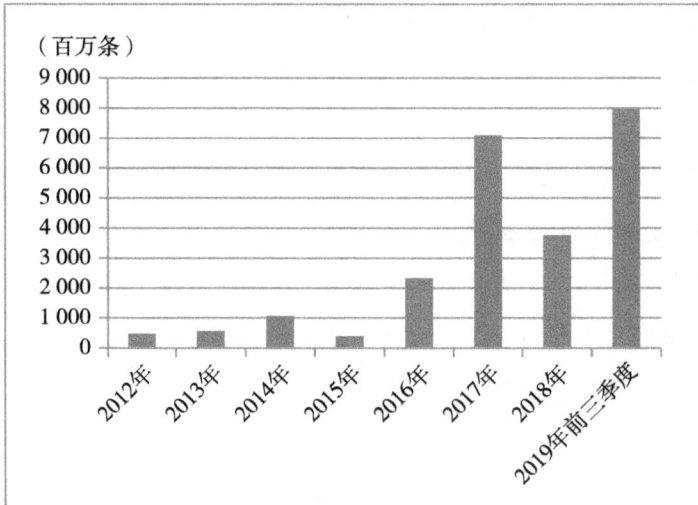

图 3-2 数据泄露数量统计

数据来源：RBS 报告。

3.2 国外个人信息的治理

个人隐私信息的泄露和滥用，其影响从之前的导致个人财产和人身安全问题，发展为影响政治生态、舆论形态，扰乱社会秩序，甚至对社会稳定和国家安全造成重大影响。自从脸书数据泄露、"棱镜门"等事件发生以后，各国都在加大个人信息保护力度。例如，美国利用《澄清境外数据的合法使用法案》（简称《云法案》）等法律法规满足执法机构跨境调取数据的需求，扩大执法机构获取证据的途径，并通过分散立法加强企业自律行为。欧盟则发挥政府的作用，通过《通用数据保护条例》中的严苛条款来规定在个人数据的获取、使用及传输等过程中的保护措施，强制要求企业更改数据使用方案，以满足法律法规的要求。

3.2.1 欧盟个人信息治理现状

法律环境

欧盟的个人信息治理手段主要是利用数据治理规则来建立一个"朋友圈"。欧洲的个人信息保护从传统的隐私保护开始，先后经历了1991年的《数据保护指令》和1995年的《数据保护指令》两个阶段。《通用数据保护条例》于2018年5月在欧盟成员国中正式生效，是全球威慑力最强、影响力最大的数据隐私保护条例。

欧盟将个人隐私保护看作人权的组成部分并给予重视，支持"充分保护"条件下的个人信息的跨境流动，并通过《通用数据保护条例》建立了一系列严格的数据保护机制。

首先，欧盟利用长臂管辖权进行域外惩罚。也就是说，尽管在欧盟并无经营实体，但是只要在提供产品或服务的过程中运用了欧盟境内公民的个人信息，或者对这些个人信息实施了监控行为，相关公司就要接受《通用数据保护条例》的管辖。其次，欧盟赋予了信息主体可删除权、可转移权和同意权，这一做法对企业的合规成本有所影响。最后，欧盟提高了歧视性执法及天价罚款的风险。对于一些出现严重违规行为的企业来说，其面临的行政罚款的上限将会达到 2 000 万欧元或者是该企业上一年全球年度营业总额的 4%（以较高金额为准）。

2019 年 11 月 12 日，欧洲数据保护委员会发布了《通用数据保护条例》（GDPR）域外适用最终指南。该指南的关键变化体现在：第一，可以在域外将 GDPR 应用于数据处理的某些流，不能将其应用于整个实体；第二，GDPR 适用于许多非欧盟数据处理器，包括用于 GDPR 捕获的数据处理活动的云存储提供商。这意味着非欧盟数据处理器需要寻求遵守第 28 条数据处理附录中未包含 GDPR 的数据处理器义务。

欧盟的调查显示，2015 年大约只有 20% 的人知道政府执行了一定的措施来保护个人信息，当前则有 57% 的人知道国家专门设立了数据保护局，为个人数据权提供了缜密的保障措施，并且有 67% 的公民听说过 GDPR 这部法律。与此同时，越来越多的人向各成员国数据保护局咨询 GDPR 的相关信息或提出申诉。

案例分析

1. 谷歌因泄露用户隐私被瑞典罚款

瑞典当地时间 2020 年 3 月 11 日，瑞典数据保护局在其官网披露，谷歌因执行用户的被遗忘权不利，被罚款 7 500 万瑞典克朗（折合人民币近 5 965 万元）。该起案件源于 2017 年瑞典数据保护局对谷歌执行用户被遗忘权的一次审查。瑞典数据保护局发现，部分用户向谷歌发出删除链接的请求，但是谷歌却没有执行。随后，瑞典数据保护局专门下令要求谷歌执行该请求。但是到了 2018 年，瑞典数据保护局发现谷歌仍然没有完全执行此前的命令，为此瑞典数据保护局又发起了新一轮审查，此次审查的结果就是向谷歌提出罚款。2018 年 5 月 25 日，正式生效的《通用数据保护条例》对被遗忘权做了详尽的说明。瑞典数据保护局在声明中认为，谷歌的做法并没有让用户的被遗忘权发挥作用。目前，瑞典是首个通过《通用数据保护条例》对谷歌罚款的国家，但是谷歌表示将提起上诉。

2. 爱尔兰对谷歌、脸书、苹果、推特等发起调查

欧盟对谷歌发起调查，是因为谷歌对用户地理位置数据的处理涉嫌违反了欧盟严格的隐私保护法规。爱尔兰数据保护委员会在 2020 年 2 月 4 日的一份声明中称："提出这一问题是因为担忧谷歌对位置数据的处理及相关过程的透明度是否合法。"

事实上，爱尔兰已经对谷歌、脸书、苹果和推特等大型科技公司发起了超过 20 项调查。爱尔兰隐私保护负责人海伦·狄克逊（Helen Dixon）在 2019 年 11 月的一次采访中透露，目前进度最快的两项调查是 WhatsApp 向脸书和其他子公司分享信息时的透明度，以及 2018 年 1 月推特被指违规的调查。

3.2.2　美国个人信息治理现状

法律环境

2018 年 6 月，在《通用数据保护条例》（GDPR）正式生效的一个月后，美国加利福尼亚州通过了《加利福尼亚州消费者隐私法案》（CCPA），旨在维护消费者的隐私权和保护数据安全。CCPA 和 GDPR 出台的目的和内容有一定的相似性，如果将 GDPR 称作欧盟目前最严厉的数据保护法，那么 CCPA 则可以称为美国有史以来最严厉的隐私保护法。此外，美国极力推行亚太经合组织的《跨境隐私保护规则》（CBPR）体系，其实质是强制各加入国家放弃个人隐私数据的本地化储存和严格的保护，方便美国企业获取和使用全球数据。

加利福尼亚州仅用了一年零四个月就通过了隐私保护立法，与欧盟历经数年的个人数据保护立法改革有所不同。CCPA 的迅速制定和通过，一方面

是受到欧盟 GDPR 正式实施的影响，另一方面则是与加州的内部环境有关，即受到加州的传统法律、互联网产业的快速发展，以及近年来数据泄露事件频繁发生的影响。在此之前，美国就已发布过《儿童网络隐私保护法》，规定面向儿童的网站和线上服务必须得到孩子父母的同意才能收集未满 13 岁的儿童的个人信息。

2020 年 2 月 13 日，美国纽约州参议员克里斯汀·吉利布兰德（Kristen Gillibrand）公布了一项关于数据保护的新提案，其中要求建立一个全新的独立联邦机构——数据保护局来定义、仲裁和执行数据保护的规则，而消费者可以向数据保护局就自己的个人信息权受侵进行投诉。

美国联邦贸易委员会于 2020 年 2 月 25 日发布了《2019 年隐私与数据安全保护工作报告》。该报告概述了迄今为止最引人注目的两项和解：与艾可飞和脸书的和解。2019 年 7 月，美国联邦贸易委员会宣布与艾可飞就数据安全违规问题达成和解，和解协议包含一笔高达 7 亿美元的罚款，美国联邦贸易委员会希望以此来帮助在此次违约中受到影响的消费者。2019 年 7 月，美国联邦贸易委员会和司法部宣布与脸书达成和解协议，其中包括 50 亿美元的罚款及部分旨在改变脸书整体隐私策略的条款。

在美国，IBM 商业价值研究院开展的一项隐私调查显示，消费者强烈关注个人信息的隐私问题。其中，81% 的消费者表示，他们现在更加关注公司如何使用他们的个人数据，而且，87% 的消费者认为，企业在个人信息数据管理方面应当受到更为严格的监管。

案例分析

1. 推特更新了全球隐私政策

2019 年 12 月，推特表示公司正在更新全球隐私政策，目的是让用户更好地了解广告主可能获得哪些个人信息数据。此外，推特表示，还将启动一个网站，用来进行数据保护工作。此次政策更新将于 2020 年 1 月 1 日生效，以应对同日生效的 CCPA。

与此同时，其他科技公司也都在 CCPA 生效之前表明了立场。微软于 2019 年 11 月表示将遵守美国的法律。谷歌则告诉客户，为了更好地遵守 CCPA，谷歌将允许网站和 App 运营商使用其广告工具来屏蔽个性化广告。

2. 大多数美国公司因成本过高而无法满足 CCPA 的规定

2019 年 10 月，数据安全软件公司 Eress 对美国安全专业人士的调查显示，大概有一半的受访者表示，他们的公司已经或者将在 2019 年年底前遵守 CCPA，如图 3-3 所示。

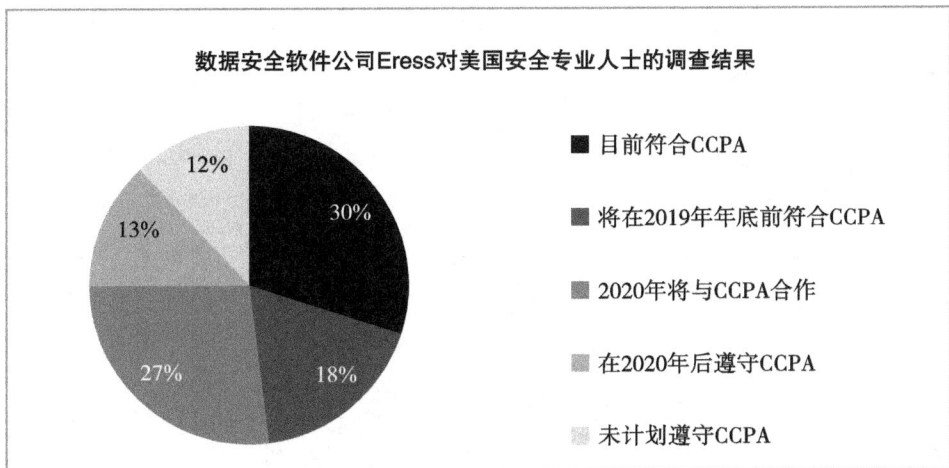

数据安全软件公司Eress对美国安全专业人士的调查结果

- 目前符合CCPA
- 将在2019年年底前符合CCPA
- 2020年将与CCPA合作
- 在2020年后遵守CCPA
- 未计划遵守CCPA

30%
18%
27%
13%
12%

图 3-3　美国企业遵守 CCPA 的调查结果

数据来源：数据安全软件公司 Eress。

然而，调查显示，大多数公司在 2020 年 1 月 1 日的最后期限前无法完全遵守 CCPA 的规定。对于公司而言，遵守 CCPA 可能是一项需要付出高昂代价的行为。PossibleNOW 2019 年 8 月的调查显示，35% 接受调查的美国企业表示，截至 2020 年 1 月 1 日，它们仍无法满足 CCPA 的要求，因为它们觉得实现合规的成本太高，如图 3-4 所示。

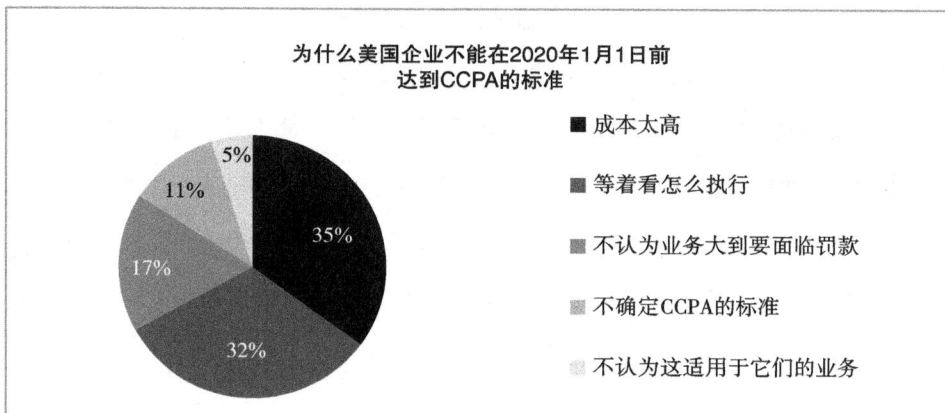

图 3-4　美国企业无法达到 CCPA 标准的原因
数据来源：PossibleNOW。

　　合规意味着代价高昂，但是不合规也会让企业付出不小的代价。根据 CCPA 的规定，每个非有意违规的记录都可能让公司面临 2 500 美元的罚款；而每个故意违规的记录都可能让公司被罚 7 500 美元。对于那些存有大规模数据信息的公司来说，罚款总额将是巨大的。

3.2.3　英国个人信息治理现状

法律环境

　　20 世纪 80 年代，英国在欧盟数据保护的法律框架下，逐步通过立法对个人信息和隐私进行保护。1981 年，欧洲议会通过了《有关个人数据自动化处理之个人保护公约》（简称《欧洲公约》），这是世界上第一部涉及个人信息保护的国际公约。1984 年，英国议会通过了《数据保护法》，提出了个人信息保护的基础性原则，禁止数据主体未经注册持有个人数据。

　　1995 年，欧盟颁布了《关于涉及个人数据处理的个人保护以及此类数据自由流动的指令（95/46/EC）》（即《个人数据保护指令》），其中明确了保护自然人在个人信息处理中的权利和自由。英国议会在 1998 年颁布的新版

《数据保护法》中，明确了信息控制者在个人信息处理中的权利、义务和责任，提出公民拥有获取与自身相关数据的权利，同时还要求设立信息专员办公室作为个人信息保护的独立机构，维护信息保护和信息自由的权利，监督信息控制者依原则使用个人信息，保障公民的信息获取权和知情权。

案例分析

1. 英国信息专员办公室向万豪和英航开巨额罚单

2019 年 7 月 9 日，欧洲监管机构对万豪开出了 9 900 万英镑的罚单，罚金占其 2018 年酒店业务收入的 3%。该笔罚金是万豪数据泄露事件的结果，该事件持续了 4 年多，从 2014 年开始，到 2018 年才被发现，导致全球有 3.39 亿条宾客记录遭到泄露。

英国信息专员办公室委员伊丽莎白·邓纳姆（Elizabeth Denham）表示，当组织未能保护数据免受丢失、损坏或被盗时，这"不仅仅是一个不便"，并警告称："对于那些不愿意接受我办公室审查的人，我们会检查他们是否采取了适当的措施来保护基本的隐私权。"

2018 年，英航网站发生数据泄露事件，英国信息专员办公室依据《通用数据保护条例》对其开出了 1.83 亿英镑（约合 16.76 亿元人民币）的罚单，罚款金额占英航 2017 年营业收入的 1.5%，这是迄今为止英国境内根据《通用数据保护条例》所开出的最大一笔罚单。而英国对英航及万豪所开出的巨额罚单的时间间隔不到 24 小时，这两次处罚体现了英国信息专员办公室对商业公司泄露客户个人敏感信息事件零容忍的态度。

2. 国泰航空公司被英国信息专员办公室罚款 50 万英镑

国泰航空公司在《通用数据保护条例》生效后发生了一次个人信息意外泄露事件，已被英国数据监督机构处以 50 万英镑的罚款。该起个人信息泄露事件暴露了全球约 940 万客户的个人详细信息，其中有 111 578 名客户来自英国。经过相关机构数月的调查，英国信息专员办公室于 2020 年 3 月 5

日正式宣布了这项惩罚。根据英国法律要求，在当地开展业务的企业应当意识到在违反《通用数据保护条例》的行为发生后，必须在72小时内向英国国家监管机构通报。不过，由于国泰航空公司的违规行为发生在新规生效以前，因此，英国信息专员办公室还是按照先前的英国数据保护法规来设定罚款金额的，否则依据《通用数据保护条例》，国泰航空公司将面临最高可达全球年营业额4%的罚款。

该起事件导致国泰航空公司乘客的详细个人信息被泄露，信息内容包括姓名、护照、出生日期、电话号码、电子邮件地址及旅行史等。英国信息专员办公室于2020年3月5日称，乘客个人信息遭到窥探，最早记录发生于2015年2月7日。英国监管机构在一份新闻稿中称："英国信息专员办公室发现国泰航空公司的系统被安装了可以收集用户个人信息的恶意软件。"在英国监管机构调查期间，英国信息专员办公室发现了国泰航空公司出现的大量疏漏和错误，其中包括未给面向互联网应用的服务器打补丁，没有对文件加密码保护，使用不再受支持的操作系统等。

3.2.4 其他国家个人信息治理现状

法律环境

世界各国纷纷完善本国数据治理规则。例如，日本依据亚太经合组织的隐私框架和《跨境隐私保护规则》对本国的《个人信息保护法》进行了修订，并积极完善自身的隐私保护规则，通过了《通用数据保护条例》的"充足保护"认定，是首个从欧盟获得保护充足性认定的亚洲国家。日本基于"对大数据公平访问"的原则，试图扼制科技巨头违规收集个人信息及对其获取的用户数据进行垄断性访问。2019年，日本公平交易委员会进一步提出了"在不告知使用目的情况下收集个人信息、未经同意获取个人信息的做法相当于违反《反垄断法》"的规则草案。日本个人信息保护委员会于2019年11月29日发布了《个人信息保护法（征求意见稿）》，并在2019年12月

13 日至 2020 年 1 月 14 日向社会公开征求意见。2020 年 2 月 12 日,日本个人信息保护委员会公布了其在征求意见期间收到的公众意见。

此外,印度在 2020 年年初,通过竞争委员会下令对沃尔玛和亚马逊旗下的电商子公司弗利普卡特(Flipkart)展开反垄断调查,此次执法的重点将放在对其在平台上推广优选卖家的指控上。

案例分析

1. 澳大利亚将起诉脸书

根据澳大利亚《每日邮报》的报道,澳大利亚联邦政府信息和隐私专员安吉莉娜·法尔克(Angelene Falk)于 2020 年 3 月 9 日在联邦法院对脸书提起诉讼。该名专员认为,脸书违反了澳大利亚 1988 年颁布的《隐私法》,严重干扰了用户的隐私。

从 2014 年 3 月至 2015 年 5 月,脸书将澳大利亚用户的个人信息披露给"这是您的数字生活"应用程序,但是大多数用户并未安装该应用程序,用户的个人信息是被使用这款应用程序的朋友披露的,这一行为违反了澳大利亚隐私原则。并且安吉莉娜·法尔克在索赔声明中还认为,脸书在此期间没有采取合理措施保护用户的个人信息在未经授权的情况下不被披露,这一行为违反了澳大利亚隐私原则。澳大利亚信息专员办事处认为,这些未经授权而被披露的个人信息很有可能被披露给数据公司剑桥分析(Cambridge Analytica),用于政治领域分析,并被其他第三方使用。

根据澳大利亚现有的法律法规,澳大利亚联邦法院可对每一次严重或者多次侵犯个人隐私的行为处以最高可达 170 万美元(约合 1 166 万元人民币)的民事罚款。

2. 菲律宾隐私委员会暂停菲律宾网约车平台格莱布(Grab)乘客照片验证系统

2020 年 2 月 5 日,菲律宾国家隐私委员会向格莱布发布了禁止使用乘客照片验证系统的停止令，认定其违反了 2012 年《数据隐私法》的规定。

格莱布在 2019 年 10 月实施的平台政策中，要求乘客使用手机摄像头拍照进行身份验证。同时在乘车途中，格莱布还设置了通话和视频记录系统，一旦驾驶员按下紧急按钮，该平台员工便能够利用拍摄到的视频实时监控行程，但是该政策并未告知公众。对于格莱布的做法，菲律宾国家隐私委员会命令格莱布停止在乘车期间要求乘客进行面部识别认证以及实时监控乘客通话和视频的行为，因为菲律宾国家隐私委员会认为格莱布的政策可能会侵犯乘客的隐私权。

3.3　国内个人信息的治理

3.3.1　法律制度框架雏形已现

近年来，随着个人信息保护的必要性逐渐凸显，我国也已将个人信息保护纳入法律规范，实施专门性数据治理的趋势日益明显。2012 年年底，全国人大常委会通过了《关于加强网络信息保护的决定》（以下简称《决定》），首次以法律的形式提出了对公民及法人信息安全的保护，要求建立网络身份管理制度，并赋予相关政府机构以必要的监管手段。随后，为进一步落实《决定》的要求，2013 年 7 月，工业和信息化部发布了《电信和互联网用户个人信息保护规定》，对信息处理机构收集、使用个人信息的权利与义务进行了规范。2016 年 11 月，全国人大常委会审议通过了《网络安全法》，其中第四章"网络信息安全"对个人信息赋予了明确的定义。2017 年 3 月，全国人民代表大会正式通过《民法总则》，首次从民事基本法层面提出了"个人信息权"的概念，正式确定了个人信息保护规则，其意义重大。首先，《民法总则》明确规定个人拥有对其个人信息的控制权，为个人信息的资产化治理提供了必要的前提条件。作为人格权的一个分支，"个人信息权"赋予了公民对其个人信息的排他性支配权，为个人信息的资产化治理提供了议价基础。其次，《民法总则》明确划分了个人信息权的不同主体，分别是个人信息主体与信息处理者。主体的划分明确了个人信息的提供方与使用方，构成了个人信息商业化的基本框架，使得在此基础上提出个人信息的资产化治理更具有现实意义。2020 年 3 月 6 日，国家市场监督管理总局、国家标准化管理委员会发布公告称，全国信息安全标准化技术委员会归口的国家标准 GB/T 35273–2020《信息安全技术 个人信息安全规范》正式发布，并将于 2020 年 10 月 1 日起实施。该规范一改我国个人信息保护的分散化立法模式，对个人信息的定义、收集、存储、使用，以及信息主体和信息处理者的权利、义务进行了专门的规定。

具体来看，目前我国个人信息的数据治理主要取得了以下五个方面的成果。

第一，对个人信息赋予了完整、精确的定义。我国个人信息的法律内涵成形于《网络安全法》，后又经《信息安全技术 个人信息安全规范》逐渐完善。个人信息是指"以电子或者其他方式记录的能够单独或者与其他信息结合识别自然人身份或者反映特定自然人活动情况的各种信息"，包括但不限于自然人的姓名、出生日期、身份证件号码、个人生物识别信息、住址、电话号码等，如表 3-1 所示。对个人信息的精准界定明确了数据主体享有的各项权益的所有客体，同时也间接说明了数据资产化治理的商业实体。

表 3-1　个人信息内容

信息类别	内容
个人基本资料	个人姓名、出生日期、性别、民族、国籍、家庭关系、住址、电话号码、电子邮件地址等
个人身份信息	身份证、军官证、护照、驾驶证、工作证、出入证、社保卡、居住证等
个人生物识别信息	个人基因、指纹、声纹、掌纹、耳廓、虹膜、面部识别特征等
网络身份标识信息	个人信息主体账号、IP 地址、个人数字证书等

（续表）

信息类别	内容
个人健康生理信息	个人因生病医治等产生的相关记录，如病症、住院志、医嘱单、检验报告、手术及麻醉记录、护理记录、用药记录、药物和食物过敏信息、生育信息、个人病史、诊治情况、家族病史、现病史、传染病史，以及与个人身体健康状况相关的信息，如体重、身高、肺活量等
个人教育及工作信息	个人职业、职位、工作单位、学历、学位、教育经历、工作经历、培训记录、成绩单等
个人财产信息	银行账户、鉴别信息（口令）、存款信息（包括资金数量、支付与收款记录等）、房产信息、信贷记录、征信信息、交易和消费记录、流水记录、虚拟财产信息等
个人通信信息	通信记录和内容、短信、彩信、电子邮件，以及描述个人通信的数据（通常称为元数据）等
联系人信息	通讯录、好友列表、群列表、电子邮件地址列表等
个人上网记录	通过日志存储的个人信息主体操作记录，包括网站浏览记录、软件使用记录、点击记录、收藏列表等
个人常用设备信息	硬件序列号、设备 MAC 地址、软件列表、唯一设备识别码（如 IMEI、Android ID、IDFA、OpenUDID、GUID、SIM 卡、IMSI 信息）等在内的描述个人常用设备基本情况的信息
个人位置信息	行踪轨迹、精准定位信息、住宿信息、经纬度等
其他信息	婚史、宗教信仰、未公开的违法犯罪记录等

第二，规范了个人信息收集与使用的基本原则。《信息安全技术 个人信息安全规范》在《网络安全法》的基础上充分吸收了国际上现有的数据治理法案的相关规则条例，对个人信息安全的基本原则进行了规定。

- 权责一致原则：在采取必要措施保障个人信息安全的同时，也强调了损害信息主体合法权益应承担的责任。
- 目的明确原则：要求数据处理者具备明确、清晰、具体的信息处理目的。
- 选择同意原则：要求数据处理者向数据主体披露个人信息的处理目的、方式、范围等必要信息，并征求其同意。

- 最小必要原则：规定数据处理者只能收集完成目标所必需的最少的个人信息，且完成后应及时删除。
- 公开透明原则：数据处理者必须以明确、易懂、合理的方式明示数据处理的目的、方式、范围等，自觉接受监督。
- 确保安全原则：数据处理者应保护个人信息安全，包括信息的保密性、完整性及可用性。
- 主体参与原则：个人信息主体能够查询、更正、删除信息，能够通过采取撤回授权、投诉、注销账户等方法退出参与。

第三，规定了相关主体对个人信息的保护义务。首先，《网络安全法》要求数据处理机构在收集、使用个人信息时必须遵循《信息安全技术 个人信息安全规范》的有关规定，秉承保护用户信息安全的七项基本原则。其次，《网络安全法》要求"网络运营者应当对其收集的用户信息严格保密，并建立健全用户信息保护制度；网络运营者不得泄露、篡改、毁损其收集的个人信息；未经被收集者同意，不得向他人提供个人信息；网络运营者应当建立网络信息安全投诉、举报制度，公布投诉、举报方式等信息，及时受理并处理有关网络信息安全的投诉和举报"。最后，《网络安全法》要求监督管理部门"必须对在履行职责中知悉的个人信息、隐私和商业秘密严格保密，不得泄露、出售或者非法向他人提供"；同时还要求国家网信部门和有关部门在依法履行监督职责的过程中一旦发现违法、违规行为，应立即制止。

第四，将第三方个人信息安全保护机构纳入监管范围。《信息安全技术 个人信息安全规范》中提到，个人信息安全保护机构要"全面统筹实施组织内部的个人信息安全工作，对个人信息安全负直接责任"，并且要定期开展个人信息安全影响评估，进行安全审计。

第五，明确了违法行为的法律责任。《网络安全法》第 64 条明确指出，"侵害个人信息依法得到保护的权利的，由有关主管部门责令改正，可以根据情节单处或者并处警告、没收违法所得、处违法所得一倍以上十倍以下罚款；没有违法所得的，处 100 万元以下罚款，对直接负责的主管人员和其他直接责任人员处 1 万元以上 10 万元以下罚款；情节严重的，可以责令暂停相关业务、停业整顿、关闭网站、吊销相关业务许可证或者吊销营业执照"。

综上所述，从《民法总则》到《网络安全法》，再到《信息安全技术 个人信息安全规范》，我国个人信息安全保护的法律条文逐渐丰富，监管框架逐渐成形，不仅有效约束了数据处理机构的不正当行为，而且还为监管部门提供了丰富的执法手段。

3.3.2 行业内个人信息保护不断加强

《网络安全法》和《信息安全技术 个人信息安全规范》从总体层面对个人信息的安全保护提出了法律要求。与此同时，各行业内也陆续颁布了相关的法律规范，将用户个人信息的安全保护落到实处。

第一，在电子商务领域，《中华人民共和国电子商务法》（以下简称《电子商务法》）第二章第 23 条明确指出，"电子商务经营者收集、使用其用户的个人信息，应当遵守法律、行政法规有关个人信息保护的规定"。

第二，在医疗卫生领域，2018 年 4 月，国务院办公厅印发了《关于促进"互联网＋医疗健康"发展的意见》（以下简称《意见》）。《意见》专门指出，要保障用户数据信息安全，要求各方"研究制定健康医疗大数据确权、开放、流通、交易和产权保护的法规。严格执行信息安全和健康医疗数据保密规定，建立完善个人隐私信息保护制度，严格管理患者信息、用户资料、基因数据等，对非法买卖、泄露信息行为依法依规予以惩处"。2018 年 12 月，全国信息技术标准化技术委员会发布了国家标准《信息安全技术 健康医疗信息安全指南（征求意见稿）》，对"个人健康医疗信息"进行了定义，并明确了健康医疗数据使用与披露的原则，以及医疗机构各部门的信息安全保护的职责与义务。

第三，在互联网出行服务领域，2019 年 12 月，中华人民共和国交通运输部（以下简称交通运输部）、工业和信息化部、公安部、中华人民共和国商务部（以下简称商务部）、国家市场监督管理总局（以下简称市场监管总局）和国家网信办联合修改并发布了《网络预约出租汽车经营服务管理暂行办法》，明确指出，"网约车平台公司应当通过其服务平台以显著方式将驾驶员、约车人和乘客等个人信息的采集和使用的目的、方式和范围进行告知。未经信息主体明示同意，网约车平台公司不得使用前述个人信息用于开展其他业务。网约车平台公司应当遵守国家网络和信息安全有关规定，所采集的个人信息和生成的业务数据应当在中国内地存储和使用，保存期限不少于 2 年，除法律法规另有规定外，上述信息和数据不得外流"。

3.3.3　个人信息保护专项整治工作强势辅助

2019 年 1 月 25 日，中央网信办、工业和信息化部、公安部、市场监管总局等四部门联合召开新闻发布会，并发布了《关于开展 App 违法违规收集使用个人信息专项治理的公告》。会议指出，近年来，随着网络技术的蓬勃发展，移动互联网应用程序（App）虽然在很大程度上促进了社会发展，服务了社会民生，但 App 强制授权、过度索权、超范围收集信息等违法违规行为依然显著。因此，为保障广大数据主体的合法权益，切实整治违规乱象，四部门决定自 2019 年 1 月至 12 月，在全国范围内组织开展 App 违法违规收集使用个人信息的专项治理工作。截至 2019 年 9 月，中央网信办在国家网络安全博览会新闻发布会上表示，自联合治理工作开展以来，至今已收到近 8 000 条举报信息，其中实名举报占近 1/3。至此，专项治理工作组已将 400 余位用户常用的 App 纳入审核评估范围，并已向 100 多家 App 运营商发送了整改建议函。

2019 年 11 月 6 日，工业和信息化部发布了《工业和信息化部关于开展 App 侵害用户权益专项整治工作的通知》（以下简称《通知》），要求依法治理 App 服务提供者和 App 分发服务提供者有关"违规收集用户个人信息""违规使用用户个人信息""不合理索取用户权限""为用户账号注销设置障碍"等行为。《通知》将治理过程划分为三个阶段：第一阶段为企业自查，第二阶段为监督抽查，第三阶段为结果处置。在第三阶段，工业和信息化部将对仍然存在"私自收集个人信息""超范围收集个人信息""私自共享信息""频繁索权"等行为的电信业务经营机构予以包括责令整改、向社会公告、组织App下架、停止 App 接入服务、将违规主体纳入经营不良名单或失信名单等处罚。

3.4　我国个人信息治理的制度性优势

3.4.1　中国特色社会主义制度优势

新中国成立以来，我们党领导人民不断探索实践，逐渐形成了中国特色社会主义制度和法律制度，这不仅为我国的高速发展提供了根本保障，同时也为推进新时代国家制度与法律制度建设提供了宝贵的借鉴。

个人信息的数据治理离不开相关法律制度的建设，我国国家制度与法律制度为新法的创立、颁布与实施提供了良好的环境，其优势主要体现在以下四个方面。

第一，党的领导优势。党的十九大报告指出，"中国特色社会主义最本质的特征是中国共产党领导，中国特色社会主义制度的最大优势是中国共产党领导"。70 年来，我们党不断探索、创新并发展中国特色社会主义制度，始终以人民为中心，以实现中华民族伟大复兴为奋斗目标。正因为如此，在党的领导下，我们才能集中力量办大事，才能成功克服无数的艰难险阻，我们的社会才能稳定，国家才能始终朝着正确的方向前进。个人信息的数据治理作为新时代的新要求，一定能在党的领导下取得丰硕成果。

第二，人民当家做主的优势。中国特色社会主义制度和法律制度深深根植于人民群众当中，始终坚持把人民的根本利益作为根本出发点和落脚点，顺应民心、尊重民意、关注民情、致力民生。进入数字时代以来，大数据成为企业、社会甚至国家发展的软实力，所以，保护数据隐私、防止信息泄露的必要性不言而喻。个人信息的数据治理便是在此基础上充分考虑民情、民意，充分考虑国家大业而提出的信息安全保护举措。人民当家做主的优势使得个人信息安全保护的相关立法更能体现人民群众的根本利益，更符合我国国情。

第三，全面依法治国的优势。改革开放 40 多年来，我国逐渐形成了以宪法为核心，以法律、行政法规和地方性法规为重要组成部分的中国特色社会主义法律体系，使得国家和社会生活的各个方面都做到了有法可依。全面依法治国使个人信息数据治理的相关立法得以建立，同时也使得相关法律条文更具威慑力。

第四，民主集中制的优势。中国特色社会主义最大的优势就是能够集中力量办大事，相信在民主集中制的优势下，我国个人信息的数据治理定能克服重重艰难，使我国在数字时代踏出坚实步伐，彰显大国风采。

3.4.2　顶层设计优势

首先，"大数据战略"的提出使得公众对个人信息数据治理的重视程度不断提高。2015 年 10 月，在十八届五中全会上，"十三五"规划中提出实施国家大数据战略，全面推进我国大数据的发展和应用，释放技术红利，促进经济转型。2019 年，政府工作报告再次指出要深化大数据研发应用，壮大数字经济。"大数据战略"的提出从国家层面揭示了信息数据的重要性，在此环境下提出个人信息的数据治理不仅是大势所趋、人心所向，同时也将我国个人信息治理提升至国家高度，为我国的个人信息治理提供了实施保障。

其次，社会治理现代化目标的提出更加凸显了个人信息数据治理的重要性。2019 年，党的十九届四中全会提出"以社会治理落实十九届四中全会精神"，强调全面推进社会治理现代化，要求我们从理念、目标、工作布局、体制、方式、政策及能力等方面实现现代化目标。数据治理作为新时代的新方法，是实现社会治理现代化目标的重要内容和工具，为个人信息数据治理提供了重要前提与广泛基础。

3.5 我国个人信息治理的不足之处

3.5.1 社会缺乏隐私保护意识

隐私的概念直到 20 世纪才传入我国，当时的政治经济环境未能使人们对隐私给予足够的重视。我国的互联网用户堪称是隐私保护意识的局外人，2013 年，我国只有 50% 的人认为在网络上分享个人信息时需要保持高度警惕，而在美国，这一比例是 83%。

目前，我国大多数公众仍然缺乏基本的隐私识别能力和隐私保护意识。近年来，网络上出现了各类通过社交产品传播和收集个人信息的工具。例如，在五四青年节这一天，微信朋友圈出现的"前世青年照"呈刷屏之势。据《环球时报》报道，目前"前世青年照"的软件已经收集了 8 000 多万张用户的照片。对此，有国内互联网专家表示，针对类似的特殊节日而推出的虚拟照片游戏、性格测试游戏等可能存在泄露个人隐私的风险，用户需要谨慎对待。但遗憾的是，尽管大多数人都知道此类小游戏存在窃取个人信息的风险，却依然趋之若鹜，抱着"大家都在玩，不差我一个"的心理，殊不知一旦隐私信息成为数据文件，就极有可能被商家滥用，损害个人权益，甚至商家可能会利用这些隐私信息进行违法犯罪的活动，其后果不堪设想。

在互联网时代成长起来具有高学历的年轻人是否能够有较强的隐私保护意识呢？下面以杭州高校 521 名大学生（包括 411 名全日制本科生和 110 名

全日制硕士生）作为测试对象的问卷调查或许能回答这个问题。调查结果显示，近半数大学生有过以提供详细个人信息来换取礼品的行为，其中电商的比例最高，达到 91.6%，网络社交平台和外卖 App 分别位列第二名和第三名，仅 14.98% 的大学生表示反对商家、网络企业、服务商用物质利益和便利性换取个人隐私的做法。这从侧面反映出大学生群体中"用隐私交换物质利益"的现象普遍存在，也正面揭示出大学生的隐私观念存在偏差。

国内企业对隐私保护缺乏认知，甚至把侵犯隐私当成理所当然的事。某国内知名互联网企业 CEO 在一个论坛上表示，中国人更加开放，对隐私问题没有那么敏感，在很多种情况下，他们愿意用隐私交换便利性，那我们就可以用数据做一些事情。这一论断引起了舆论的强烈反响，招致网友的强烈不满，几乎成为公共事件。这位 CEO 的观点虽然遭到了强烈的反对，但也反映了国内互联网企业对待个人隐私的态度，以及公众对个人隐私保护意识淡薄的现实情况。当前，随着政府监管越来越严格，很多企业的 App 不得不进行所谓"隐私条款"的设置。以大家最常使用的微信为例，当我们注册微信时，需要阅读一份 8 000 多字的《隐私协议》，必须勾选"我已阅读并同意上述条款"才能进行下一步，但是我们都知道，几乎没人会读这 8 000 多字的条款，即便读了，对于非法律专业人士来说，也未必能完全读懂，所以没有人知道自己究竟同意了什么。事实上，只要我们同意条款，那么我们在 App 上留下的住址、电话号码、聊天记录，甚至我们手机里的通讯录、照片、短信、通话记录都可以被 App 运营商自由地采集和分析，这也就意味着我们手机里的大部分隐私信息都是暴露在我们不了解的企业手中的，那么至于这些企业拿我们的隐私做什么，我们就不得而知，更无法控制。这种情况不是个例，而是普遍存在于国内的各个互联网公司。

既然公众、企业普遍缺乏隐私保护意识，那么行政部门和公共服务部门的隐私保护意识又如何呢？ 2019 年 12 月 24 日，据《澎湃新闻》报道，山东高密、河南济源、海南海口、广东清远等地政府官网在公示时出现泄露公民隐私信息的情况。多地政府工作人员表示将立即整改，但也有部分政府工作人员表示，该行为是"一贯做法"，并未意识到泄露公民个人隐私信息的问题的严重性，尤其是一些基层部门，更加缺乏隐私保护意识。针对公示存在很大的随意性，有的部门负责人坦言，"没有考虑过是否会泄露公民隐私"。行政部门和公共服务部门泄露隐私的违规成本过低，在遭到质疑后，往往将公示信息一改了之，鲜有人因此受到责罚。可见，作为最有机会掌握公民隐私信息的行政部门和公共服务部门的隐私保护意识并不比个人和企业强多少，对泄露隐私的行为也缺乏有效监管，尤其是基层行政部门的隐私保护意识更有待加强。

隐私保护意识不足带来的直接后果是个人信息被滥用。虽然电信部门已经采取了一些措施，但广告电话和垃圾短信无时无刻地不在打扰我们的生活，让本来美好的一天变得不那么美好。然而，更严重的是犯罪分子利用泄露的个人信息进行刑事犯罪。据报道，许多人利用我国国民缺乏隐私保护意识而实施诈骗行为。

隐私保护意识缺乏带来的另一个严重问题是可能会对国家安全造成威胁。随着互联网、大数据、人工智能这些技术的不断发展，个人信息与国家安全的关联度越来越高，个人信息中涉及国家安全的部分被新技术越来越多地挖掘出来，尤其是涉密人员的个人信息，这些人员并没有因为其身份的特殊性就脱离了互联网的使用，他们一样有出行、购物、健康等信息记录。如果国外某些机构以企业经营为由获取这些数据，利用大数据技术进行分析，就可以轻易地获得涉密信息，这势必对我国的国家安全造成威胁。因此，只有加强隐私保护意识，限制个人、企业、非安全或刑事机关对个人信息的使用，建立合理的个人信息保护和利用机制，才能减少国家安全受到威胁的可能性。

3.5.2 个人信息滥用问题依然大量存在

当前非法倒卖公民个人信息的情况屡见不鲜，个人的姓名、年龄、身份证号、信用卡号、婚姻状况、工作经历、教育经历、医疗信息、经济活动等记录均成为贩卖的对象。不法分子掌握这些信息后，要么直接买卖非法获利，要么利用基础信息获取更多信息，进而从事电信诈骗、非法讨债、绑架勒索等犯罪活动。尤其在互联网快速发展后，犯罪嫌疑人借助互联网，可以更加实时、快捷地交易个人信息数据。犯罪嫌疑人通过泄露信息、买卖信息、使用信息，实施敲诈勒索、电信诈骗、绑架、暴力讨债、非法调查等违法犯罪活动，这些行为已经形成了一个庞大的产业链。

个人信息的非法滥用之所以如此猖獗，有三个原因：一是有市场，各种各样的商业主体都需要收集公民的个人信息；二是有源头，即有"内鬼"，他们将履行职责和提供服务过程中获取的公民个人信息非法提供给不法商人或者犯罪团伙，牟取暴利；三是有中间商，这些人趁机从源头获取信息，再转手卖给市场。由于犯罪成本低、市场需求大，犯罪嫌疑人为追逐不法利益，通过互联网很快就能组成新的犯罪网络。

互联网的快速发展使得个人信息泄露和滥用现象更加严重。近 20 年来，互联网技术已经在经济、政治和社会文化生活的各个领域得到广泛应用。我国不仅互联网用户量名列世界前茅，而且以阿里巴巴、腾讯、百度等为代表的中国互联网企业也已经成为具有国际影响力的品牌。互联网产业的快速发展在拉动内需、促进就业、推动产业结构调整，以及缩小我国服务业与发达国家服务业发展差距方面都发挥了重要作用。与此同时，互联网的出现和快速发展也给国家的信息安全和个人的隐私保护带来了极大的挑战。

利用网络信息技术可以使监控和搜索个人信息更加容易，个人在网络上的一举一动都可以随时被记录下来，这和前互联网时代形成了鲜明的对比。大型电子数据库的出现使得搜集、整理、传输、加工信息变得更加便利，而且几乎可以永久保存，不断再现。这就使得一些商业公司具备了大规模收集个人和企业信息的技术条件，尤其是一些装机量庞大的客户端软件提供商，它们掌握了数以亿计的个人在网络上留存的信息，如果不严格加以规范和监管，一旦其所收集的用户信息被泄露或滥用，后果将不堪设想。

中国社会科学院曾经对北京、成都、青岛、西安四座城市进行调研，发现我国个人信息被滥用的情况十分严重。具体形式大致有以下四类。

一是过度收集个人信息。有关机构超出其办理业务的需要，收集大量非必要或与业务完全无关的个人信息。例如，一些商家在办理积分卡时，要求客户提供身份证号码、工作机构、受教育程度、婚姻状况、子女状况等信息；一些银行要求申办信用卡的客户提供个人政治面貌信息、配偶资料甚至联系人资料等。

二是擅自披露个人信息。有关机构未获法律授权、未经本人许可，或者超出必要限度地披露他人个人信息。例如，一些地方对行人、非机动车交通违法人员的姓名、家庭住址、工作单位及违法行为进行公示；有些银行通过网站、媒体披露欠款者的姓名、证件号码、通信地址等信息；有的学校在校园网上公示师生缺勤的原因，或者擅自公布贫困生的详细情况。

三是擅自提供个人信息。有关机构在未经法律授权或者本人同意的情况下，将所掌握的个人信息提供给其他机构。例如，银行、保险公司、航空公司等机构之间未经客户授权或者超出授权范围共享客户信息。

四是非法买卖个人信息。兜售房主信息、股民信息、商务人士信息、车主信息、电信用户信息、患者信息，已经成为一个新兴的产业。

3.5.3 个人信息的治理过于依赖政府监管和企业自律

政府监管是为了规制市场失灵，实现社会资源分配的"帕累托最优"，保障社会公共利益最大化。市场不是万能的，个人信息一旦泄露就会引发欺诈、敲诈等恶性行为，后果严重。个人信息作为重要资源不能单纯地依靠市场机制来分配，当市场失灵时，政府必须实施监管。

近几年，我国开始大力度地整治个人信息泄露和滥用现象。一方面，从不同层面制定并出台了加强个人信息保护的法律法规，《网络安全法》于2017年6月施行，《个人信息保护法》已经纳入十三届全国人大常委会的立法规划,《儿童个人信息网络保护规定》已经颁布,《数据安全管理办法》《个人信息出境安全评估办法》已经完成了公开征求意见。另一方面,中央网信办、工业和信息化部、公安部、市场监管总局联合开展了 App 违法违规收集使用个人信息专项治理行动,指导 App 专项治理工作组受理了 8 000 多条网民举报,评估了 400 余款人们常用的、下载量比较大的 App,向其中 100 多家问题比较严重的 App 运营商发送了整改通知,督促其整改。

通过加强立法和大力度地专项治理,我国的个人信息治理取得了显著成效,个人信息泄露和滥用现象也得到了明显改善,企业更加规范地使用个人信息。虽然在政府强监管下,但我们可以感受到骚扰电话、信息推送、App 的强制性信息采集等现象依然广泛存在,而个人信息被侵犯后,用户维权取证难度大、维权成本高,根本无法有效保护自己的合法权益。由此可见,依赖政府监管并不能解决个人信息治理问题。进入信息时代后,信息技术的发展日新月异,大数据、人工智能技术飞速发展,政府监管很难做到与时俱进,造成法律法规出台滞后,事前、事中、事后监管不衔接等问题。因此,个人信息的治理必须由政府进行监管,但同时不能过度依赖政府监管。

2019 年 7 月,在工业和信息化部的指导下,中国互联网协会联合业界专家共同制定了《用户个人信息收集使用自律公约》,旨在规范 App 过度收集用户个人信息的行为,中国电信、中国移动、中国联通、阿里巴巴、腾讯、京东、百度等 28 家企业在现场签署了该份公约。该公约的签署有助于强化行业自律,并有效减少手机 App 过度获取、使用网络用户个人信息等现象,这是值得肯定的。但是,切实保护网络用户的合法权益,有效进行个人信息的治理,显然不能只依靠企业自律、行业自律。

一方面,个人信息的治理需要完善的管理流程和较高的技术能力要求。只要涉及信息技术的企业基本都会或多或少地采集个人信息,面临个人信息数据治理的问题。进行有效的数据治理需要企业建立健全数据安全治理架构,设置数据安全岗位,定义各个层级、各个部门和人员的数据安全角色,确定分工和职责,建立恰当的绩效和考评机制,实现有效的资源配置,保障数据安全管理工作能够有效开展，而这样将大大增加企业的管理成本。另外，个人信息的治理对技术要求相当高，目前 App 的合规性已经从最基础的表层合规性转化到了技术机制的合规性。虽然我国对各种 SDK、API 和设备唯一标识码等数据、技术的使用提出了要求，但是，企业方需要时间进行改变，无法立即满足合规性要求。以登录机制为例，企业方既要对用户的个人信息进行收集，减少 App 的运营风险，又要控制用户个人信息的收集范围。在这两点之间进行平衡，需要考虑到其中很多不同场景使用的问题。基于上述原因，对于大部分企业尤其是成长中的企业来说，经营的压力使它们很难投入大量的人力、物力进行个人信息的治理，往往只是浮于表面，并不能从制度和技术上进行提升。

另一方面，企业都是以盈利为目的的。在大数据时代，数据越来越成为企业发展的重要创新动力，个人数据被赋予了经济价值，越来越多的企业通过个人数据获得经济利益，而遵循隐私保护行业自律规则会直接影响企业的收入和利润。对于互联网公司来说，用户数据就是其估值的基础，如果丧失了这一基础，公司的价值就会大大降低，这也是为什么如此多的 App 运营商越界收集用户信息的原因。针对电信运营商，工业和信息化部曾经在 2015年出台过相关规章限制其对个人信息的滥用，比如垃圾短信、骚扰电话等，但是缺乏可操作性。因为电信运营商会从垃圾短信、骚扰电话中获利，客观上可能会鼓励或者纵容发送垃圾短信、拨打骚扰电话的行为，所以对垃圾短信和骚扰电话的规制离不开落实运营商的责任。由此可见，无论互联网公司还是电信运营商，它们都有机会掌握大量的个人信息，它们对个人信息的治理和企业利益有着天然的矛盾。企业进行个人信息治理缺乏原动力。国有企业和上市公司出于企业形象和社会责任，只是在形式上配合国家政策进行个人信息治理工作，但其效果非常有限。而大部分小型企业在生存压力之下，能应付合规检查即可，根本不会花费成本进行实质性的个人信息治理工作。因此，依靠企业自律来进行个人信息的有效治理显然缺乏实效。

3.5.4　缺乏个人信息的保护和利用的兼容机制

目前，无论是政府监管还是行业自律，都是以防止个人信息泄露和滥用为出发点。例如，从《网络安全法》到《个人信息保护法（专家建议稿）》都是尽量约束使用方对个人信息的采集和使用范围，尽量限制使用方的权限，对合法性、个人参与度、公开透明度、知情权、同意权、目的明确程度、目的限定、信息质量、信息安全、个人敏感信息特别保护、未成年人个人信息特别保护等各项原则进行越来越严苛的约束。这样的结果使得合规合法的商业机构对个人信息的利用受到了极大的限制，而打擦边球做表面文章应付监管的商业机构却获得了利益，出现"劣币驱逐良币"的现象。同时，严苛的限制造成个人信息在非法市场上的价格提升，使得犯罪分子有了更大的动力去进行个人信息的非法采集和交易。行业自律也是同样的道理，自律条款越严苛，"劣币驱逐良币"和非法采集、交易的行为越严重。

虽然在个人信息治理中，政府监管和行业自律对个人信息的合理利用造成阻碍，但其本身无法解决这一矛盾，因为政府监管和行业自律的出发点就是明确个人信息的权益，限制个人信息的使用范围，只有这样才能最大化地避免个人信息的泄露和滥用。如果政府监管出台法律法规或在执法层面考虑个人信息的利用价值，那么唯一的办法就是放松条款限制或者放松执法尺度，而这无疑是舍本逐末。放弃监管的根本目的，造成的直接后果就是使政府监管和行业自律成为摆设，无法发挥其应有的作用。因此，从政府监管和行业自律的层面是无法解决个人信息保护和利用之间的矛盾的。相反，政府监管部门和行业机构就不应该考虑个人信息利用的问题，只需要考虑制定更完善的法律法规、更严苛的执法力度、更健全的行业自律标准，这才是政府监管和行业自律应该发展的方向。

如果政府监管和行业自律无法解决个人信息保护和利用之间的矛盾，那么提高公民隐私保护意识，从源头上杜绝个人信息的泄露是否可行呢？我国互联网应用发展起来以后，人们的衣、食、住、行、社交都可以在网上完成，人们已经形成了使用互联网应用解决生活问题的习惯。大部分互联网应用都需要在用户同意其所谓的隐私条款的前提下，才允许用户使用，强迫用户同意其收集个人信息，以此达到自身合法获得用户信息的目的。即便互联网应用没有主动收集个人信息，我们在使用互联网应用时也会将个人的行为数据留在互联网应用的数据库中。例如，我们在淘宝上购物，如果不留家庭住址或办公地址，如何收取快递呢？因此，在互联网、大数据时代，即便公民的隐私意识提高，也无法阻止各类互联网应用对个人信息的收集，更不能解决个人信息保护和利用之间的矛盾。

个人信息的治理一方面要最大化地保护数据所有者的隐私和权益，另一方面又要考虑个人信息价值的充分利用。但个人信息的保护和利用本身就是矛盾体，靠政府监管、行业自律、提高公民隐私保护意识都无法从根本上解决，必须创新方式方法，将以政府、企业为主体的个人信息保护和利用机制转化为社会化全民参与的个人信息保护和利用机制。个人信息的数据权益资产化无疑给解决这一难题提供了新的思路，填补了我国个人信息治理的不足之处。

第 4 章

数据权益的资产化

4.1　财产化与资产化

根据证券投资大辞典中的定义，财产是指属于国家、集体或个人所有的物质财富，如土地、房产、车辆、船只、遗产等。会计中资产的定义是"由过去的交易或事项产生的，预计能够给企业带来经济利益流入的资源，并且这项资源的价格应该能够用货币计量"。在资产负债表上，资产包括一切财产、商品、债权及其他一切收益。财产和资产比较明显的概念区别是，财产是指我们可以使用的、可支配的并拥有所有权的物质财富，而资产则是可以为拥有者带来现金流入的金融财富。

根据财产和资产的定义，我们可以得到财产化和资产化的定义。财产化是指将某项事物变成我们可以使用、支配并拥有所有权的物质财富，即对该项事物进行物化；资产化则是将某项事物转变成可为拥有者带来现金流入的金融财富。二者的侧重点不同，财产化强调的是对事物的所有权；而资产化不仅强调了这项事物经过处理后的所有权归属问题，还强调了为拥有者带来的收益，资产化在一定程度上包含了财产化。

一般来说，一种资源成为资产的必要条件有三点：第一，所有权明确；第二，定价明确；第三，可交易。所有权明确、定价明确是可交易的基础，资源只有可交易才会产生经济效益，才能成为资产。信息的资产化其实是将信息进行确权、定价并使其转化成资产的过程。陆小华在《信息的财产化进程》中提到，信息具有不可交割性。信息不同于有形资产，信息的转移不能像有形资产一样可以转移全部价值，所以信息的价值转移比实物资产更加复杂。

4.2 什么是数据权益资产化

4.2.1 相关理论和观点

1. 波斯纳的隐私经济学

在波斯纳的隐私经济学理论中，有这样一种观点：每个人都拥有信息，这些信息在部分情景下对他人和社会是可用或有价值的，需要信息的一方愿意付出代价购买这些信息。在波斯纳看来，信息主体天生拥有对自身信息的产权，因此，当个人信息确权以后，应当许可信息主体对这些具有产权的信息进行交易。从波斯纳的隐私经济学中可以明确的是，个人信息是具有价值属性的。这一观点为数据权益资产化奠定了一定的理论基础。

2. 麻省理工学院的小额激励实验

2017年，麻省理工学院阿西（Athey）等借助比特币在4 494名本科生中开展田野实验。实验结果表明，小额报酬在一定程度上会影响个人信息披露意愿。也就是说，虽然人们宣称自己是注重个人信息保护的，但是如果受到一定的报酬刺激，就会很容易导致他们放弃个人信息保护，而选择接受现金补偿。这个结论并不会因为人们的高认知及烦琐的奖励获得程序而改变。

3. 信息双花理论

信息资源是一种无形资产，与实物资产有一定的区别，它具有可无限复制和传播的特点，在技术层面上比较难实现类似于实物资产的交易。对于个人信息而言，其所有权属于信息主体，信息购买者只能购买个人信息的使用权，个人信息在被交易后，它的所有权仍属于信息主体。正因为如此，个人信息相对于其他信息而言避免了信息价值转移的情况，十分适合交易场景，也适合进行资产化。

4. 点状信息分布利于保护论

有些观点认为,"通常情况下,点状信息分布比集中信息分布更有利于对信息进行有效保护"。依据这个观点,我们可以认为以个人为中心对个人信息进行资产化更有利于个人信息保护。这个观点也反驳了部分研究人员所持的"数据权益资产化会造成更严重的个人信息泄露"的观点。

4.2.2　基本定义

根据以上相关理论及观点,有研究人员提出了个人信息的数据权益资产化的概念,即在确保安全的前提下,将个人信息进行确权并定价,使其具备可交易性,成为一种无形资产。其实现过程是在法律允许的条件下,首先对个人信息进行确权;其次对个人信息进行定价,使其具备可交易性;最后使其成为属于信息所有者的类似于知识产权的一种无形资产,即相当于赋予个人信息新的身份——商品。通过确权、定价和交易产生价值流通,意味着个人信息将会从价值形态向资产形态转化。

4.3　数据权益资产化的意义

1. 尝试平衡数据权益的保护与使用

相关学者的研究表明,数据权益资产化后,可在确保安全的条件下形成"谁产生、谁维护、谁受益"的模式,改变现有的以政府和企业作为主体的集中管理模式,形成以个人为主体的分布式管理,以此激发个人保护和管理自身信息的积极性,使政府、企业和个人共同承担个人信息保护责任,建立起多维度的个人信息保护和利用机制。

2. 激发公民维护、管理个人信息的积极性

人们在互联网上的各种行为构成了个人的数字化人格标识,这些数字化

人格标识并不由人们自己控制。人们对自己的数字化形象被他人操控往往会产生焦虑，有着极强的维护自身数字化形象的需求。数据权益资产化让公民重新拥有对自身个人信息的所有权，公民不仅可以从数据权益资产化中获得收益，而且可以拥有对个人信息更多的控制权，做到"我的信息我做主"，从而激发公民整理和维护个人信息的积极性。

3. 个人信息利用的真实性、全面性、时效性更高

公民对自己的个人信息具有绝对的知情权。以往公民之所以不掌握自己的信息，主要原因是拿来无用，缺少索要和维护管理的动力。例如，如果医疗机构不主动出示基因数据、健康数据，个人也不会主动索要。如果有了激励机制，公民就有了向医疗机构索要自身数据的动力，那么医疗机构就应无条件地将信息完整、准确地给信息所有者。因此，如果激励机制完善，公民有全面掌握自己的信息的动力，那么公民维护自身信息的积极性就会更高。这就从根本上解决了个人信息利用的真实性、全面性、时效性的问题。

4. 打破信息壁垒，增加数据流动

由于业务场景限制或出于商业目的，各机构间无法实现数据的有效共享，形成了数据壁垒。公民对自己的信息的掌握最为真实、全面，以个人为中心的信息收集和共享方式可以使数据需求方直接从个人手里获得各种类型的数据，有效打破信息壁垒，增加数据流动，使信息更加有效地产生价值。

5. 数据使用方可随需、随时使用个人信息

当前，个人信息的数据收集方（如各大互联网平台）和数据使用方（如科研机构、保险公司）通常不是同一个主体。《网络安全法》等法规严格禁止数据的转让，因此，个人信息数据很难合法流通。数据权益资产化鼓励个人信息去中心化地保存在个人端，通过技术手段确保数据存储的安全性和数据使用方的易获取性。并且，数据使用方可以通过技术手段将数据采样需求发送至个人端，个人端经所有人授权后按照需求将个人信息点对点地发

送给数据使用方。整个过程方便快捷，数据使用方可根据需求随时获得个人信息。

6. 避免个人信息采集和使用过程中的法律纠纷

个人信息在未经授权或被诱导授权的情况下被采集和使用是当前互联网时代经常发生的问题。个人信息滥用造成公民被骚扰的现象时有发生，这给商业发展带来了极大的伤害。通过数据权益资产化，数据使用方可以很方便地且低成本地从公民手里购买个人信息，再也没有从其他机构购买个人信息的动力。这种交易模式普及后，服务机构在提供服务的同时，过度采集个人信息的动力也将不复存在，从而自然而然地避免了个人信息泄露、滥用的情况。这种经个人信息所有者授权使用的方式也是最为合理合法的个人信息的使用方式，避免了法律纠纷的产生。

7. 减少使用方的信息获取成本

数据权益资产化后，数据主权及产权由数据主体掌控，使用方不需要花费大量时间和金钱购买并维护所需信息，而是在需要的时候批量提交信息需求，在得到个人信息所有者授权后，就可以获得个人信息的使用权，从而大大降低数据获取和维护的成本。

8. 影响和制约信息所有权的建立

数据权益资产化是个人信息所有权建立的工具。个人信息所有权在法律上是财产权利的归属问题，个人信息只有在数据权益资产化后才能具备财产的性质，然后才能规定个人信息的各种权利并对其进行法律保护。数据权益资产化是明确个人信息所有权的前提，不同类型的个人信息有不同的特点，所有权的界定会有所区别。通过数据权益资产化，可以将个人信息抽象的特征具体成资产的不同属性，使得所有权明确，其相应的法律制度也会随着基础管理能力的提高而完善。

9. 加速个人信息交易进程

在目前缺乏交易规则和定价标准的情况下，交易双方承担了较高的法律风险和交易成本，制约了个人信息资产的流动。但是，随着个人信息资产管理的完善，交易双方必然会加速个人信息资产交易的过程。

10. 促进资产估值和会计元素的完善

随着社会对数据的重视程度及数据对企业和政府机构的重要性与日俱增，各组织不仅需要招揽信息管理和信息系统维护的专业人才，而且更需要在原有的会计系统和会计科目中加入数据资产这个会计元素。

4.4 数据权益资产化的实现难点

1. 确权问题

目前还没有成熟且合理的个人信息资产确权机制，因此，确权问题也成了近些年学者研究的重点。郭兵、李强等（2017）曾提出"个人数据银行"这一概念，主要针对数据产权模糊、管理混乱及流通不畅的问题，通过专门的机构收集、筛选和整理数据，在保护个人信息隐私权和产权的条件下，实现其使用权和所有权的分离，实现数据的资产化。但是这种方法并不能真正地解决个人隐私保护问题，并且市场积累平台信用的成本也比较高，无法绝对保障个人用户的收益权。

在当前的数字经济时代，消费者和生产者融为一体，直接交易的需求在扩大，第三方平台逐渐转变，从原来的"信用中介"回到"信息中介"。消费者、中介和生产者的区分度越来越模糊，个人用户的信息主权意识还未建立，导致个人信息确权进展缓慢。

2. 估值和定价问题

当个人信息作为资产被消费时，不会因为消费人数和次数的增加而发生损耗和折旧，这使得使用方的二次转售和使用收益比较难界定。个人信息在使用方法和应用范围的限制上很难被量化，传统的商品定价方法并不适用于个人信息资产。在市场尚未成熟的情况下，个人信息资产的估值可能无法准确适用于个人信息资产的定价。但是，在当前个人信息资产交易不完善的情况下，交易价格又十分依赖估值模型。因此，只有估值体系和市场交易同步发展，才能为个人信息资产定价提供理论和实践依据。

3. 交易流通问题

对于一项资产而言，交易是不可或缺的重要环节。目前，个人信息资产的各类交易规则和定价机制均不完善，很多类型的个人信息资产还无法实现交易。个人信息资产市场的发展需要一个良好、健全的交易环境，这需要相关法律法规和行业标准规范的保护，也需要相关部门有力的监督。但是，目前还没有出台相关的法律法规和行业标准，无法对交易平台进行规范性指导，也没有相关的监管部门对个人信息资产交易进行监管，所以个人信息泄露事件频频出现。

4.5 数据权益的定价

企业不能无偿使用资源，使用任何资源都是要付出代价的。使用资源所支付的费用就是使用资源的价格。数据要成为具备经济效益的资产，就必须具有可交易性，而价格是可交易性的基础。数据的定价将影响到数据所有者共享数据的积极性和数据需求方使用信息的成本。合理的定价可以促使交易达成，促使数据权益资产化生态的形成。因此，数据权益的定价是数据权益资产化的重要内容。

4.5.1 数据分类与分级标准

数据权益资产化就是要把数据权益当作商品出售、购买和转让，通过数据权益的流转实现数据的价值与使用价值。从本质上来讲，不同类别的数据所对应的基本权益都是相同的，数据权益定价的差异反映的并非权益的不同，而是权益背后所蕴含的数据价值的不同。因此，若想把数据权益当作商品进行交易，首先就要对核心数据进行标准化，确定数据的分类与分级标准。

在中文语境中，数据分类一般是指将数据按照种类或性质进行分类，强调按不同属性进行划分，而数据分级强调的则是根据已划定的某种标准和同一类别的属性，将数据按照高低、大小进行级别划分。数据分类与分级突出的是不同规则下的划分标准，二者相辅相成，缺一不可。

1. 建立数据分类标准的原则

数据分类就是将具有共同属性的不同数据归集到一起，通过不同属性间的差异特征实现数据间的划分。科学合理的数据分类标准对数据分级起着不可忽视的辅助作用。在建立数据分类标准时，应遵循以下原则。

- **稳定性原则**。在确定属性归类标准时，应当按照数据最基础、最本质、最不易改变的特征作为分类的依据，以此维护整套分类体系的稳定性，确保该项标准的长期适用性，保障不同时期各类别数据间的纵向可比性。

- **系统性原则**。在设计分类标准时，应构建一个逻辑清晰、层次合理的划分体系，充分发挥数据分类的优势，避免数据混乱与模糊。

- **规范性原则**。在数据分类标准中所使用的术语应当能够确切地表示出该类目的实际特征，且在词汇、语言的使用上应具有一致性。

- **明确性原则**。不同数据类目间的划分界限应明确、清晰，不存在发生相互混淆的可能。

- **可扩充性原则**。随着经济生活的转型发展，数据创新时有发生，这些新型数据的属性可能并不属于现有划分标准中的任何一类。因此，在规划数据分类标准时，就需要有目的地预留一定的扩充空间，确保在增添新的属性类别时不会打乱整个系统的逻辑框架。

- **综合实用性原则**。在制定标准的全过程中，设计人员与技术人员应时刻遵循"实事求是，一切从实际出发"的宗旨，设计出一套普遍实用的、通用的规则体系，使总成本最小化。

- **兼容性原则**。兼容性原则主要强调不同分类标准间的快速转换与对接。该原则指出，在任何一套体系的设计过程中，都应秉承以国家标准为核心的理念，只有在国家标准没有明确规定的情况下，才可按照行业标准的要求设立划分标准；只有当国家标准与行业标准均未做出明确指示时，才可参照国际标准。

由于不同行业、不同业务涉及的数据类型均不尽相同，因此，数据类别的划分需要结合行业实际情况来考量，并没有完全固定的规则。常见的数据分类方法主要有以下五种。

- 按照数据表现形式划分，如语音识别数据、图像识别数据、文字识别数据。

- 按照数据来源与用途划分，如科研数据、宏观统计数据、电子商务数据、社交数据、经济数据、资源数据等。

- 按照行业划分，如采矿业数据、制造业数据、服务业数据、农林牧渔业数据等。

- 按照数据表现主题划分，如国土资源数据、综合政务数据、环境保护数据、党团建设数据等。

- 按照时间序列划分，如 2015—2020 年数据、2010—2015 年数据、2005—2010 年数据等。

2. 建立数据分级标准的原则

科学合理的数据分级标准不仅能够保证大数据机构在法律规范的要求下，对最关键、最核心的数据采取最高效的保护措施，而且还能够在数据权益交易的过程中根据不同级别的数据采取有针对性的定价措施，合理节约成本，减少不必要的投入。在建立数据分级标准时，应遵循以下原则。

- **依从性原则**。在制定标准的过程中应严格遵守国家法律、政策法规的要求。

- **可执行性原则**。数据分级标准的制定应充分满足实际需求，简洁明了，切忌复杂、空洞且无法落地。

- **时效性原则**。庞大的网络世界每分每秒都在发生着数据的更新换代，同一类别的数据可能随着社会的发展、时间的变化对社会生活产生不同程度的作用，因此，在建立数据分级标准时，需要充分考虑标准的时效性，及时更新等级划分规范。

- **自主性原则**。数据分级标准的制定不应"一刀切"，而是应该结合各企业的具体实际情况，结合公司长远的战略规划，有针对性地制定适合某一领域、某一行业、某一企业的规则。但值得注意的是，自主制定并不意味着完全自主，不能将高敏感级别的数据有目的地定义为低敏感级别的数据，基本的定级逻辑应在全范围内得到统一。

- **合理性原则**。数据分级界限应具有合理性，不能太宽泛，同时也不能过于细致。

- **客观性原则**。数据分级标准的制定应充分满足客观事实，能够经得起校验与复核。

3. 数据分类分级标准

国际与国内最具典型性的分类分级标准主要有以下四种。

（1）CISSP 官方分级标准

2017 年 4 月，全球范围内最具权威性的信息系统安全专业认证书籍《CISSP 官方学习指南（第 7 版）》正式出版。书中明确指出了政府数据与商业数据的分级标准。其中，如图 4-1 所示，针对政府数据、军方数据等保密程度较高的数据信息，CISSP 按照保密程度的高低标准，将其划分为非机密数据、敏感但非机密数据、机密数据、秘密数据、绝密数据五个层级。如图

4-2 所示，在商业数据方面，CISSP 按照信息的敏感程度，将其划分为非机密数据、公开数据、敏感数据、机密或隐私数据四个层次。

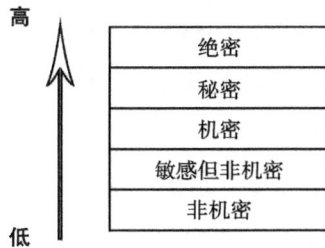

图 4-1 政府 / 军方数据分级标准

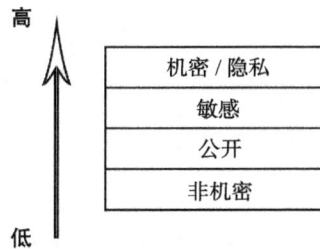

图 4-2 商业数据分级标准

（2）《政府数据 数据分类分级指南》

2016 年 9 月，贵州省质量技术监督局发布了 DB52T 1123-2016《政府数据 数据分类分级指南》（以下简称《指南》）。该《指南》按政府数据对国家安全、社会稳定、公民安全的重要程度和影响程度将其划分为公开数据、内部数据和涉密数据。其中，公开数据是指政府机构应无条件共享的数据；内部数据是指政府机构在不违反法律法规的前提下应予以开放或脱敏开放的数据；涉密数据是指政府机构不应当公开的数据。

（3）《信息安全技术 电信和互联网大数据安全管控分类分级实施指南（工作组讨论稿）》

2017 年 4 月，电信和互联网领域发布了《信息安全技术 电信和互联网大数据安全管控分类分级实施指南（工作组讨论稿）》，将电信、互联网业务涉及的用户身份相关数据、用户服务内容相关数据、用户服务衍生数据按照敏感程度的高低划分为极敏感级、敏感级、较敏感级和低敏感级。

（4）《证券期货业数据分类分级指引》

2018 年 9 月，中国证券监督管理委员会发布并实施了中华人民共和国金融行业标准 JR/T 0158—2018《证券期货业数据分类分级指引》（以下简称《指引》），旨在充分结合行业发展变化特点，有效识别新增风险信号，建立健全数据管理系统，保障投资者权益，切实维护市场正常运行状态。《指引》指出，该标准的数据分类分级方法共分为三个阶段。第一阶段为业务细分阶段，该阶段的主要任务是"解决业务分类问题，同时确定数据的管理主体。数据管理主体的确定是数据分类准确性和定级准确性的基本保证"。第二阶段为数据归类阶段，该阶段需要对已确定了业务类型和管理主体的数据进行分类。第三阶段是级别判定阶段，该阶段需要按照要求完成对数据的定级工作。

《指引》明确表示，证券工作中影响数据定级的因素主要有三个，分别是影响对象、影响范围和影响程度。在进行数据定级的过程中，首先，工作人员需要根据该数据的安全属性确定其遭到破坏后可能影响的行业、机构、客户等对象；其次，工作人员需要对该数据遭到损害后的影响力进行定量判断，确定此番影响到底会对多少行业、多少机构、多少客户产生影响；再次，根据上述判断，按照"严重""中等""轻微""无"这四项标准确定影响程度；最后，再综合以上三个因素对数据进行定级。该标准规定，数据的等级共分为四个层级，由低到高分别为 1 级、2 级、3 级和 4 级。当某一数据受到损坏后影响对象为行业、定量判断为多行业时，该数据的等级就应被判定为 4 级，影响程度默认为"严重"。此套分类标准为证券行业的数据管理制定了详细的分类分级模板，虽然行业局限程度较大，但仍具有较强的可操作性，值得全行业学习借鉴。

4.5.2　主要的数据权益定价方法

目前，国内外主要的数据定价方法有协议定价法、第三方定价法、元组定价法、查询定价法和实时定价法。这五种方法各有优势与劣势，具体如下。

1. 基于博弈论的协议定价法

协议定价就是数据拥有者和数据购买者在第三方平台的撮合下，通过讨价还价，对价格达成统一意见，这也是目前应用最为广泛的数据定价方法。首先，数据拥有者根据自身对数据的认识，率先为打算出售的数据定价。其次，数据购买者如果认可数据拥有者提出的价格，则买卖双方交易成功，否则，买卖双方可通过反复报价、磋商的方式进行议价。最后，当买卖双方达成统一定价时交易成功，否则交易失败。如果同时存在多名数据购买者，并且数据购买者需要独占数据，则数据拥有者可以采取拍卖的形式对数据定价，出价最高者可拥有数据的购买权。

在当前的数据交易实践中，协议定价是应用最为广泛的方法。它的优点是定价过程较为便捷，且议价活动直接发生在买卖双方之间，目的性与针对性均较强。但是它的缺陷也十分明显。由于数据买卖双方信息不对称，对数据价格的认识不一致，数据价值评估往往并不准确，导致数据价格与真实价值容易出现偏差，甚至出现非法套利的现象。

2. 基于数据特征的第三方定价法

可信的第三方定价普遍运用于国内外大数据交易平台。在数据拥有者无法对数据进行准确定价的情况下，可以委托第三方进行定价并交易。例如，数据集市、上海大数据交易中心等数据交易平台可以根据自身拥有的数据特性对数据进行定价，数据量、数据时间跨度、数据完整性等都可作为衡量数据质量的指标。通过第三方定价法，每个数据集的价格都将根据数据属性和数据集的数据量进行计算。

但是，利用第三方定价法，首先需要保证第三方交易平台是完全可靠的。由于当前国内外的数据交易平台组成成分比较复杂，政府、企业和个人都参与其中，未形成规范统一的交易平台，导致交易平台不够透明，用户在使用交易平台时容易出现信息误传及信息不对称的情况。其次，使用第三方定价法，买卖双方往往交易的是整个数据集，第三方并未给每个数据元组定价，即使用户仅需要部分数据，也必须购买整个数据集，这在一定程度上造成了资源浪费。

3. 基于元组的定价法

元组的意思是数据集中的每一条待交易的数据。在人工定价模式中，并不能对数据集中的每个元组进行定价，而只能对整个数据集合进行定价。在当前的定价模型中，我们一般假设数据集合中所有元组的价格完全相同，但是在实践过程中，不同元组包含的隐私信息量不同，因此这一假设并不完全正确。

为了解决上述问题，沈等人（2016）提出了积极分级和反转定价机制，将数据元组当作最基本的数据度量组合，根据数据产品的成本、权重、信息熵、信用等级和数据引用指数等影响数据价值的因素对每个元组进行定价。其中，数据产品的成本包括固定成本和变动成本。由于数据具有规模优势，一条数据产生的成本几乎可以忽略不计，因此数据产品的成本主要取决于交易平台在收集、组织、分析和存储数据的过程中产生的边际成本。权重主要是指某一数据元组在总数据中所占的比重。该比重值与数据元组的价值量和价格显著成正相关，即权重越大，价值越高。信息熵描述了数据元组的不确定性，当数据元组完全符合确定事件的定义时，其信息熵为0；反之，当数据元组的不确定性越高，即包含的信息内容越丰富时，其信息熵也就越高。信用等级评价的对象是产生数据元组的主体，如果数据主体的信用程度越高，那么该项数据的可信程度就越高，数据质量就越好，对应的价值也就越大。如果主体提供（出售）的数据元组越多、数据量越大，那么其价值也就越大。

在沈等人提出的数据定价公式中，数据元组的价格取决于数据元组的供给价格、权重、信息熵和数据引用指数。其公式为：

$$P_i = P_s \times \left(\frac{W_i}{W} \times \alpha + \frac{Q_i}{Q} \times \beta + \frac{R_i}{R} \times \gamma \right)$$

其中，P_s 代表数据元组的供给价格，即数据处理者对该数据元组的需求价格减去交易平台的处理成本 C 后剩余的价格。W_i/W、Q_i/Q、R_i/R 分别代表数据元组的权重值、信息熵值和数据引用指数。α、β 和 γ 则分别对应数据元组的权重值、信息熵值和数据引用指数对数据元组价值影响的重要程度，三者之和必定为 1。沈等人提出的基于数据元组的定价策略在一定程度上缓解了数据定价的实践难点。但是，在该等式中，α、β 和 γ 的确定具有很大程度的主观性，而且并没有说明选取这些指标作为影响数据定价的原因。

采用元组定价法，可以根据公式计算数据价格，这在技术上肯定了元组的使用价值。但是在实际的交易过程中，还有一些因素会影响数据定价，比如用户的需求偏好。而且通过元组定价法并不能体现数据的稀缺性、获取难度或者用户通过数据可获得的盈利等价值。除此之外，在当前的大数据环境下，我们不得不考虑数据的隐私问题。影响数据定价的因素十分复杂，仅仅利用几个简单的公式进行计算，并不能准确地表示数据价格。

4. 基于查询的定价法

目前，待交易的数据大多被存储在各大数据库中。用户往往通过在数据库中查询来购买数据，并由此形成了基于查询的定价方法。该方法允许数据卖方指定部分视图的价格，同时也允许数据买方根据自身需求查询需要购买的数据，并根据指定视图的价格生成其他任意视图的价格。通过这样的方法，买方查询到的数据价格是多种组合中最优的情况。基于查询的定价法需要满足以下两个条件。

- **无套利**（Arbitrage-free）：购买数据集合价格应当比分开购买数据

的价格之和低。

- **免贴现（Discount-free）**：卖方在确定每一个视图的价格后，应当在视图之和的基础上予以一定的折扣。

然而，这种方法存在一个明显的问题，即用户被限制只能通过固定的数量或预定的视图购买数据，缺乏一定的自主选择权。

5. 实时定价法

数据产品的实时定价法仿照股票、期权、期货等金融产品的定价模式。在该模式下，数据产品存在一个初始上市价值，此价值取决于样本数据的体量及样本的数据价值。当数据产品以初始价值上市销售后，其价值将受到市场供需的影响，实时浮动。这种定价方式的优点在于充分考虑了市场对价格的决定力量，使定价更为科学、合理。但它的缺点是容易滋生投机行为，改变数据的商品性质，扰乱市场秩序。

4.5.3　未来展望

合理的数据定价方法是推动数据交易机制不断完善和数据产业不断壮大的必要前提，可改变当前数据资源利用度不高及获利能力不强的现状。中国的数据产业起步并不晚，在数据定价和数据交易方面存在的各种问题，对于学术工作者及产业界来说，这都是一个难得的研究与实践的机会。实现有效的数据定价，将有助于国内大数据生态圈在世界数据产业博弈过程中占据更多的话语权及竞争优势。

4.6　数据权益的交易

能够从数据分析中带来各种附加价值的数据密集型服务在数字化经济中扮演着越来越重要的作用。无论是想要提供更具价值的增值服务还是想要进行更加科学的专业决策，这些都离不开收集、管理、更新和利用由多个来源和主体产生的大量信息。通过新的创新途径，服务提供商无论是在客户规模、基本的流程效率，还是在成本节约方面，都能够实现最大限度的提高。从目前的数据交易市场来看，中国的数据交易市场发展迅速，市场规模在不断扩大，数据交易平台发展迅猛。这些均预示着数据产业将会是未来中国的支柱性产业。

4.6.1　发展现状

随着大数据、物联网、云计算等新兴技术与社会发展和居民生活的深度融合，人们之间的沟通方式，以及企业、社会、国家间的连接方式都发生了深刻的变化，数据体量呈现爆发式的增长态势。实践证明，大数据与传统产业的交汇融合能够带动信息化社会不断向前迈进，推动社会管理创新，提升国家软实力。从国际范围来看，近年来，世界各国都在探寻高效、合理的数据挖掘方式，试图丰富数据的应用场景，进一步释放大数据的潜在价值。随着各国大数据战略布局上升至国家高度，国际资本对数据产业表现出了浓厚的兴趣，使得全球数据产业在资金的扶持下一直保持着高速增长的态势。总体来看，目前大数据应用已进入从概念到应用落地的关键转型阶段。数据交易作为数据产业发展的重要组成部分，成为数据产业发展的核心。

就国内而言，我国的数据交易在国家政策层、数据技术层、应用层和衍生层等的支撑下，取得了较大规模的发展。2020 年 4 月 9 日，国家《关于构建更加完善的要素市场化配置体制机制的意见》正式发布，其中第 6 条"加快培育数据要素市场"明确指出数据是一种生产要素，并要求在加强个人隐私和企业机密数据保护的前提下，做好数据的分类分级，制定数据确权和定价的制度规范，利用市场化机制加快数据资源的流通和利用。

如图 4-3 所示，相关统计显示，2015 年，我国数据产业规模达到 2 940 亿元，预计 2020 年将达到 10 100 亿元。

（亿元）

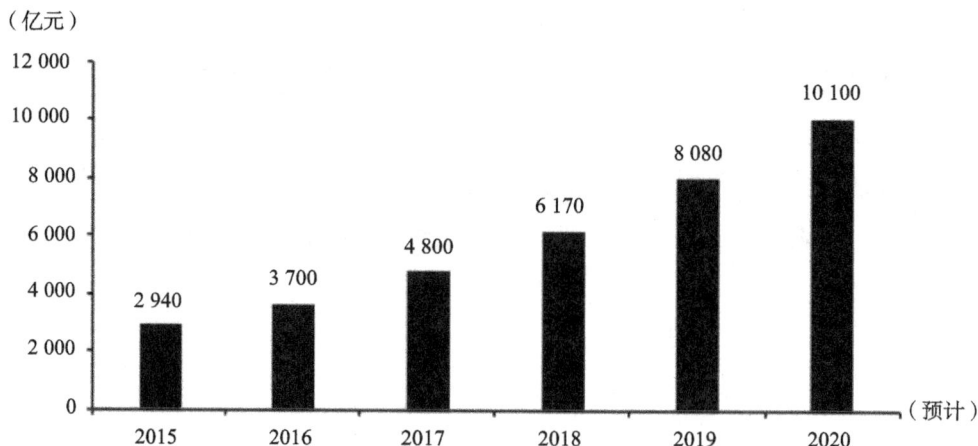

图 4-3　2015—2020 年中国大数据产业规模及预测
数据来源：中商产业研究院。

　　庞大的数据产业规模为数据交易奠定了坚实的基础，根据《2016 年中国大数据交易产业白皮书》中的不完全统计，2015 年，中国大数据相关交易的市场规模达到 33.85 亿元，预计 2020 年将突破 545 亿元。作为大数据产业的领头羊——贵阳大数据交易所呈现出强势的发展劲头。根据 2018 年 3 月《贵州日报》报道，贵阳大数据交易所的会员数量超过 2 000 家，涉及医疗、通信、农业和金融等 20 多种行业。

　　从数据交易的整体发展状况来看，虽然发展迅速，但是我国数据交易仍处于起步阶段，具体体现在以下几个方面。第一，目前的数据交易主要以原始数据的简单加工交易为主，数据的预处理、数据衍生产品等相关交易还未形成规模。第二，数据的供需不对称导致数据交易很难满足社会需求。第三，数据的开放进展比较缓慢，在一定程度上制约了整体交易规模。第四，在交易过程中缺乏统一的规范体系和法律支持。目前，不同的应用程序和服务机构收集了大量的个人数据，数据处理机构通过对这些数据进行进一步的处理、分析，能够有针对性地改善营销策略，产生可货币化的结果。然而，到目前为止，作为数据主体的个人通常并没有获得对此类数据的控制权，这严重侵犯了个人应该享有的隐私权。

4.6.2　大数据交易模式

我国大数据交易的主要模式如下。

1. 基于大数据交易所的大数据交易

该模式是目前我国大数据交易的主要模式，其中，以贵阳大数据交易所、上海大数据交易中心、长江大数据交易所为代表。该模式有两个特点：一是秉持"国有控股、政府指导、企业参与、市场运营"的原则；二是主要采取国资控股、管理层持股、主要数据提供方参股的混合所有制模式。

基于大数据交易所的交易模式，保证了数据的权威性，激发了交易主体的积极性，推动了数据交易从"分散化"到"平台化"、从"无序化"到"规范化"的转变，将各行业领域中分散的数据资源整合到了统一的平台上。

2. 基于行业数据的大数据交易

因为电商、交通、金融等行业的数据交易起步相对较早，所处领域范围小，所以数据流通比较方便。并且，基于行业数据标准，更容易实现对该行业交易数据的统一收集、评估、管理和交易。

3. 数据资源企业推动的大数据交易

与政府主导的数据交易相比，数据资源企业推动的大数据交易多以营利为目的，数据变现的意愿与其他交易类型相比更强烈。数据资源服务企业往往以数据为原材料，兼顾数据供应商、代理商、服务商、需求方等多种身份，往往采取自采、自产和自销的经营模式，再通过相关渠道实现数据变现，形成一个完整、封闭的数据产业链。

4. 互联网企业派生的大数据交易

这种模式的交易主要是通过以腾讯、阿里巴巴、百度等为代表的互联网企业所派生出的数据交易平台进行的。这种交易模式一般是由公司本身的业务派生出来的，与企业母体联系紧密。一部分企业是将数据交易平台作为子平台，从公司母体获得数据并服务于母体；也有的企业是将数据交易平台脱离母体独立运营，但仍能看到母体的影子。

4.6.3　基于数据安全事务的同意体系交易框架

2016 年，Hyysalo 等人为满足《通用数据保护条例》对数据权益的监管要求，提出了用于数据安全事务的"同意管理架构"（CMA）。Hyysalo 等人认为，大数据应用能够显著提高疾病治疗或临床实践的效率，改善医疗体系的预防能力和对疾病的反应能力，并且，借助跨护理链服务方式的创新，可以最终使医疗卫生领域有机会利用大量数据来提高服务与应用的价值。然而，在大数据时代，数据密集型服务给数据主体的隐私保护带来了极大的挑战，如何安全地管理和使用各种公共的、私人的和商业化的数据，如何保护数据主体的隐私，早已成为学术界和实务界共同关注的焦点。随着世界各国对数据隐私安全问题的重视程度不断提高，满足各国数据保护条例的有关规定是有效利用数据的一大关键挑战，同时也是促进数据高效使用的一大核心要求。在"同意管理架构"的组织下，各数据接口统一受到用户授权证明的驱动，以保证各项服务在获得数据主体允许的情况下进行安全访问，保障用户的合法权益。

Hyysalo 等人认为，在个人能够管理个人信息这一假设成立的前提下，主体能够保证个人信息的有效性并保障数据安全的关键环节仅在于，如何通过技术与行为集中管理用户授权，并实现跨数据源的交流。CMA 系统针对上述问题给出了良好的答案，这是一套建立在用户个人账户能够实现对各数据源接口的有效控制，并在此基础上保障数据所有权的授权管理系统。这套系统与《通用数据保护条例》的工作原理一致，都考虑了数据与各方利益相关者的权利与义务，并能够从大量数据中创造价值，为数据使用者及数据主体提供服务。

一个通用的、以人为本的 CMA 系统是至关重要的。根据《通用数据保护条例》的要求，数据主体应在接收到授权请求后自愿提供授权。通过总结过去的研究成果，Hyysalo 等人对 CMA 系统提出了如下要求。

第一，在参与者的角色划分方面，应摒弃过去模糊和过时的划分标准，结合实际情况确定并定义重要的参与者，如数据使用者、数据主体及操作员的角色和职责。

第二，在规则的制定方面，若 CMA 系统收集到的数据超出了最初的指定范围或用途，应采取模糊手段对多余数据进行处理，尽可能地满足"最小可用"原则。

第三，在用户撤回、退出方面，CMA 系统应重视用户撤销和注销的权利，提供用户撤回授权的渠道，并明示数据主体的注销通道。

第四，在适用性方面，不同的国家具有不同程度的隐私政策要求，若要 CMA 系统具有普遍适用性，就必须使其具备优良的适应能力，根据具体环境导入具体的规则体制，以适应不同的隐私政策。

第五，在数据使用方面，CMA 系统应该充分考虑数据主体的知情权，为用户提供针对其个人信息的透明化处理流程，为用户披露包括但不限于数据使用目的、数据模糊化程度、数据收集范围等必要信息。

第六，在使用目的方面，CMA 系统应严格履行"目的限制原则"，承诺其收集的数据仅仅能够被用于实现某一既定目标。一旦该目标实现，CMA 系统应立即履行数据删除义务，清空非必需数据，直到下次有需要时再重新授权收集。

第七，在用户权利方面，数据主体应享有数据移植权，拥有信息复制的权利，个人有权获取上传至该平台上的个人信息的副本，以供主体进行后续操作和使用，实现数据的跨平台转移。

第八，在可操作性方面，在实现了数据的跨平台转移后，CMA 系统应支持系统间的互操作性，更大程度地降低数据处理成本，提高系统维护效率。

第九，在个人信息管理方面，CMA 系统应保障数据主体管理和控制个人信息数据的有关权利，如查阅权、被遗忘权、限制处理权、数据移植权、反对权等。

第十，在隐私政策方面，CMA 系统应具备机器学习能力，可以理解不断更新和强化的隐私政策，能够以较高的专业水平分析并管理复杂的隐私问题。

综上所述，为满足《通用数据保护条例》的有关条款，CMA 系统的核心要求如下：第一，数据主体应该拥有能够实现《通用数据保护条例》所要求的各项隐私权利的手段；第二，上传至 CMA 系统内的数据要易于获取和使用；第三，CMA 系统要能够充分发挥人工智能的优势，通过代码与技术实现数据从单个实体向意义资源的转化；第四，为打破数据壁垒，支持开放、共享的营商环境，CMA 系统作为通用的同意管理架构，应该能够协调管理各主体数据，按照兼容格式存储信息，确保跨平台的互用性；第五，CMA 系统要严格实行授权管理制度，使不同的参与者（如数据主体、数据处理机构）都自觉遵守严格的信息安全保障条例；第六，作为数据主体的个人，应该能够控制其自身的账户，实现对其个人数据的全面控制。

1. 交易框架

如图 4-4 所示，CMA 系统的参与主体被划分为操作员、数据源和数据接收器。各参与主体可以是一个运营实体，也可以是多个实体。每个参与主体都扮演着不同的角色，且都拥有明确的、可操作性的、具体的职责。在该框架中，数据主体的账户及各类型接口（包括数据源接口、数据接口和接收器接口）是实现整个控制系统的关键要素。其中，用户账户可以由一个或多个被授权的操作者持有和管理，数据接口则是通过技术手段设置的数据流动闸口。当操作者启动数据安全管理服务时，"我的账户"将被用于存储各项服务的契约和授权证明，并将其用于规范数据使用者对数据源和数据接收器的访问权限。"我的账户"本质上是一个接口，不仅连接着系统内的各组成部分，而且还充当着不同系统间的共享桥梁，只要完成认证，它就能够允许

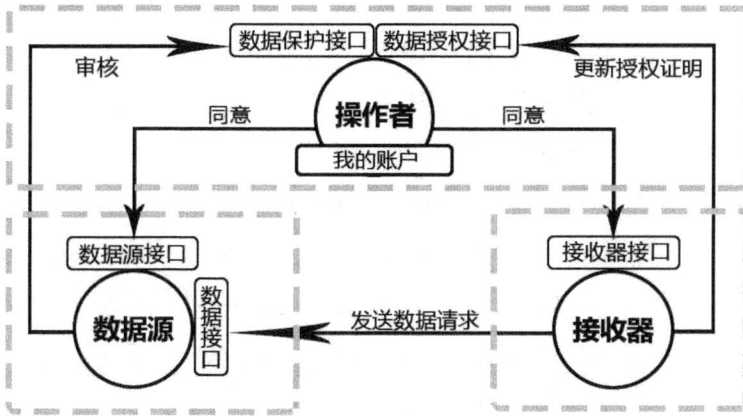

图 4-4　交易框架

主体跨多个数据源实现个人数据的管理。

　　除此之外，其他关键角色还包括账户所有者、数据源和数据接收器。其中，账户所有者是指创建和使用"我的账户"来连接服务并授权数据流的数据主体。数据源和数据接收器则专门负责数据流的存储和传递。数据源和数据接收器往往由同一个主体充当，在满足监管要求的情况下，每个参与主体都可以同时扮演一个或多个操作角色。

　　CMA 系统的核心技术支撑是通过计算机创建合理且有效的逻辑路径，使数据主体（个人）在数据源与接收器共同创建、存储和处理的多个数据流动事件中能够将个人信息作为一个已被明确定义的实体，且能够对其进行有效控制。按照要求，"我的账户"可以由数据主体本人操作，也可以由取得代理资格的组织统一管理。账户持有人可以按照自己的风险与隐私偏好对个人账户进行设置，若账户被交由代理机构代为管理，则需要充分结合委托人的意志，代理机构不得随意变更。与此同时，为实现不同数据平台间的服务共享，技术开发人员可以借助公用编程接口建立对话框，执行数据流的访问和其他有关服务，但需要注意的是，这也对平台的安全性提出了较大的挑战。提高防火墙技术、完善隐私立法将作为重要的辅助手段保障信息共享的实现。

　　除去操作者、数据源和数据接收器这三大操作角色外，各种类型的接口也是 CMA 系统的重要组成部分。其中，数据保护接口的职责主要是负责验证并审核由数据源发出的数据请求的授权状态，并做出反馈。数据授权接口的职责主要是负责收集由数据处理机构更新的已过期的授权证明，并将"我的账户"中储存的授权证明反馈给数据接收器，以促进数据流动的实现。数据源和数据接收器均可以通过公用的 CMA 系统来访问数据保护接口和授权接口发出的同意与审核反馈。接收器接口的职责主要是接收由操作者提供的用户同意凭证和有效的授权证明。数据源接口的职责主要是负责接收操作员的反馈，当操作员审核通过由数据源发出的数据请求的授权状态时，用户同意凭证就会经由操作者与数据源的传输通道抵达数据源接口。数据接口的职责主要是负责接收由数据使用者借助数据接收器发送的带有特定标识符的数据请求，并在经过同意授权后将真实数据传输给数据接收器。同样，为实现大数据的流通共享，数据接口可以被安装在不同的数据源上，这些接口能够被数据接收器直接访问，使不同主体的信息数据都能够通过数据接口完成传输，从而使数据使用者能够收集到全部所需信息。借助这些分工明确的操作接口，操作者可以将收到的同意请求及授权更新等凭证综合起来统一呈现给用户，即数据主体，从而维护数据主体的知情权，保证系统运行的透明性、公开性。

在整个 CMA 系统的实施运行过程中，CMA 系统将根据各流通渠道的用途、功能和权限分离数据流。数据保护接口和数据授权接口等管理同意权限的闸口将通过一组独立的编程方式进行管理与更新，从而保障该套应用程序的不断发展，使其能够执行新的服务。与之相反，数据源与数据接收器之间的实际数据流动将始终通过一套隐私性较高的编码方式运行，数据源与接收器也将始终作为此项服务的供方与需求方。操作者作为实际数据的所有者，可以在整套系统运行的过程中被赋予适当的管理权限。这种管理架构允许用户账户管理、同意权限和实际数据流在数据源与数据主体间实现分离。通过这种方式，由代理操作者和操作者所控制的账户不需要存储任何真实的数据，而只需要在 CMA 系统内扮演一个受信任的同意管理节点，根据实际情况为数据主体的数据流动设置权限和限制。

2. 交易框架的实施

前文我们介绍了 CMA 系统的核心组成要件及各要件之间的相互联系和职责。在该基础框架之下，完成数据流从数据源到接收器的传输还需要依靠三个工作流程：服务连接、账户授权和数据连接。这三个工作流程并非彼此独立。相反，它们具有相互影响的能力，而且操作顺序固定，只有在依次完成了上一个流程后，才能启动下一个程序。未实现服务连接的操作不可能触发账户授权和数据连接。同样，未通过授权的操作也不可能产生真实的数据流动。

（1）服务连接

如图 4-5 所示，在服务连接的环节中，数据源和数据接收器都需要与操作者相连接。连通后，操作员和数据源、操作员和数据接收器之间可以各自进行必要的信息交换，如数据使用者的数据请求、数据主体用于签署同意凭证和授权证明的加密密钥等公文，从而保证系统的顺利运行，确保个人信息传递的安全性。

（2）账户授权

如图 4-6 所示，数据源即是数据主体信息的实际存储空间。一套系统内

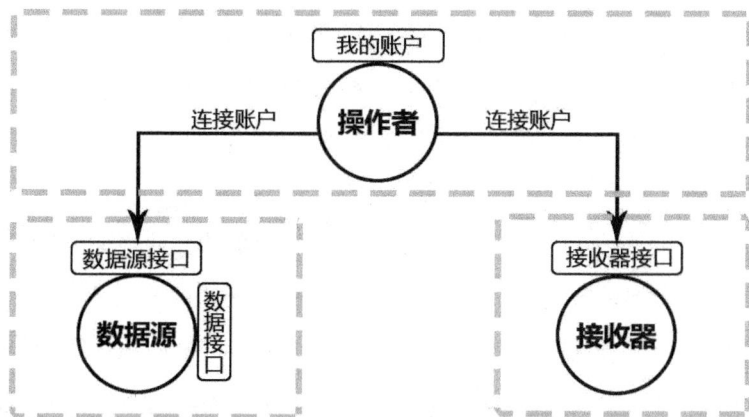

图 4-5　服务连接

可以存在多个相互独立的数据源，一个数据源专门用来存储一个用户的真实数据，接收器则可在经过授权后直接从数据源中获取所需要的数据。

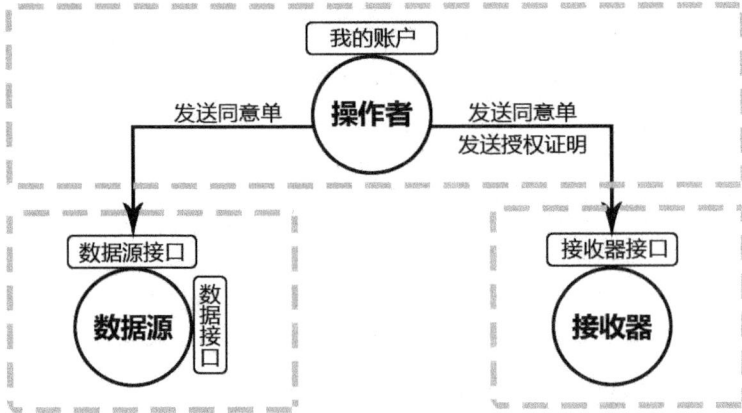

图 4-6　账户授权

在账户授权的过程中，操作者需要负责向数据源和接收器发送来自数据主体的同意凭证和授权证明。此处的"同意"必须是数据主体意愿的真实、自愿、具体、知情且明确的表示。这时，为了使各部分接口都能够明确、快捷地识别出此类同意凭证，CMA 系统会自动根据不同的数据收集范围生成一个特定且唯一的操作编码（如 Hash 密码），并添加在各项凭证的头部。当各部分接收器识别出此条编码时，就能够顺利地匹配到它所代表的数据集和对应的授权。当操作者向数据源提供带有特定操作编码的同意凭证时，数据源便能够向接收器传递该条编码所对应的数据集合。同样，接收器在向数据源发送数据请求时也必须使用该项特定的操作编码。

这套系统的严谨之处就在于，数据源不能只凭借数据接收器的数据请求和操作代码是否能与现有授权相匹配来完成资格审查。相反，接收器提供的授权证明将作为审查的一大关键证据，这主要是为了进一步保障用户数据流通的安全性。众所周知，Hash 密码具有很强的防破解能力，破解一条 Hash 密码很困难，若再加上授权证明，那么这套系统的安全性就得到了成倍的提升。因此，在整套系统运行的过程中，接收器还需要将操作员反馈来的授权证明连同数据请求一并发送给数据源，由数据源进行匹配审查，当所有证明都满足一致性要求时，方可开启数据传输通道。

（3）数据连接

图 4-7 展示了整个 CMA 系统的数据传输流程。

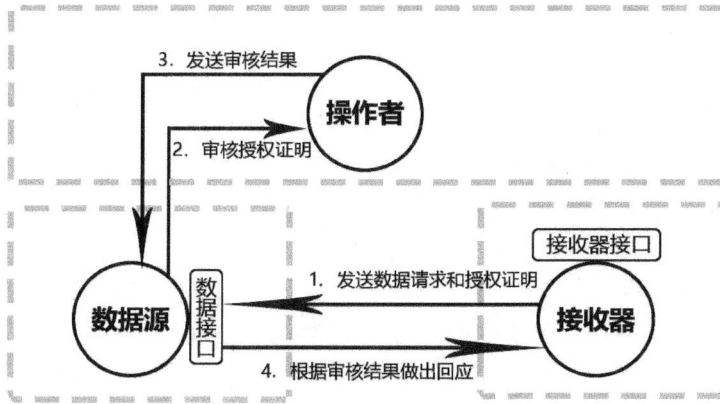

图 4-7　数据连接

第一步，数据接收器将带有特定操作编码的数据请求及与该数据收集范畴相匹配的授权证明发送给数据源。

第二步，在接收到数据请求和授权证明后，由数据源审核各项证明的真实性，主要的操作方式是数据源将特定的操作编码连同数据请求及授权证明一同发送给操作者。操作者首先需要在授权库中查询授权证明的有效性、合法性，然后再根据操作编码核对数据请求的收集范围是否与被授权拥有的数据集相吻合。

第三步，操作员需要根据审核后的结果对数据源做出响应，若数据源审核的授权证明、数据请求、操作编码都能够相互匹配，那么操作者就可以向数据源发送同意凭证，允许接收器对数据源的访问；反之，若审核过程中有任意一项存在偏差，那么操作者将拒绝数据接收器的访问请求。

第四步，数据源在收到操作者的回应后将其如实传递给接收器，并开启或拒绝开启数据传输通道。

Hyysalo 等人提出的 CMA 系统的构成逻辑虽然简单，但是这套系统很好地满足了《通用数据保护条例》针对数据权益提出的各项要求，创造了一个简单却有效的同意管理框架。在这套系统中，各部分参与者都有着各自独立的权利与义务，数据主体能够轻松地实现个人信息的自主可控。

4.6.4　未来展望

随着大数据时代的到来，数据权益资产化、数据交易、数据授权、数据集中管理已不仅仅是某一特定领域的改革利器，教育、零售等行业甚至是国家治理都极大地受到这类创新方式的影响。利用大数据分析，我们能够总结经验、发现规律、预测趋势，充分释放数据冰山下暗含的巨大价值，推动技术创新与产业创新的深度耦合，为国家发展创造战略性机遇。数据权益交易作为实现数据权益价值的重要环节，需要健全、良好的交易机制来助力数据权益资产化早日落地。当前需要做的事情可以从以下三个方面入手。

1. 尽快建设标准立法，优化数据交易的环境

2014 年 6 月，中关村大数据交易产业联盟根据《全国人大常委会关于加强网络信息保护的决定》《互联网信息服务管理办法》《电信和互联网用户个人信息保护规定》，发布了《中关村数海大数据交易平台规则（征求意见版）》（以下简称《规则》）。《规则》指出，数据交易方的行为应当严格遵守国家法律、行政法规、部门规章及规范性文件的有关规定，并针对交易平台、交易主体、交易对象、数据交易和争议处理五个方面做出了明确规定。

第一，在交易平台方面，《规则》指出，数据交易平台应具有监督、审核交易行为合规性的权利和必要的执法手段。与此同时，为做到权利与义务的对等，《规则》还要求数据交易平台必须主动接受产业联盟的监管，严格保障数据安全性，未经授权不得擅自转移数据至第三方机构。

第二，在交易主体方面，《规则》指出，数据交易主体应当自愿接受平

台审核，依法开展合规交易。

第三，在交易对象方面，《规则》明确规定了数据交易的范围，严厉禁止交易涉及国家机密、商业机密，损害国家、民族荣誉和利益的数据。

第四，在数据交易方面，《规则》对在线数据、离线数据和托管数据的交易要求和流程都做出了明确规定，强调了在交易实施过程中对买卖双方之间发生的要约与审核的管理。

第五，在争议处理方面，《规则》规定，若交易双方发生争执，可自行协商解决，解决不了的可上报平台解决，更严重者则可向人民法院起诉。然而，《规则》中各项条例的设计仍较为宽泛，并没有针对具体的违规行为提出具体的惩罚措施。《规则》仅停留在中关村大数据交易产业联盟的角度，不具备全国范围内的适用性。

2015 年 5 月，贵阳大数据交易所在中国大数据交易高峰论坛上推出了《贵阳大数据交易所 702 公约》（以下简称《公约》）。该《公约》对数据交易的监管范围进行了详细阐述，规定了大数据交易机构的定期报告义务，明确指出了数据交易过程中的违规行为。但《公约》中仍然没有具体的违规惩罚措施，该项规则体系仍不够完善。

因此，完善数据交易立法，聚合各方理念，丰富条款设计，构建合理、有序的惩治体系，将数据交易法则上升至国家法律高度，全面实行依法治国，是未来我们需要实现的最根本的目标。

2. 督促数据开放进程，与数据交易形成良性互动

2015 年 8 月 31 日，国务院印发了《促进大数据发展行动纲要》（以下简称《纲要》），《纲要》从发展形势和重要意义、指导思想和总体目标、主要任务以及政策机制四个方面，站在国家顶层设计层面阐述了政府数据开放的必要性和实施机制。在信息技术与产业科技交汇融合的当下，数据已成为各国的基础性战略资源，大数据正凭借着自身的体量与影响力深刻地改变着全球的生产、流通等经济运行环节。目前，我国在大数据的发展和应用方面拥有一定的市场优势和发展潜力，但仍然存在数据共享程度不足、统筹规划欠缺、创新应用领域不广等薄弱环节。因此，《纲要》认为，在大数据拥有引领技术流、资金流、人才流，推动经济转型发展，重塑国家竞争优势，提升政府治理能力的优势下，开放数据共享、营造良好的数据流通环境尤为必要。未来，我们应当充分响应《纲要》的号召，督促数据开放进程，消除信息壁垒，实现政府数据、公共数据的共享性与可用性，借"数据之力"更好地支撑经济和社会的转型、改革与腾飞。我们的主要任务如下。

第一，加大力度推动政府部门数据共享进程。为实现此目标，首先，我们要进一步优化国家层面关于数据共享的统筹安排，设立大数据主管机构，厘清各部门领导机制，明确并细化部门间实现大数据共享的权利与义务。其次，可参照上文所述的 CMA 系统，建立统一的、通用的国家政务大数据交流平台，在保护数据主体安全性、隐私性的前提下，最大限度地实现信息的流通与交易。最后，我们要充分利用我国已有的大数据发展优势，运用 5G 技术，在加速建设"新基建"的整体利好环境下，不断完善国家宏观经济数据信息库、人口信息库、行业信息库、法人单位信息库、自然资源和空间地理信息库等基础数据资源。同时，还需要在基础架构不断完备的同时加快实现各层级、各部门、各单位间数据信息的互联互通、信息共享，不断更新、丰富国家基础数据资源，提高政务治理水平与治理能力，加快智慧城市建设，实现中央与地方数据板块的对接，促进大数据建设与公共服务发展的协同并进。

第二，循序渐进，分阶段稳步推进数据开放共享。为了实现数据开放，我们不应盲目追求结果，而应分阶段制订计划，落实数据开放和维护责任，逐步实现数据共享，避免产生大范围的数据安全隐患，造成不可预估的后果。我们应将第一阶段的数据开放重心放在基础传输系统的制作与测试上，设置不同的数据交换情境，检测平台在各种压力环境下的安全性，当且仅当该系统能够 100% 地经受住安全考验时，才能进入开放试用阶段。第二阶段是试运行阶段，我们仍需坚持谨慎性原则，由点及面，按照"增量先行"的原则，优先满足信用、交通、医疗、卫生、就业、社保等信息快速增长领域的共享需求，逐步推行数据传输系统的试点运行。第三阶段是总结该系统在试运行阶段的经验与教训，采取具有针对性的完善措施，使传输平台达到预定可使用的状态；制定数据开放目录，并在全国范围内开展关于该平台的宣传与学习。第四阶段是逐步淘汰以往老旧的数据传输方式，全面铺开新系统的运行，推进政府数据、公共数据集中向社会公开，实现政府与社会间相互配合、相互协作、相互帮助、相互促进的数据采集机制。

第三，强化大数据与社会间的汇聚整合、关联分析，使之与数据交易形成良性互动。大数据之"大"不仅体现在其拥有的数据体量大，而且还表现在它所能够分析、预测实际走势的能力大，蕴藏的潜在价值大。未来，我们还需要加强社会人才培养，建立基于云计算的、低成本的、高效率的、绿色的大数据基础设施和数据平台，注重大数据与社会发展之间的关联性分析，借助数学模型，更科学地制定国家、社会、企业、个人的发展规划，提高数据传输与交易的价值，形成正面反馈机制，进一步推动数据共享和数据交易的发展。

3. 创新交易方式，打破传统思维，延长数据交易链

传统思维模式的大数据交易是指一个数据交易机构设计一个安全的交易系统，数据使用者通过注册账号成为用户后，可在该系统内直接获取生产、经营所必需的数据。但随着数据交易理念的不断深化，数据交易不应仅停留在狭义的数据层面，还应该将交易对象拓展到与数据相关联的各项服务上去，如数据源、模型算法、可视化组件、应用平台、云资源、数据治理等增值服务，拓宽广义数据交易的概念。在此种交易模式下，数据交易链的长度将得到有效拓展，更加充分地发挥大数据的产业价值，使得非技术型企业也能够通过购买模型算法的方式分享数据红利，促进全行业的公平竞争，更大力度地推动各领域的协调发展。

第 5 章

数据权益的监管

5.1 数据权益的监管现状

随着信息技术、网络科技的蓬勃发展，个人信息数据被广泛用于各种电子产品、手机软件 App 的注册和登录，这在很大程度上方便了人们的日常交流和生活，但同时也给数据"黑色产业链"的产生创造了条件，为信息的泄露提供了便利。

例如，2017 年 2 月，印度安全公司 Fallible 研究员称，由于管理缺陷，麦当劳订餐系统中的用户个人数据被泄露。2017 年 3 月，58 同城用户的简历信息遭泄露，并在电商平台上被转卖。2017 年 5 月，加拿大贝尔集团（Bell Canada）称，一位匿名黑客非法访问了集团部分用户的姓名、电话号码和电子邮件地址。2018 年 3 月，《纽约时报》等媒体对脸书将近 5 000 万用户的数据泄露给剑桥分析的行为进行了曝光，该事件迅速引起了世界各国的广泛关注。世界各国诸多行业信息数据的泄露给人们敲响了隐私保护的警钟，个人信息保护被推向了舆论的风口浪尖，各国政府也迅速加强了对个人数据保护的重视。

5.1.1 国际监管现状

1. 欧盟对通用数据的监管

2018 年 5 月 25 日，欧盟《通用数据保护条例》（GDPR）的生效引起了全世界的高度重视，这标志着数据治理问题已成为全世界共同关注的焦点，同时也标志着全球数据治理进程正逐步从初级的认识阶段向有效的管理阶段过渡。GDPR 的颁布为世界各国的数据治理提供了一个国际化管理范本。

第一，GDPR 对"个人数据"的概念进行了规范，将其定义为任何与已识别或可识别的自然人（数据主体）相关的信息，不仅包括数据主体的姓名、身份证号等基本信息，还将数据主体的生理性、精神性、文化性、社会性身份信息纳入其中。

第二，GDPR 对个人信息处理原则进行了约束，提出了"合法性、合理性和透明性原则""目的限制原则""数据最小化原则""准确性、完整性和保密性原则""限期存储原则"。其中"目的限制原则""数据最小化原则""限期存储原则"等压缩了数据处理机构所能获得的数据规模，从而限制了不法分子通过信息牟利的空间。

第三，GDPR 对数据主体的权利进行了规范，强调保护数据主体的知情权、访问权、修正权、删除权（被遗忘权）、限制处理权（反对权）、可携带权、拒绝权等多项权利，确保个人对信息的控制。这些权利的含义如下。

- 知情权是指数据控制方在收集数据主体信息时，应当主动向其披露数据控制者的身份、联系方式、信息收集的目的，以及与数据处理相关的法律依据等必要事项。
- 访问权是指数据主体有权从数据控制方那里了解其个人信息是否正在被处理的真实情况，若其个人信息正在接受处理，那么数据主体就应该享有访问其信息的权利，并且能够获知信息处理机构及其处理的信息的类型。
- 修正权是指数据主体享有要求数据控制方及时更正失真信息的权利。
- 删除权又称被遗忘权，是指当数据控制方所收集的信息与其处理目标不一致时，数据主体有权要求控制方及时删除该项数据。
- 限制处理权是指在特殊情况下，当数据主体质疑数据处理的合法性时，其有权限制数据控制方对此数据进行处理。
- 可携带权是指数据主体有权接收并存储其向某一数据控制方提供的个人信息，并且可以将这些数据转移给另一家数据处理机构。

- 拒绝权又称反对权，是指数据主体有权拒绝数据控制方对其数据进行处理的行为，一旦数据控制方收到反对请求，应立即停止对此项数据的处理。

2. 美国对数据的公开与保护

2018 年 10 月，在政府与企业的通力配合下，美国出台了《美国联邦隐私立法重要文件》（以下简称《文件》），将个人信息定义为"能够据以识别出特定个人或属于该个人设备的任何信息"。此外，《文件》还明确指出国家隐私框架的基本原则，包括透明度、控制权、访问权、更正权、删除权和可携带权。《文件》要求各组织机构在处理个人信息时必须尊重个人利益，保持其收集的信息类型及使用方式的透明性；保证个人对其信息的控制，让个人能够访问、更正、删除和下载有关自身的个人信息；对组织收集、使用和披露个人信息的方式和手段进行合理限制，确保个人信息的安全。

2018 年 12 月 21 日，美国众议院决定启用《H.R.4174》（又称《开放政府数据法案》），并将其编入法典。该法案与法国、德国、加拿大、澳大利亚和比利时等国对政府信息的态度一致，都允许将政府信息向公众开放，且保证不会损害隐私安全。政府信息的公开在一定程度上保证了数据的价值，使运用这些信息制定的公共政策更贴合民生，从而有效改善居民福利。此外，针对各行业的隐私保护，美国政府还制定了《金融隐私权法案》《电子通信隐私法案》《儿童网络隐私权保护法》等。但美国对数据的治理多局限于单个行业，缺乏统一的规范。

2019 年 9 月，美国加利福尼亚州通过了《加利福尼亚州消费者隐私法案》（CCPA）修正案，旨在从法律层面强化对消费者隐私权及数据安全的保护，同时，这也是最为重要和有实质性进展的立法。新修订的 CCPA 将"去识别化或聚合的消费者信息"从个人信息的定义中排除，赋予了数据处理机构一定的自主权。但与 GDPR 不同的是，CCPA 对企业出于商业目的而进行信息共享的要求更为严格，赋予了个人控制（包括销售和拒绝销售）其个人信息并享有平等收益与价格的权利。该法案被认为是美国国内最严格的隐私保护立法。

3. 巴西《通用数据保护法》

2018年8月，由巴西总统正式签署通过的《通用数据保护法》（LGPD）将个人数据分为广义的个人数据、个人敏感数据及匿名数据三类。第一，广义的个人数据是指"与已识别或可识别的自然人有关的信息"。第二，个人敏感数据是指关于"种族或族裔、宗教信仰、政治观点、工会或宗教、哲学或政治组织成员身份的个人数据，以及与自然人有关的健康或性生活数据、基因或生物数据"。第三，匿名数据是指"在数据处理中使用合理的技术手段依然无法识别出对应数据主体的那部分数据"。LGPD大量借鉴了GDPR的相关规定，特别是在对违法行为的处罚上，LGPD也将按照违规企业全球营收的2%处以罚金，这极大地提升了巴西对个人数据保护的要求及受管辖企业所面临的合规成本。

4. 印度《个人数据保护法》

2019年12月，印度通过了《个人数据保护法》，该法案将健康数据、官方识别符、性生活、性取向、生物数据、遗传数据、宗教信仰等个人敏感数据纳入数据主体保护范畴。除了赋予数据主体被遗忘权、删除权、更正权等一般权利外，该法案还要求所有处理商业数据的机构一律实行"注册制"，要求其必须到政府部门注册为数据信托公司后才能开展有关业务，一旦违反法案条例，公司将受到高额的罚金处罚（全球营收的2%或4%）。

5.1.2　国内监管现状

1. 中国数据监管特色

我国数据监管特色主要体现在三个方面：体制层面、管理对象层面和技术平台层面。

在体制层面，我国政府、企业机构主要采取纵向管理的方式，即政府掌握着社会上 80% 的信息资源，数据监管渠道通常由一个总管理部门和若干个子部门组成，自上而下推动信息管理，对数据的控制力较强，但缺乏灵活性。

在管理对象层面，我国的数据监管范围正随着互联网与居民生活的深度融合而越发广泛，不仅涵盖了个人的基本信息，同时还包括居民的消费、健康、信用等信息。现有监管规范多为行业性标准，如《银行业金融机构数据治理指引》《公安信息化数据质量管理规范》《教育部机关及直属事业单位教育数据管理办法》等，它们与主数据系统分离，强调对行业性数据指标的管理。

在技术平台层面，由于受方法论和技术手段的制约，加之行业壁垒的限制，所以我国的信息数据较为分散，缺少产品化的统一数据管理平台。另外，出于对企业自身利益的考虑，各企业间不会相互交流数据信息，导致信息质量参差不齐，数据主体信息被重复收集，形成冗余。

2. 大数据与国家力量

2016 年 3 月颁布的《中华人民共和国国民经济和社会发展第十三个五年计划纲要》中首次将大数据上升至国家战略。2017 年，随着智慧城市建设的不断推进，各级政府大数据管理局如雨后春笋般涌现。据不完全统计，目前已有广东省、浙江省、山东省、贵州省、福建省、广西壮族自治区、吉林省、河南省、江西省、内蒙古自治区、重庆市、上海市 12 个省市设立了省级大数据管理机构，广州市、成都市、昆明市、宁波市、贵阳市等省级以下的大数据管理机构也陆续出现。2019 年，政府工作报告进一步强调了深化大数据的研发应用在今后政务工作中的重要性。

2019 年 9 月 6 日，杭州魔蝎数据科技有限公司因涉嫌贩卖用户数据给第三方信贷公司而被警方控制。同日，新颜科技人工智能科技有限公司 CEO 也被警方要求协助调查。9 月 12 日，天翼征信有限公司总经理及市场人员也因客户数据隐私泄露问题被警方带走调查。

综上所述，不管是从国家战略方面，还是从政府力量对违规、违法行为的打击方面，我们都可以看出，我国政府对数据监管的重视程度正不断提高，管理力度正不断加强，违法空间进一步缩小。

3. 法治建设

全国人民代表大会于 2017 年 3 月通过的《民法总则》第 111 条"关于个人信息的保护"，首次从民事基本法层面提出"个人信息权"，并明确了个人信息保护的基本行为规范。

2017 年 12 月 29 日，全国信息安全标准化技术委员会正式发布《信息安全技术 个人信息安全规范》（以下简称《规范》），并于 2018 年 5 月 1 日起实施。该《规范》将个人信息按不同类别进行了进一步的细化，包括个人财产信息、个人健康生理信息、个人生物识别信息、个人身份信息、网络身份识别信息及其他信息，并在此基础上规范了开展收集、保存、使用、共享、披露及转让个人信息等活动应遵循的原则和要求。《规范》规定了组织在开展个人信息处理活动应严格遵循权责一致原则、目的明确原则、选择同意原则、最少够用原则、公开透明原则、确保安全原则和主体参与原则，切实填补了我国在个人信息保护实践标准上的空白。但该《规范》一味追求严监管，导致企业合规成本偏高，《规范》落地较难；而且《规范》仅从数据主体权利与数据处理原则上进行了一般的规范，对数据流转过程中可能出现的问题并没有很好地解决。

2019 年 10 月，中国民商法律网首次发布了《个人信息保护法（专家建议稿）》（以下简称《专家建议稿》）。《专家建议稿》对个人信息保护的基本原则进行了规定，要求信息从业者、政务部门在进行个人信息处理活动时应遵循合法性原则、个人参与原则、公开透明原则、知情原则、同意原则、目的明确原则、目的限定原则、信息质量原则、信息安全原则、个人敏感信息特别保护原则、未成年人个人信息特别保护原则。其中，个人参与原则阐述了数据主体享有的各项权利，包括知情权、同意权、查询权、更正权、拒绝权和删除权，进一步保证了个人对信息数据的有效控制，限制了信息处理机构的运作权限。此外，《专家建议稿》还对信息数据的商业营销行为进行了规定，禁止国内商业营销机构基于营销目的的语音呼叫、信息发送等；对于个人信息的境外流通，应保证个人信息的合法性、正当性和必要性。

2020 年 3 月 6 日，国家市场监督管理总局、国家标准化管理委员会发布了《信息安全技术 个人信息安全规范》（以下简称《规范》），并宣布于 2020 年 10 月 1 日起正式实施。《规范》的出台从根本上改变了我国统一的、具体的、专门的数据权益监管无标准的现状，明确了数据主体对个人信息享有的查询权、更正权、删除权、撤回授权同意权、注销账户权、获取个人信息副本权、请求权与投诉权。这些权利的含义如下。

- 查询权是指数据控制方应全力满足数据主体对其主动提供的信息的类型、来源、使用目的及已经获得此项信息的第三方机构的查询要求。

- 更正权是指当数据主体发现数据控制方所存储的信息存在错误或不完整时，数据主体应有权向数据控制方提出更改请求，与此同时，数据控制方应及时向数据主体提供信息更改的路径与方法。

- 删除权是指当数据控制方违法、违规、违约收集数据主体信息时，或违法、违规、违约将数据主体信息擅自转让给第三方机构时，一旦数据主体要求删除，数据控制方应立即执行或通知第三方机构立即执行。

- 撤回授权同意权是指数据控制方在使用用户主体数据时必须首先取得用户的授权，同时，数据控制方还应当保留用户撤回信息授权的自主权，并向用户提供撤回授权的通道和方法，一旦用户撤回信息授权后，数据控制方就不能够再对此项信息做任何的处理。

- 注销账户权是指通过注册个人账户获取用户信息的数据控制方应当

保留账户注销通道，并主动告知用户具体的注销方式，一旦用户注销账户成功，数据控制方应立即删除该用户数据或进行匿名化操作等脱敏处理。

● 获取个人信息副本权是指数据控制方应当向数据主体提供如何获取其个人基本资料、身份信息、健康信息、教育信息、工作信息的副本的方式。

● 请求权是指为满足数据主体的查询权、更正权、删除权、撤回授权同意权、注销账户权与获取个人信息副本权等权利而专门设立的一项权利，是指数据控制方必须为用户提供执行上述权利的通道，并在收到行权请求后 30 日内或法律规定的时间内做出回应。

● 投诉权是指数据控制方应当建立完善的用户投诉机制，并定期对已收到的投诉做出响应。

《规范》中详细阐述了数据主体享有的各项权利，体现出了社会各界对数据权益监管的重视，标志着我国数据权益的法治化监管步入了新时代，迈上了新台阶。

5.2 全球数据权益监管案例

5.2.1 雅虎大规模数据泄露事件

事件始末

2016 年 9 月 22 日，雅虎公开披露了一起发生在 2014 年的黑客攻击事件，并称该事件造成了 5 亿名雅虎用户的信息被非法盗取，信息内容包括用户姓名、电子邮件地址、电话号码、出生日期、哈希密码，以及某些已被加密或未被加密的安全提问和回答等。与此同时，雅虎还提到，用户的明文密码、信用卡信息、银行账户信息并未存储于受影响的系统中，所以这些信息并未被窃取。并且，目前尚无明显的证据证明黑客仍存在于雅虎网络中。至于为何时隔两年才公布此事件，雅虎解释说，公司是在调查另一起数据安全事件（即 2016 年 8 月份媒体曝光，有匿名用户在暗网上售卖 2 亿雅虎用户信息）的过程中，偶然发现了 2014 年黑客攻击的证据，证实了两年前存在数据泄露这一事实。

2016 年 9 月 23 日，弗吉尼亚州参议员马克·沃纳（Mark Warner）怀疑雅虎故意隐瞒用户数据泄露事实，以便以更高的价格完成 2016 年 7 月发生的威瑞森（Verizon）公司对雅虎的收购，并请求美国证监会（SEC）开启对雅虎的调查。

2016 年 12 月 14 日，雅虎再一次发表声明称，2016 年 11 月，公司首次察觉到 2013 年公司网站平台上的用户数据资料可能遭到泄露，并立即对此展开了调查。调查结果证实了这一推论，2013 年 8 月，匿名人士非法侵入公司网络，导致雅虎平台上超过 10 亿名用户的个人信息遭到泄露。此次泄露的内容主要涉及用户的姓名、邮箱地址、电话号码和出生日期等信息。此外，雅虎仍表示，在此次安全事故中，用户的信用卡资料及银行卡账号等高敏感信息并未被存储在被攻击的数据库中，因此未遭殃及。同月，美国证监会就雅虎是否有向包括威瑞森公司在内的投资者履行告知义务展开了调查。与此同时，美国检察院已就雅虎的特大安全事故向其提起集体诉讼，本次诉讼主要针对的是雅虎 2013 年和 2014 年发生的两起数据泄露案件。

2017 年 10 月 3 日，雅虎母公司威瑞森表示，经过详细的调查取证，在雅虎平台用户数据泄露的安全事故中，累计有 30 亿条雅虎账户的资料信息被黑客非法取阅。

监管结果

2018 年 4 月，美国证监会对雅虎罚款 3 500 万美元。原因是经调查，美国证监会认为雅虎并未按照规定，在发现用户信息泄露事件后，及时向包括威瑞森在内的投资者履行告知义务，损害了投资方的利益。

2018 年 6 月 12 日，英国信息专员办公室发布了针对雅虎 30 亿条用户数据泄露案件的调查结果。英国信息专员办公室认为，由于雅虎未能遵守相关的数据保护条例，将用户数据信息暴露于危险之中，造成 51.5 万名英国用户的账户资料遭到非法访问，因此，英国信息专员办公室对雅虎罚款 25 万英镑。

2019 年 4 月 10 日，雅虎与数百万名受害者达成和解协议，并同意支付 1.175 亿美元的赔偿金。其中，受害者实际收到的偿付金额仅为 5 500 万美元，在余下的赔偿金中，有 2 400 万美元将作为两年的信用监控费用支付，3 000 万美元作为法律费用支付，其余的 850 万美元则作为其他费用支付。本案的原告律师称，1.175 亿美元的赔偿金额是有史以来数据泄密案件中宣判最高的偿付额度。

5.2.2 艾可飞用户数据泄露事件

事件始末

2017 年 2 月 14 日，美国 Apache 软件基金会收到了一份关于 Apache Struts 程序框架的漏洞报告书。其中，美国最大征信机构艾可飞（Equifax）就是使用 Apache Struts 作为 Java Web 应用程序框架的公司之一。

2017 年 3 月 7 日，经调查核实，Apache Struts 项目管理委员会公开披露了 Apache Struts 程序框架的漏洞，称黑客很有可能利用该漏洞，借助文件上传过程，有目的性地向计算机服务器发布恶意代码或指令，从而实现对整个系统的攻击。通报发出后，美国国家信息安全漏洞库（NVD）针对这一缺陷展开了详细分析，并认为，攻击者利用该项漏洞实现系统入侵的操作复杂性很低，并且在可能因此而受到损害的系统中，各项内容完全丧失机密性、完整性和可用性的风险极大，属于急需被企业修复的漏洞。与此同时，

Apache Struts 项目管理委员会也就这一漏洞发布了修复补丁。

2017 年 3 月 8 日，为降低损失，美国国土安全部计算机安全应急小组向艾可飞发出了及时修补 Apache Struts 安全漏洞的通知，进一步强调了该漏洞的风险性，并要求公司内部负责安装 Struts 的人员须在 48 小时内将程序升级为 Struts 2。

2017 年 3 月 9 日，艾可飞漏洞管理小组对公司各系统组件进行了安全扫描，以此识别出正在使用 Struts 的系统组件。但扫描结果显示，尚未发现任何已受到该漏洞影响的系统。3 月 10 日，系统发现有匿名用户利用这一漏洞查找到了艾可飞系统内存在的其他受影响的组件。3 月 14 日，艾可飞在防御系统上安装了 Snort 特征规则，用以检测针对 Struts 漏洞的攻击。3 月 15 日，艾可飞再一次扫描了 958 个外网 IP 地址，仍未识别出公司目前正在使用的带漏洞版本的 Struts 应用程序的系统组件。

2017 年 5 月 13 日，黑客利用 Struts 漏洞，并借助艾可飞为用户提供的申诉网站，成功侵入公司内部网络。由于艾可飞未对系统文件设置访问权限，因此攻击者很容易就获取到了各类数据库的用户名和密码，并借此顺利阅览了艾可飞系统中与用户申诉网站信息无关的 48 个数据库。

2017 年 7 月 30 日，在此轮攻击持续 76 天后，艾可飞的安全人员终于察觉到了这一异常。经调查，艾可飞发现，早在 19 个月之前，公司的入侵检测与防御系统中的解密证书就已经过期，系统无法正常识别加密流量，以致公司无法及时辨认不明人士的攻击。当地时间 30 日下午，艾可飞立即关闭了作为黑客入侵窗口的用户申诉网站，至此，本轮针对艾可飞公司的网络安全攻击彻底结束。

2017 年 8 月 2 日，艾可飞聘请网络安全公司麦迪安（Mandiant）对本次攻击的影响范围进行了调查取证，并就这一情况向美国联邦调查局（FBI）进行了通报。

2017 年 8 月 3 日，麦迪安对艾可飞网络安全事故的详情展开了调查，并于 8 月 11 日确认，发动此次攻击的匿名用户已对公司数据库中存储的用户个人验证信息执行过访问程序。9月4日，在麦迪安的支持下，艾可飞确认了受本次黑客攻击事件影响的用户人数达1.43亿人次。

2017年9月7日，艾可飞发布公告称，公司近期发生了一起网络安全事故，导致全美约1.48亿名用户的个人信息遭到非法访问。其中，受影响的信息范围包括用户的姓名、性别、出生日期、居住地址、电子邮件地址、电话号码、社保账号、驾照信息、信用卡账号、艾可飞平台申诉文件及税号等，如表5-1所示。

表5-1　艾可飞网络安全事故被盗信息详情

受影响的数据类型	受影响的用户规模
用户姓名	1.466亿人次
性别	2 730万人次
出生日期	1.466亿人次
居住地址	9 900万人次
电子邮件地址	180万人次
电话号码	2 030万人次
社保账号	1.455亿人次
驾照号码	1 760万人次
驾照使用状态	2.7万人次
信用卡账号	20.9万人次
申诉文件	18.2万人次
税号	9.75万人次

截至2017年12月，受数据泄露事件影响，艾可飞面临着240起来自消费者的集体诉讼。此外，公司还面临着来自美国各州、美国联邦贸易委员会、英国及加拿大政府在内的60多家政府机构的调查。

监管结果

2018年9月，英国信息专员办公室宣告，将按照隐私条例对艾可飞就网络数据安全问题处以50万英镑（合计约66.2万美元）的罚款。这是英国

2017 年度处理数据泄露事件开出的最高罚款额度。

2019 年 7 月 22 日，经过为期两年的谈判，艾可飞同意支付 7 亿美元与美国联邦贸易委员会就用户数据泄露事件达成和解。其中，艾可飞与美国联邦贸易委员会、美国消费者金融保护局及美国 50 个州和地区的和解费用达 4.25 亿美元，主要用于为受影响的消费者提供信贷监控服务。此外，艾可飞还需支付给美国消费者金融保护局 1.75 亿美元作为民事罚款，并向另外 48 个州、华盛顿特区和波多黎各自治邦支付 1 亿美元的罚金。此次和解将结束美国大部分州政府、美国联邦贸易委员会和美国消费者金融保护局的调查。

5.2.3　优步数据泄露案件

事件始末

2017 年 11 月 27 日，新上任的优步（Uber）首席执行官达拉·科斯罗萨西（Dara Khosrowshahi）在一封公开信中称，2016 年，优步网络平台遭到了两名黑客的攻击，并因此泄露了系统内 60 万名驾驶员和 5 700 万名用户的账户信息，信息范围涵盖了用户的姓名、电话号码、驾驶证号码、驾驶起始地、支付费用及电子邮件地址等。然而，针对这一数据泄露安全事件，优步并未及时通知受影响的用户，同时也并未向有关部门报备，而是选择与黑客私下调解，并支付给黑客 10 万美元的"封口费"，试图掩盖事实。消息发出后，纽约州、密苏里州、伊利诺伊州等立即启动了对优步的调查。

2017 年 11 月 23 日，菲律宾全国隐私委员会召集优步参加会议，就此次数据泄露事件展开讨论，并通知其应自觉遵守 2012 年发布的《数据隐私法案》中的信息泄露通知程序。

2017 年 11 月 28 日，受此次优步数据泄露事件影响，美国华盛顿州至少有 10 888 名优步司机的姓名和驾照号码遭到非法窃取。因此，该州总检察长以违反华盛顿州《数据泄密通知法》的罪名，对优步发起了案值数百万美元的诉讼。与此同时，多国监管机构也纷纷展开针对优步数据泄露案的调查。其中，英国信息专员办公室表示，将会谨慎评估此次数据泄露事件对英国民众造成的影响。此外，意大利数据保护机构和荷兰数据保护部门也相继表示，将会对该案件给本国民众造成的影响做进一步评估。

监管结果

2018 年 9 月 26 日，美国加州总检察长泽维尔·贝塞拉（Xavier Becerra）和旧金山地区检察官乔治·加斯康（George Gascon）宣布，针对优步违反数据泄露报告和数据安全法律的指控，正式与其达成 1.48 亿美元的和解协议。这是企业与检查部门就隐私问题达成和解的案件中，涉及金额最高的一次。

2018 年 11 月，英国信息专员办公室公布了针对此次优步数据泄露事件的调查结果。英国信息专员办公室调查发现，本次数据泄露事件共对包括 270 万名乘客和 8.2 万名司机在内的英国用户造成了影响。根据本次事件的影响范围，英国信息专员办公室决定对优步处以 38.5 万英镑（约合 352.66 万元人民币）的罚款。由于此次事件发生的时间节点是 2016 年，即《通用数据保护条例》生效以前，因此，英国信息专员办公室仍延续使用 1998 年颁布的《数据保护法案》对优步进行判罚。

5.2.4　脸书数据泄露事件

事件始末

2018 年 3 月 17 日，美国《纽约时报》和英国《观察者报》联合曝光了脸书，称其擅自将超过 5 000 万名用户的个人信息在数据主体本人毫不知情的情况下提供给英国数据公司剑桥分析使用，以便其借助心理学研究之名，收集这些用户的年龄、住址、性别、种族、教育背景，以及平时参与的活动和在社交网络中发表、阅读、点赞的内容等信息，分析出用户的行为模式、性格特征、价值观取向、成长经历等人格特征，从而有针对性地、精准地向特定用户推送总统竞选广告。值得注意的是，脸书早在 2016 年就已知悉其推出的脸书平台存在数据共享漏洞，但并未及时对外披露，也并未采取任何优化措施。脸书平台是脸书在 2007 年为增强用户黏度而推出的一款应用程序，在此平台上，用户可以在线使用其他相关应用程序并进行互动。当用户在使用该程序时，脸书和应用平台有权读取用户的个人信息。

2018 年 3 月 19 日，受数据泄露事件影响，投资者信心不断降低，脸书股价开盘后持续下跌，跌幅高达 6.8%，创造了五年以来单日最高跌幅。3 月 20 日，在社会舆论的持续发酵下，截至收盘，脸书股价又继续下跌了 2.56%。连续两日的资本市场受挫抹平了脸书 2018 年以来创造的全部涨幅，市值蒸发了 500 亿美元。同日，脸书官方宣布，已聘请专业公司对剑桥分析的行为展开调查，并从即日起禁止剑桥分析访问任何脸书用户的个人数据信息。与此同时，脸书还对外声明，此前剑桥分析曾向其表示，所有的用户数据都已被删除，但脸书从其他调查报告中得知，这部分被滥用的数据并未被销毁。

2018 年 3 月 22 日，"剑桥门"事件爆发后一周，脸书 CEO 扎克伯格首次公开发声并承认脸书对数据泄露事件负有责任，并承诺脸书将对开发者们采取更加严厉的用户数据访问限制措施。

2018 年 3 月 25 日，扎克伯格分别在 6 份英国报纸和 3 份美国报纸上刊登了道歉信，就用户数据泄露一事向公众致歉。扎克伯格表示，在数据泄露事件中，脸书辜负了用户给予的信任，对此深感愧疚。信中这样写道："我们有责任保护您的信息，如果我们做不到，那么我们就不配向您提供服务。"

2018 年 3 月 28 日，为杜绝后患，脸书宣布，今后 6 个月将终止与包括安客诚、益百利、甲骨文云数据和 WPP 集团等知名企业在内的多家大数据公司的合作，以更好地保护用户的隐私。

2018 年 4 月 4 日，脸书首席技术官迈克·施科洛普夫（Mike Schroepfer）在公司官网发表声明称，据调查显示，目前共有 8 700 万脸书用户的个人信息被泄露给了剑桥分析，这些用户主要集中在美国。消息发出后，摩根士丹利迅速将脸书的目标股价从 230 美元下调至 200 美元，下调了 13%。

2018 年 4 月 9 日，美国国会公开发布了扎克伯格为国会听证会准备的证词。证词中，扎克伯格承认了脸书所犯下的错误，并表示，"我们先前没有认识到我们所犯下的错误，这本身就是一个巨大的错误"。

2018 年 4 月 10 日下午，扎克伯格参加了由美国国会参议院司法委员会与商业、科学和交通委员会联合举行的听证会。在听证会上，扎克伯格承认脸书在防止数据滥用、防止假新闻传播及防止外国干预美国大选等诸多方面都没有做出足够的努力。他表示，自己创立并经营公司，却没有全面地看待公司所担负的责任，这是一个巨大的错误，自己与公司将会对这一切负责。

2018 年 4 月 11 日，扎克伯格再度接受国会质询，此次质询由美国国会众议院能源和商务委员会联合举行。但在此番质询结束后，美国两党议员并未能就隐私法规一事达成共识。同时，扎克伯格也并未保证将支持新法的订立，仍然拒绝改变脸书的商业模式。

2018 年 5 月 15 日，脸书对可能盗取了大量用户信息的应用和服务进行了内部调查，结果显示，有大约 200 个应用违反了其与脸书之间签订的服务协议。随后，脸书发表声明称，已关闭上述应用，并将继续调查这些开发商是否也存在同剑桥分析一样的数据滥用行为。

2018 年 9 月 28 日，脸书公布了数据泄露事件的原委，称这是由于黑客窃取了脸书用户的登录密码，使得他们可以随意访问用户信息而造成的数据泄露。

2018 年 10 月 2 日，脸书表示，目前已没有任何能够提供给黑客访问的社交网站链接。

监管结果

2018 年 4 月 24 日，加拿大隐私保护机构隐私专员丹尼尔·塞里思

（Daniel Therrien）发表报告称，在脸书泄露的 8 700 万份用户信息中，有 60 万份信息都是加拿大用户的个人信息。随后加拿大隐私保护机构将脸书告上法庭，并呼吁制定更加强有力的法案来保护加拿大用户的隐私安全。

2018 年 5 月，脸书总部所在地美国加州司法部门将数据泄露事件纳入调查范围。5 月 16 日，美国司法部和美国联邦调查局也启动了对脸书和剑桥分析的调查。

2018 年 10 月 3 日，主管脸书的欧盟监管机构——爱尔兰数据保护局着手调查"剑桥门"事件。此次调查主要围绕脸书是否严格遵循了《通用数据保护条例》的有关规定，是否采取了合理、适度的措施保障用户个人信息的安全性等问题展开。若调查结果显示脸书未能按规定履行义务，那么它将极有可能面临全年营收 1.5% ~ 4% 的罚金处罚。按照脸书 2018 年度 558 亿元的营收规模来看，一旦罪名成立，它将会受到 8 亿 ~ 22 亿美元的罚款。

2018 年 10 月 31 日，在脸书与剑桥分析的丑闻曝光后几个月，英国信息专员办公室与脸书达成协议，针对脸书缺乏用户隐私保护措施等问题，英国信息专员办公室以最高罚金上限为界，对其开出了 50 万英镑的罚单。与此同时，《华盛顿邮报》称，脸书可能还将受到美国联邦贸易委员会、美国联邦调查局和美国证券交易委员会的惩罚。

根据美国媒体消息，2018 年 12 月 20 日，华盛顿特区就用户数据泄露事件向脸书提出正式诉讼。检方数据显示，共有 34 万名华盛顿特区公民的数据信息在此次事件中被泄露。因此，检方在诉讼中明确表示，脸书的此次行为严重触犯了华盛顿特区的《消费者保护程序法》。若此次脸书的数据违规泄露罪名成立，那么脸书将面临多达 17 亿美元的处罚。

2019 年 7 月 2 日下午，美国众议院财政服务委员会向扎克伯格致函并要求脸书立即停止数字货币（Libra）和数字钱包（Calibra）的发行工作。美国众议院认为，受数据泄露事件的影响，脸书的公众信誉度受到了严重打击，不具备发行 Libra 所需的信用背书的能力。

2019 年 7 月 24 日，据美国消费者新闻与商业频道（CNBC）报道，美国联邦贸易委员会正式宣布与脸书就隐私政策达成 50 亿美元的和解协议，这一罚款金额是脸书 2018 年总营收的 9%。此外，美国联邦贸易委员会还对脸书提出了以下三点要求：第一，在公司董事会中设立一个独立的隐私委员会，进而约束扎克伯格对用户信息的控制；第二，扎克伯格需要每年度向美国联邦贸易委员会提交季度认证，证明脸书的履约行为；第三，脸书将受到由美国联邦贸易委员会批准的独立的第三方机构对其进行两年一次的评估，并按季度向新成立的隐私委员会报告。一旦脸书察觉到了任何超过 500 条的数据泄露，应当在 30 日内通知评估人员。受此协议影响，当日脸书股价下跌约 1.17%。

5.2.5　国泰航空公司乘客信息泄露事件

事件始末

2018 年 3 月，国泰航空公司（以下简称国泰航空）内部人员在公司系统运行监测的过程中发现，系统出现了数据泄露迹象，短时间内公司电脑系统遭受了前所未有的攻击，泄露了大量的数据资料。但国泰航空在察觉到此次黑客入侵后，并未及时向主管机关报案，同时也并未向隐私专员和受影响的乘客发出任何通报。

2018 年 5 月，国泰航空通过内部跟踪调查发现，早在 3 月份，遭到泄露的数据已被匿名用户取阅。至此，国泰航空首度确认乘客数据遭泄露一事，并主动向中国香港警方和英国信息专员办公室报告了这一事件。国泰航空在报告书中称，此次被黑客窃取的数据资料包含了全球约 940 万名乘客的个人信息，其中涉及 11.16 万名英国乘客。这些信息包括乘客的姓名、护照资料、出生日期、电话号码、电子邮件地址和个人旅游纪录等。报告还指出，在这两个月内，累计约有 86 万个护照号码、24.5 万个香港居民的身份证号码、403 张已逾期的信用卡号码和 27 张无安全码的信用卡号码被不明人士通过不正当渠道取阅。

2018 年 10 月，历经 7 个月的调查取证后，国泰航空主动对外公告数据泄露一事，并发表声明称，目前尚无证据证明这些被窃取的数据已遭到不正当使用。与此同时，英国信息专员办公室也发表声明回应国泰航空，并表示，目前确实并未发现有能够直接证明乘客数据遭到不正当使用的证据，但这并不意味着国泰航空可以完全排除今后发生此类事件的可能性。

2018 年 11 月 12 日，国泰航空就乘客数据泄露一事向香港立法会提交文件，这是历时 8 个月后国泰航空首次正式披露事件经过。国泰航空指出，公司最初在 3 月份发现了系统异常，并判断可能会存在数据泄露问题。随后，公司立即委托国际知名网络安全公司对该事件进行调查。在文件中，国泰航空对这为期 8 个月的调查进行了详细阐述，国泰航空称，此次调查共划分为三个阶段：第一阶段的主要任务是调查数据泄露的原因、控制数据泄露的范围、补救系统漏洞，以及控制进一步的损失；第二阶段的主要任务是确认哪些资料已被黑客取阅；第三阶段的主要任务是确认每名受影响的乘客的个人资料，并逐一发出通知。此外，国泰航空还称，此次公司电脑系统受到攻击的复杂程度较高，黑客拥有精密的计算机"爬虫"技术，进而导致公司在危机处理阶段耗时较长。

2018 年 11 月 14 日，香港立法会政制事务委员会、信息科技及广播事务委员会、保安事务委员会就国泰航空 940 万名乘客数据遭泄露一事举行联席会议。国泰航空主席史乐山在联席会议上就此事向公众道歉，并承诺之后若发生类似事件，一定第一时间向上级机关和公众做出通报。国泰航空乘客及商务总裁卢家培表示，今后国泰航空将继续扩大网络保安部门的规模，优化公司系统，保障乘客权利。此外，卢家培还鼓励直接受到此次事件影响的受害者主动与国泰航空联络，商量赔偿细则。

2020 年 3 月，英国信息专员办公室向公众披露了针对国泰航空 940 万名乘客信息泄露一事的调查报告。英国信息专员办公室调查发现，此次数据泄露事件是黑客以连接到互联网的服务器为载体，通过在国泰航空的电脑系统中安装恶意软件来入侵并窃取数据的。另外，英国信息专员办公室调查主管史蒂夫·埃克斯利（Steve Eckersley）还表示，国泰航空电脑系统中存在的安全缺陷太多，甚至现有的一些安全措施远低于行业标准。从最基本的防护角度来看，国泰航空为防护病毒侵入而实施的举措甚少。例如，公司未对备份文件设置密码保护，未在系统服务器安装任何应用补丁，甚至坚持使用已被开发者淘汰的操作系统。综合各方评估，英国信息专员办公室认为，国泰航空未能满足英国国家网络安全中心对企业提出的基本网络安全要求，使得黑客能够轻松地跳过授权步骤，直接获取乘客资料的访问权限。

监管结果

2018 年 10 月 30 日，SPG Law 就全球性乘客数据泄露事件向国泰航空发起集体诉讼。SPG Law 认为，按照《通用数据保护条例》的相关规定，国泰航空应在此事件发生后第一时间内与受影响的乘客联系并商量赔偿事宜。但国泰航空不仅没有及时向受害者就本次数据泄露事件可能导致的麻烦和困扰提出任何经济补偿措施，甚至耗时 6 个月才首次公开承认这项过失，严重损害了乘客享有的各项数据权益。针对此项罪名，SPG Law 预计，每位受影响的乘客都有望向国泰航空提出高达 1 800 英镑的赔偿要求。2018 年 11 月 6 日，香港隐私监管机构对国泰航空展开了调查。

2020 年 3 月 4 日，英国信息专员办公室结束了针对国泰航空乘客信息泄露事件展开的为期近两年的调查，并发布公告称，由于国泰航空未能有效保护乘客的个人信息安全，导致全球约 940 万名乘客的个人信息惨遭泄露。因此，根据英国《数据保护法案》的有关规定，英国信息专员办公室将对国泰航空处以 50 万英镑（合计约 451 万元人民币）的罚款。至于为何不按照 GDPR 的有关规定来对国泰航空量罪，英国信息专员办公室表示，这是由国泰航空数据泄露事件发生的时点决定的，因为该起数据泄露事件发生在 GDPR 生效之前，所以不能按照新法的规定量罪。

5.2.6　英国航空公司数据泄露事件

事件始末

2018 年 9 月 6 日，英国航空公司（以下简称英航）首次披露称，在英国夏令时 8 月 21 日 22 点 58 分至 9 月 5 日 21 点 45 分，公司的网站遭到了黑客的恶意攻击。根据英航的声明，在此轮犯罪攻击中，约有 38 万笔乘客订单受到影响。不明人士通过系统漏洞窃取了这部分乘客的个人资料。但英航表示，被盗取的资料中仅涉及乘客的姓名、电子邮件地址、信用卡卡号、信用卡到期日期及信用卡背面的三位数 "CVV 码"，并不包括任何乘客个人的护照信息或者旅行信息。与此同时，英航 CEO 亚历克斯·克鲁兹（Alex Cruz）正式向公众道歉，并表示公司一直以来都非常重视客户信息的保护工作，接下来，英航将致力于联系所有可能因此受到影响的乘客，以确保每名乘客都能够联系他们的银行，并按照指示采取必要的行动，防止发生更大的损失。

该事件发生后，英国民众极力声讨英航的 IT 系统。早在 2017 年 5 月，英航就曾因电力故障引发 IT 系统瘫痪，导致呼叫中心、公司网站和 App 应用全部失灵，登机工作无法顺利进行，7.5 万名乘客滞留机场。无独有偶，2018 年 7 月，英航再一次因为 IT 系统运行故障，被迫取消了十余次航班，致使乘客被困机场 15 个小时。

2018 年 10 月，英航就乘客信息泄露一事再次发布公告称，经过深入调查取证，9 月以前发生的另外 18.5 万笔交易也存在数据泄露风险。而在最初报告的 38 万笔交易中，经查实，只有 24.4 万笔交易存在数据泄露风险。

2019 年 7 月，英国信息专员办公室公布了英航乘客信息泄露事件的调查结果。结果显示，此次英航的数据泄露事件最初始于 2018 年 6 月，由于英航在电脑系统安全管理措施方面的不力，使得黑客有机会将登录英航网站的用户秘密转移到另一个欺诈型的虚假网站，从而实现整个信息的盗取。英国信息专员办公室表示，在这次英航乘客信息泄露案件中，黑客总共收集了大约 50 万名乘客的详细信息。其中，被非法窃取的乘客资料包括用户姓名、地址信息、电子邮件地址、登录账号、银行卡信息及旅行预订信息等。

监管结果

2019 年 7 月 8 日，英国信息专员办公室宣布，将对英航就乘客数据泄露事件罚款 1.83 亿英镑。这是英国信息专员办公室自《通用数据保护条例》生效以来公布的第一张罚单，同时也是金额最大的罚单，罚款金额占英航全年营收的 1.5%。针对如此高昂的罚款金额，负责处理此案的信息专员伊丽莎白·德纳姆（Elizabeth Denham）表示，当一个企业未能履行保护客户的个人信息安全的义务时，由此给客户造成的损失会远超信息泄露本身带来的损失。

5.2.7　万豪国际酒店集团数据泄露事件

事件始末

2018 年 9 月 8 日，万豪国际酒店集团（以下简称万豪）在日常的系统运行监测过程中，收到了由其内部安全组件发出的警告。该警告称，系统检测到有匿名的第三方试图绕过授权流程，直接访问喜达屋旗下酒店的顾客预订信息数据库。

2018 年 11 月 19 日，经万豪内部调查确认，9 月 10 日之前，确实有黑客入侵喜达屋旗下酒店的顾客预订信息数据库，并且早在 2014 年，黑客就能够在未经授权的条件下，自由取阅喜达屋旗下酒店的顾客预订信息。

经过近 3 个月的调查取证后，2018 年 11 月 30 日，万豪在其官方微博上发表声明，承认近日喜达屋旗下酒店顾客预订数据库遭到黑客非法入侵。并且，万豪在声明中提到，自 2014 年起，喜达屋旗下酒店就存在不明人士未经授权擅自访问顾客预订数据库的情况。最近，万豪发现，该匿名第三方已完成对这部分信息的复制与转移。该声明表示，此次黑客入侵很可能造成9月10日或之前，曾预定过该酒店的约5亿名顾客的个人信息遭泄露。其中，约有3.27亿名顾客的姓名、性别、出生日期、邮寄地址、电话号码、电子邮件地址、护照号码、预订账户信息、通信偏好、SPG俱乐部账户信息，以及到达和离开酒店的信息等已被泄露。此外，万豪还表示，对于部分顾客，被泄露的资料可能还包括加密的信用卡信息，如支付卡号和有效日期等。这些数据都是经过 ASE-128 算法加密的，想要顺利进行访问必须解锁两项密钥，但并不排除黑客已完成这两项密钥解锁的可能性。

对此，万豪 CEO 苏安励向公众致歉，并表示自 2018 年 11 月 30 日起，万豪已向受此事件影响并在酒店系统内预留了邮箱的顾客发送了电子邮件，为其免费注册 WebWatcher，并提供安全检测工具，尽可能减少顾客损失。同时，万豪表示，已就数据泄露问题主动向监管部门申报，并将全力配合调查。

监管结果

2019 年 7 月 10 日，英国信息专员办公室结束了对万豪数据泄露事件的调查。结果显示，在此次由黑客入侵导致的数据泄露案件中，共有 3.39 亿人的个人信息遭到非法访问、复制。其中，涉及 700 万名英国顾客和欧洲31 个国家的 3 000 万名顾客。据此，英国信息专员办公室认为，万豪并没有认真履行机构职责，没有起到保护顾客信息安全的作用，没有在合作或交易时执行充分的尽职调查，也没有采取适当的措施评估公司已取得的顾客的数据。这严重违反了《通用数据保护条例》对所有机构提出的监管规定，英国信息专员办公室对其处以 9 900 万英镑的罚款。这是继英航被开出创世纪罚单后，英国信息专员办公室公布的第二单罚款。

与此同时，喜达屋旗下酒店还因保护顾客信息不力而受到土耳其数据保护局 150 万里拉（约合 140 万元人民币）的罚款。

5.2.8　总结

通过上述经典案例我们不难发现，数据安全问题关系着人们生活的方方面面。随着公众对个人信息权益的重视程度不断加深，各国监管机构对消费者数据权益的保护力度也在不断加强。特别是在《通用数据保护条例》生效后，企业一旦违反相关法律条文的规定，损害了用户的知情权、访问权、修正权、被遗忘权、限制处理权、可携带权、拒绝权等权益，就将处以全年营收 1% ~ 4% 的罚款，这对企业现金流周转无疑是一项巨大的风险。当然，高昂的罚金处罚并非各监管机构的本意，以此形成对各类从事数据收集与处理机构的威慑，鼓励企业自觉维护用户数据权益，才是监管的初衷。

5.3　我国数据权益监管面临的困难

5.3.1　安全管控能力欠缺

在互联网应用不断下沉的行业趋势的推动下，我国网民数量逐年攀升。截至 2019 年 6 月，我国网民规模就已达到了 8.54 亿。随着互联网普及率的逐步升高，越来越多的人开始使用手机、电脑，这意味着越来越多的个人数据、偏好轨迹被计算机网络记忆并储存。据统计，当前我国数据量以每年 43% 的速度增长，信息总量每三年就能翻一番。数据量的逐年增多使得信息数据在日常的工作、生活中扮演着越来越重要的角色，数据使用者也越来越多元化。正因为如此，越来越多的参与者给我国的数据安全治理提出了新的挑战。

2017 年，我国境内被篡改的政府网站有 1 605 个，被植入后门的政府网站有 2 062 个。2018 年 4 月，《新京报》将多个外卖平台泄露用户信息的行为曝光，涉事平台包括美团、饿了么等知名企业。2018 年 6 月，AcFun 弹幕视频网站有 900 万名用户的信息被泄露。同年 6 月，"前程无忧"求职平台被爆泄露了 195 万名用户的个人简历信息。此外，暗网上的信息交易也不断涌现，2018 年 6 月和 8 月就有卖家公然售卖圆通和顺丰的用户信息，其中牵扯了近 13 亿条数据。2018 年 8 月，汉庭、全季、宜必思等华住集团旗下多个连锁酒店有近 5 亿条客户信息被打包贩卖。

从以上政府网站被黑、用户信息被泄露的事件中我们可以看到，我国的信息存储较为分散，政府、企业有各自不同的数据系统，数据治理需要依靠多方力量。但由于各机构的管理能力不尽相同，且由于"短板效应"的影响和网络安全技术手段的制约，我国的数据治理安全问题仍较为显著，安全管控能力欠缺。

5.3.2 开放共享难度大

我国数据共享的困难主要体现在两个方面：一方面是企业之间数据开放共享程度低；另一方面是在政府数据治理过程中，公众使用度较低。

由于各个企业所处的行业不同，主营业务不同，从而企业对各类型数据的需求程度不同。同时，企业规模和行业地位也深刻影响着数据的质量。一般来说，规模越大、行业地位越高的企业往往越能获得完整、准确的数据。那些能够被企业收集到的数据的差异决定了企业间数据类型、数据格式的不同，这为企业间数据条块分割创造了可能性，使信息数据难以跨系统兼容，从而形成数据孤岛。除此之外，企业所收集到的数据往往能反映出企业的能力和发展策略，出于对自身利益的保护，各企业间的数据共享更是难上加难。

在政府治理方面，现阶段我国政府数据仍仅停留在信息公开阶段，公众只能从官网已公开的信息中挑选有价值的信息，数据范围有限，并没有实现真正意义上的共享。也就是说，原始数据开放程度较低，数据孤岛依然存在。

5.3.3 实践经验匮乏

当前，以大数据、5G、物联网、云计算等数字技术为核心的数字经济已成为世界范围内发展最快的领域。企业凭借着数字信息手段与产品、服务的融合，不断驱动自身的转型升级，实现价值创造，提高自身竞争实力，并直接影响着国家的发展格局。数字经济的创新依赖于互联网与数据要素，随着实体经济与数字信息的深度融合，数据要素被深深嵌套于国家法律、政策规范当中。2019 年 12 月，世界经济论坛发布了《全球数据流动治理探索白皮书》，据其统计，目前全球范围内正在实施的数据监管法案已超过 200 项。随着《通用数据保护条例》（GDPR）与《加利福尼亚州消费者隐私法案》（CCPA）的相继出台，国际上对于个人信息的监管普遍趋严，国内《个人信息保护法（专家建议稿）》也仿照 GDPR，提出了对违法机构处以上一年度总营收 1% ~ 5% 的罚金。

2020 年 1 月，世界银行东亚与太平洋地区首席经济学家办公室发表了题为《东亚数字经济创新：限制性数字政策重要吗》的研究报告，该报告以东亚地区 15 个国家的数据监管政策为研究对象，研究其是否会对数字产业的创新与发展产生影响。结果表明，数字监管政策有损于东亚地区企业的创新能力。总体来看，全球各国对个人信息权益保护的重视程度正不断加深，严苛的监管条例限制了企业的操作空间，但这对于依托于大数据的数字时代来说，反而在一定程度上阻碍了企业的长远发展，提高了企业的合规成本，抑制了企业创新的积极性，阻碍了企业间数字产品的贸易往来。

现阶段，从产业生命周期的角度来说，我国的数字产业尚处于成长阶段，面临的挑战很多，需要的数据资源广泛。要想促进行业良性发展，数据权益的监管力度不能过大，也不能过小。但由于现阶段我国尚未落地专门的监管条例，缺少具体的实践经验，此时若监管机构一味地注重法条的全面性与严格性，忽略新兴企业自身的实践性与技术性，未控制好管控力度，反而容易打压企业的创新与实践，阻碍产业进步。

5.3.4　法治困境

困境主要体现在以下几个方面。

第一，大数据的权威性得不到保证。由于数据孤岛和劣质数据的存在，导致现存数据的质量参差不齐，公众可用程度不高，信息不对称的现象依然存在。

第二，数据的归属和权益分配不清。2017 年，《民法总则》提出了个人信息权，但信息主体的数据权益并没有得到完善的保障。资料显示，《加利福尼亚州消费者隐私法案》赋予了信息主体对个人信息的销售权与拒绝销售权，明确了个人应享有的平等收益权。但现阶段，我国并没有统一的立法来保障公民对个人信息应享有的权益。企业运用个人信息数据进行产品研发等活动，推动企业发展，享受发展红利，但作为信息提供者的个人却并未从中获益。数据权属分配不清，交易标准不成熟，交易平台不健全，这些问题严重抑制了个人对信息进行及时维护、更新的积极性。

第三，数据监管违规成本低。2018 年年初，支付宝年度账单刷爆了朋友圈，大家在回顾、分享过去一年的足迹时却发现自己已被同意《芝麻服务协议》。原来支付宝在用户查看年度账单的首页故意将授权协议的字体缩小，放置在极不起眼的位置，且将其设置为用户默认同意，导致多数用户并未注意到此条款而"被同意"，随后，芝麻信用和支付宝相继发表声明并道歉。从支付宝的"被同意"事件反观我国数据治理的法治建设，我们可以看到，目前我国的法治建设仍不健全，企业违规成本低，但收益极高，这种风险与收益的不平衡诱使企业在违规的边缘不断试探。

第四，信息流转过程中的权利归属尚未明确。当前，我国法律仅对原始的个人信息权利进行了界定。然而，企业现存的数据大多是投入资本与设备后，经专业技术员整理后的二次数据，企业使用、转移这部分数据是否属于数据权益的管辖范畴，以及权益资产化后，企业是否需要对这部分数据付费，仍需进一步研究。

5.4 数据权益监管的未来趋势

5.4.1 区块链与数据治理的结合

区块链是一种将链表结构、点对点传播、加密算法等技术融合使用，并运用共识机制在个体之间建立"信任"的技术体系。区块链可以保证数据的完整性和不可篡改性，通过技术而非中心化机构解决信任问题，实现点对点的价值传递。数据治理与区块链的结合可以解决现阶段我国数据治理面临的困境。

1. 应用区块链的非对称加密技术，保护数据隐私

非对称加密技术是指利用不同的密码（即公钥和私钥）对信息进行加密、解密和验证身份的过程。利用区块链的非对称加密技术不仅能验证信息主体身份，保证数据的真实性、有效性，同时还能利用哈希算法（Hash）的不可仿制性，保障数据的安全，防止敏感信息泄露。

2. 利用智能合约及区块链开放、可追溯的特点，保证数据交易的公正、透明

利用智能合约的执行原理，一旦满足合约的执行条件，交易就会自动进行，可保证买卖双方的权利，避免纠纷的发生。另外，根据区块链的运行机制，每一个区块头部都会加盖"时间戳"，社区社员可以根据这个"时间戳"对已打包过的区块进行追溯。同时，由于区块链社区是一个完全开放的社区，任何人都能获取这条链上发生的信息，因此，数据主体可以利用区块链的这些特点查询个人信息的交易、使用记录，确认每项交易是否经过本人授权，以此提高数据交易的透明度，保护数据所有者的权益。

3. 利用区块链的共识机制、去中心化与点对点传输的特点，推动数据共享

首先，区块链的共识机制无须参与方加载信用背书。通过公钥对数据主体的真实性进行验证，有助于信息交流效率的提升，实现真正意义上的数据共享。其次，区块链去中心化的数据存储模式保证了每个节点权利与义务的一致性，使每个社员都有同等的权利获得所需的信息，从而打破数据的垄断。最后，点对点的传输模式能够满足信息使用者的个性化需求，使数据共享更具灵活性。

5.4.2　创新具有可操作性的数据权益监管规则

在世界银行东亚与太平洋地区首席经济学家办公室发表的《东亚数字经济创新：限制性数字政策重要吗》研究报告中，经济学家以 15 个国家的数字监管政策、电信市场监管政策、数字部门知识产权限制及在线平台访问限制政策等监管条例为对象，编制了"数字限制指数"，用以研究各国企业与上述监管条例之间的相关性。结果表明，一国数字限制的严格程度与本国企业利用无形资产或通过研发来进行创新的可能性之间存在负相关关系。在数据权益限制严格的国家，高昂的数据传输成本会极大地削弱企业在本地乃至国际舞台上的竞争力，挫伤本国企业获取数据资源的能力，不利于本国企业吸收外国技术，实现创新发展。而且，这些限制条例不仅会作用于本国市场，还会对跨国企业产生影响，阻碍跨国数据流动，有损全球贸易合作，并抑制一国数字产业发展的主动权。

虽然严格的数据权益监管手段能够最大限度地保障国家数据安全，但从长远来看，一味地强调保护数据权益、限制数据流动并非最佳的政策选择。允许数据流动与实现数据权益监管之间并不是零和博弈的问题。当前，数字经济已成为推动我国经济发展的重要引擎。因此，我们要认真对待，深刻学习报告的研究成果。在开放的法律背景下，我们要坚持比例原则和包容、审慎的精神，制定具有可操作性的数据权益监管规则。在保障数据主体合法权益的前提下，我们应尽可能地为数据流动创造便利条件，促进企业的竞争与合作，合理设置平台责任，有效平衡经济发展与数据权益之间的价值，为数字产业营造一个松紧适度的、普遍安全的、共同繁荣的、开放包容的发展环境。

5.4.3 建立激励机制

有关线上数据的更新与维护问题，可以尝试对数据时效性要求较高的数据处理机构健全激励机制与惩罚机制，并对及时更新个人数据的用户给予一定奖励；反之，对刻意隐瞒真实信息或有目的地妨碍信息更新的用户，视情节严重程度对其施以适当处罚，必要时还可移交司法机关，以此鼓励参与主体自觉维护数据信息，提高用户更新数据的积极性，保证数据的有效性和可用性。

第 6 章

数据权益资产化及监管的实现技术

数据权益资产化实际上是数据的价值形态向资产形态转化的过程。资产具有所有权明确、可定价、可交易三个主要特点，而资产的有效保护是所有权明确的前提，所有权明确则是可定价和可交易的前提，可定价又是可交易的前提。因此，数据权益资产化的实现流程实际上是在确保个人信息安全的前提下，确定个人信息所有权（以下简称确权）、给出定价使其可交易的过程，如图 6-1 所示。

图 6-1　数据权益资产化实现流程

6.1　数据权益的保护技术

数据权益的保护是实现数据权益资产化的前提。如果数据权益无法得到有效保护，数据的确权就没有意义。另外，数据权益资产化在使公民利用自身信息获得收益的同时，也应满足公民对隐私保护的需求。数据权益的保护技术主要包括以下五个方面。

6.1.1　去中心化数据存储

去中心化存储是指将个人信息存储在所有者自己的终端设备中，由数据权益主体直接控制。去中心化存储和传统的分布式存储有所差别，集群、数据热备、异地容灾等都属于传统的分布式存储形式，我们将其统称为中心化存储。

中心化存储经过几十年的发展已经有很多技术手段可以保护其安全性，但在利益的驱动下，黑客技术也在同步发展，每年有不计其数的数据中心被黑客入侵，大量数据遭泄露。另外，由于内部管理不善造成的数据泄露更多。我们来看一些近期的数据泄露事件。

1. 黑客暗网出售 8.7 亿条个人信息

黑客 Gnosticplayers 在暗网分四轮出售从 38 个热门网站窃取的 8.7 亿条用户信息。第一轮出售了来自 16 个网站的 6.2 亿条用户信息，第二轮出售了 8 个网站的 1.27 亿条用户信息，第三轮出售了 8 个网站的 9 200 万条用户信息。第四轮出售了 6 个网站的 2 700 万条用户信息。

2. 思杰 6TB ～ 10TB 敏感数据遭窃取

黑客通过侵入美国思杰网络软件公司（Citrix Systems）多个员工账号获得内网权限，窃取了 6TB ～ 10TB 的敏感数据，包括电子邮件、网络共享文件及项目管理和采购文档等。FBI 表示，黑客可能使用了一种名为"密码喷洒"（Password Spraying）的密码破解技术。

3. MEGA 现数亿邮箱地址及密码

安全研究专家特洛伊·亨特（Troy Hunt）在博客中称，云存储服务平台 MEGA 被黑客窃取并公开了 7.73 亿个电子邮件地址和近 2 200 万个密码。这些文件一共超过 1.2 万份，数据超过 87GB。

4. 领英 1.59 亿名用户的数据被叫卖

一位名为安德鲁（Andrew）的黑客在 Pastebin 网站上叫卖领英网站 1.59 亿名用户的敏感数据。为了证明数据的真实性，该黑客已放出 100 名用户的登录凭证，其中甚至包括知名 CEO 的登录数据。

5. GDI 基金会 256 万名用户的人脸识别数据遭泄露

荷兰非营利机构 GDI 基金会研究人员发现，一家人脸识别公司发生了大规模的数据泄露事件，超过 256 万名用户的 668 多万条信息记录被泄露，包括身份证信息、人脸识别图像、24 小时内的位置记录等敏感信息。这家公司的主营业务为面部识别技术和人群分析服务，此次泄露源为其面部识别数据库。

6. 优衣库逾 46 万名客户信息遭泄露

优衣库母公司日本迅销发表声明称，旗下品牌优衣库、GU 的销售网站逾 46 万名客户个人信息遭未授权访问。这些账户信息包括客户姓名、地址、电话号码、电子邮件、生日、收件地址及部分信用卡信息，黑客可能已经浏览过部分信用卡信息。公司表示，已经给相关程序漏洞打了"补丁"，并作废了受到影响的账户的登录密码，并要求受到影响的客户重新设置线上登录密码。

7. 微盟 300 万名商户的经营数据被删

2020 年 2 月 25 日，微盟通过港股市场、公司官网、官方微博等多个渠道发布消息称，2020 年 2 月 23 日晚 7 点，微盟收到系统监控报警，服务出现故障，大面积服务集群无响应，系遭员工人为破坏。该事件造成 300 万名商户的业务停摆，经济损失巨大。

由上述事件可知，对于中心化数据存储方式，一旦数据中心被黑客攻破，数据就会完全暴露出来，带来的后果是灾难性的。虽然去中心化的数据存储方式作为存储节点的单个终端，其安全性不如中心化存储，但即使黑客攻破了去中心化存储的单个节点，也只能获得某一个体的信息。

因此，去中心化的存储方式可以有效避免中心化存储的控制机构对数据权益主体造成整体性权益损害。这种损害可能是主动的，也可能是被动的。从信息安全的角度来看，攻击方将众多客户端全部攻击成功的难度要远大于集中一点的攻击。而从数据价值来看，攻击方只获得某一个或少数客户端的数据是没有意义的，其也缺乏实施攻击的动力。由此可见，虽然去中心化存储单点的安全性不如中心化存储，但从整体来看，去中心化存储的安全性要远高于中心化存储。

6.1.2　数据存储的加密保护

在去中心化存储的基础上，我们应采用数据加密技术，对每个客户存储的数据进行加密，进一步保障数据权益主体的数据安全。

数据加密技术是指将一组数（明文）经过加密钥匙及加密函数转换，变成无意义的密文，而接收方则将此密文经过解密函数、解密钥匙还原成明文。加密类型分为两种：对称加密与非对称加密。对称加密双方采用共同密钥，加密方使用密钥将数据加密，解密方使用同一个密钥将数据解密。非对称加密存在两种密钥：一种是公共密钥（简称公钥），公钥是可以公开的密钥值；另一种是私人密钥（简称私钥），私钥只有加密方才有，不能对外公开。非对称加密使用的是一组公私钥对，数据经私钥加密后只能用公钥解密而不能用私钥解密，同样，数据经公钥加密后只能用私钥解密而不能用公钥解密。例如，在网络中传输数据时，发送方使用公钥对数据进行加密，收取方使用私钥对收到的数据进行解密，因为只有正确的接收方才有私钥，所以在技术上保证了只有正确的接收方才能解密。

在数据权益资产化应用中，当用户需要存储数据时，可以使用对称加密技术对本地存储的数据进行加密；当用户需要查看自己的数据时，再使用密钥进行解密。这样即使数据被黑客获取，如果没有密钥，黑客也无法破解数据，从而防止数据泄露，加大黑客获取数据的成本。

如果用户需要发送数据给数据需求方，那么可以使用非对称加密技术，即使用数据需求方的公钥对数据进行加密，数据需求方拿到加密后的数据后，使用自己的私钥对数据进行解密，从而拿到明文数据。这个技术可以确保只有正确的数据需求方才能解密，从而确保数据在传输过程中不被窃取。

我们在数据权益资产化的实际应用中应注意国产密码算法的使用。当前国际形势复杂多变，数据权益资产化作为我国数据治理的重要组成部分，应确保其自主可控。没有信息安全就没有国家安全，国产密码的使用应该受到高度重视。目前国产商用密码算法已经形成一套完整的体系，既有 SM1、SSF33、SM4、SM7、祖冲之密码算法等对称密码算法，又有 SM2、SM9 非对称密码算法，同时还有 SM3 杂凑密码算法，可以满足数据加密、签名、完整性校验等常用安全功能的使用，其安全性、加密速度等性能也比国外常用的密码算法有所提高。

6.1.3　互联网匿名保护

当前大部分个人信息泄露都是用户在访问互联网应用后将个人信息遗留在互联网应用的数据库中，互联网应用的运营方出于商业利益或者因为管理不善而造成个人信息泄露。用户在互联网应用中遗留个人信息的大部分场景都是在注册环节。例如，当我们注册微信时必须勾选"我已阅读并同意上述条款"才能进行下一步，事实上，只要用户同意上述条款，那么用户在 App 上留下的住址、电话号码、聊天记录，甚至手机里的通讯录、照片、短信、通话记录都可以被 App 获取。

采用互联网匿名保护技术可以很好地解决上述问题。互联网匿名保护技术可以使用户在使用互联网应用时无须注册填写个人信息，就可以一键登录互联网应用。该技术可以很好地杜绝用户因注册填写个人信息而在互联网应用的数据库中遗留数据的问题。

互联网匿名保护技术使每位用户在访问互联网应用时都可以使用数字身份代替真实的主体完成各类互联网行为，这个数字身份就是个人的公钥或公钥的一个映射。互联网匿名保护技术由带有个人信息加密存储、数字身份生成的客户端构成，我们称该客户端为个人节点。个人节点被安装在计算机或移动设备上，通过个人节点生成的用户数字身份与各类互联网应用建立会话。用户在享受互联网服务时不需要再注册和登录，也不用设置密码，更不用填写个人信息，而是通过个人节点扫描互联网应用生成的二维码或打开应用的链接，即可完成身份验证过程，进入互联网应用。

互联网匿名保护技术的应用过程如图 6-2 所示。

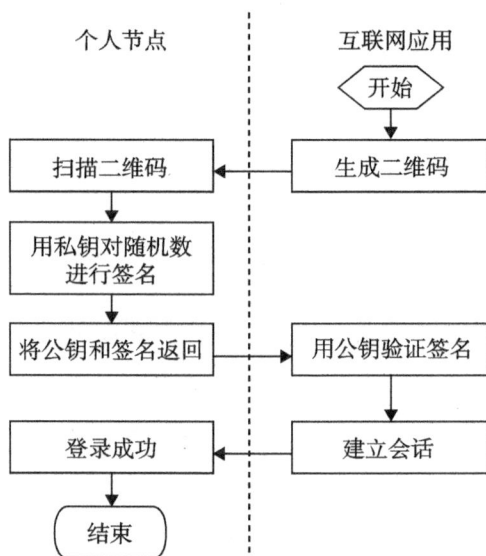

图 6-2　互联网应用匿名访问流程

首先，个人节点扫描互联网应用生成的二维码，获得互联网应用的访问地址和随机数。

其次，个人节点使用当前用户的私钥对随机数进行签名，并根据二维码提供的地址将公钥和签名返回给互联网应用。

最后，当互联网应用接到公钥和签名后的随机数时，使用公钥对接收到的随机数进行解密，并将其与本地随机数进行比较，如果相同，那么验证成功，随即使用公钥建立会话，完成访问过程。

关于该流程需要说明的是，当个人节点将用户公钥和签名返回给互联网应用时，公钥和签名都有被伪造的可能，但只有公钥和签名同时被伪造才能被互联网应用验证通过。因为互联网应用使用用户的公钥建立会话，所以被伪造而建立的会话已不是合法用户的会话，伪造者不能获取任何利益，而且从博弈论的角度来看，也不会有人去花费时间和成本去伪造公钥和签名。

互联网匿名保护技术将当前互联网应用不合理获得的个人信息封装到用户的数字身份中，这个数字身份是被加密的。互联网应用可以使用数字身份对应的加密数据，但该加密数据对互联网应用的运营方并不可见。互联网应用的运营方只能获知某一数字身份主体在自己的应用里发生的行为信息，而无法获得该行为对应的主体的身份信息。互联网匿名保护技术很好地杜绝了用户因将个人信息遗留在互联网应用数据库中而造成的数据泄露问题。

6.1.4 数据权益交易过程的保护

数据权益交易是数据权益资产化的重要环节，必须保证交易过程中的数据安全。如上所述，数据权益交易是数据从所有权人控制的存储设备中传输到数据使用方的存储设备中，同时，数据使用方为此对数据所有权人付出一定的报酬。我们不难看出，要保证这个过程的数据安全，至少应在以下两个环节对数据进行保护。

1. 确保数据所有权人对数字交易完全可控

数据所有者对数据的可控性表现在两个方面：一方面是数据所有权人本身的身份必须合法；另一方面是只有经过数据所有权人的授权，数据才能被发送给数据需求方。

数据所有权人的身份可以通过数字证书来确认，即只有拥有代表数据所有权人身份的数字证书才能对数据进行控制。在数据授权交易之前需要先验证数字身份的合法性，即验证数字身份证书是否对应正确的数据所有权人。数字身份证书产生和验证身份的过程有两种方式：一种是由权威机构签发证书，这种方式也是当前比较流行的证书签发方式；另一种是去中心化方式，即将数据所有权人的私钥直接作为身份认证的方式。中心化的数字证书签发和认证过程如下。

（1）由权威机构 A 使用国产非对称加密算法（如 SM2）生成私钥对，公钥用"pub"表示，私钥用"priv"表示。

（2）私钥由 A 保管，不可泄露，公钥可以公开给交易各方。

（3）公钥、数据所有权人标识信息、有效期等组成文件 F1。

（4）使用哈希加密算法 F 对文件进行加密，获得文件 F2。

（5）将 F1 与 F2 合并，使用"priv"进行二次加密，加密后的文件即数字身份证书。

（6）数据被授权交易前，使用"pub"对数字身份证书进行解密，解密后获得 F1 和 F2 的内容，再将 F1 用哈希加密算法进行哈希计算，获得 F3。

（7）验证 F2 是否等于 F3。如果 F2=F3，那么说明证书里明文部分的数据所有权人的信息是正确可信的，并没有被篡改过，身份认证通过；否则就是非法数据所有权人，身份认证失败。

中心化的证书签发方式必须依赖对权威机构的信任，如果这种信任不能成立，那么中心化的方式就不能成功。

在去中心化的身份认证方式下，私钥即代表身份，认证过程如下。

（1）数据所有权人和数据使用方分别使用国产非对称加密算法生成私钥对，分别用 pub1、priv1 和 pub2、priv2 表示。

（2）数据交易过程中使用哈希算法 F 对被交易的数据（D1）进行加密，得到加密后的数据 D2。

（3）使用私钥对 D2 进行加密，获得 D3。

（4）使用公钥对 D1 进行加密，得到 D4。

（5）将 D3 和 D4 同时发送给数据使用方。

（6）数据使用方使用公钥对 D3 进行解密，得到 D5，再用自己的私钥对 D4 进行解密，得到 D6。

（7）经验证，D5=D6，说明数据是由拥有合法身份的数据所有权人发送的，并且没有被篡改过。

这个过程将认证和加密传输合并进行，是后置的身份认证方式，其效率不如中心化的身份认证方式，但去除了对权威机构的信用依赖，使数据所有权人对数据的实质控制性更强。因为该认证是对交易环节的数据进行控制，所以我们不用担心国家数据治理的失控。去中心化的身份认证方式的缺点是数据使用权人的私钥一旦丢失，将无法找回，私钥是世界上唯一能证明其身份的东西。

2. 确保数据从数据所有权人到使用方传输过程中的安全

在进行数据权益交易时，数据被汇总到数据所有权人的存储设备中并通过网络传输至数据使用方的存储设备中，这个过程中的数据安全主要包括以下两个方面。

第一，数据的网络传输应采用去中心化点对点的网络传输方式。

一般来讲，将数据预存至某个中心化的数据中心，交易时再从该中心将数据传输给数据使用方，效率会更高，但这样无法保证数据在数据中心的安全，更做不到数据所有权人对其完全可控。因此，在数据权益交易过程中，应该将数据通过网络直接从数据所有权人的存储节点发送至数据使用方的数据接收服务器中，中间没有任何中心化的个体参与。

第二，数据发送采用非对称加密技术来保证数据传输过程中的数据安全。

数据传输环节使用非对称加密技术的过程如下：

（1）数据使用方将公钥发送给数据所有权人；

（2）数据所有权人使用该公钥对要发送的数据进行加密，加密后通过点对点网络传输发送给数据使用方；

（3）数据使用方在收到数据后，使用自己的私钥对数据进行解密。

因为只有数据使用方有权使用私钥，所以才确保了数据传输过程中数据不会被窃取，保证了正确的数据使用方获得数据。

6.1.5 数据权益交易后的保护

数据权益交易后，数据被保存在数据使用方的存储设备中。这个环节的数据保护的重点是不能泄露和二次交易。

1. 使用同态加密技术，实现数据的可用不可见

同态加密是一种密码学技术，原始数据经过同态加密后得到加密数据，加密数据按照数据使用方的需要进行处理得到处理后的结果，将这一结果进行解密，与用同一方法处理未加密的原始数据得到的输出结果是一样的。通过使用同态加密技术，数据使用方并没有拿到原始数据，但一样得到了自己想要的结果，实现了数据的可用不可见，避免了数据被数据使用方泄露和进行二次交易。

2. 使用区块链技术，实现数据的可用不可见

数据使用的很多场景是证照的检查，例如，在进行不动产交易时，需要对身份证、结婚证、房产证等进行检查。这个过程可以使用区块链技术实现数据的可用不可见，具体过程如下：

（1）发证机关在发证时将证书的指纹信息（证书信息的哈希值用 F1 表示）保存到区块链上，因为区块链具有不可篡改的特性，所以这个证照信息一定是真实有效的；

（2）当用户办理业务出示证照时，将该证照数字化后进行哈希加密，加密后的结果用 F2 表示；

（3）如果 F1=F2，那么我们可以确定用户出示的证照信息是合法有效的，并没有被篡改过。

在数据权益交易的场景中也是如此，如果数据使用方需要的是类似证照中不可变的数据，那么可以利用区块链的不可篡改性来实现。数据使用方只需获得指纹信息即可，不用获得原始数据，即可实现数据的可用不可见。

3. 使用防盗版技术对知识产权类的数据进行保护

对于个人的著作、文章、知识分享等数据，我们可以使用防盗版技术对其进行保护，比如类似知网的"CAJ 阅读器"等，可以有效防止知识类数据的泄露和二次交易。

4. 通过加强立法，提高数据泄露和二次交易的违法成本

目前，我国对数据泄露和非法买卖的立法越来越严苛，从《民法总则》到《网络安全法》，再到《信息安全技术 个人信息安全规范》，我国个人信息安全保护的法律条文逐渐丰富，监管框架逐渐成形，不仅有效约束了数据处理机构的不正当行为，而且还为监管部门提供了丰富的执法手段。但是，我国目前尚未对个人信息保护进行专门立法，个人信息的法律保护尚需进一步加强。

5. 通过生态设计，使数据使用方无二次交易的动力

在权益资产化体系中应该有合理的定价机制，可以此来降低数据使用方的数据使用成本。这样数据使用方就可以合理合法地以较低成本获取个人信息，不再通过数据中介、网络抓取等高成本、非法的手段获取个人信息，从而使倒卖和滥用个人信息没有市场，数据权益二次交易的情况也不会出现。

6.2 数据确权、定价及交易技术

6.2.1 个人信息的确权

1. 确权的主体

个人信息所有权包括占用、使用、交易、收益、处置等权利。从个人信息保护的角度出发，数据使用方应该尊重个人隐私权、个人信息价值的收益权，只有在此基础上个人信息才可以供数据需求方使用，因此，个人信息所

有权的确立需要顾及公民个人和数据使用方双方的利益。

公民作为个人信息的生产者，无疑应拥有个人信息的全部所有权，但所有权不具备排他性，服务机构作为信息收集的主体，通过无偿提供服务获得个人数据，并且投入大量 IT 设备和人力维护数据，应拥有个人信息的部分使用权。《网络安全法》中对网络运营者及网络安全监管机构对个人信息的收集和使用做了明确的规定："网络运营者不得收集与其提供的服务无关的个人信息，网络运营者应当对其收集的用户信息严格保密"。由此不难看出，服务机构对个人信息只有有限使用权，没有交易权、收益权、处置权等权利。

综合个人信息保护和利用两方面的考虑，采用"谁产生、谁维护、谁受益"的原则，将个人信息确权给信息的生产者，即公民个人，服务机构只在本业务范围内才具有对合法获得的数据的使用权。例如，快递公司的用户地址只能用作快递投递，不能作为用户信用的分析数据源为贷款业务提供支持，更不能交易数据或者将数据作为和其他机构交换利益的载体。也就是说，只有公民个人可以将自己的个人信息作为资产来进行交易。

2. 确权的内容

个人信息确权是实现数据权益资产化的基础，个人信息确权包括以下两个方面的内容。

第一，确定个人信息所有权的申请主体和生产主体的一致性。在确定个体的身份信息（如身份证号、DNA、指纹、容貌、民族、性别、出生日期、籍贯等）相互匹配一致、不可更改，并且完成关键信息画像后，就可以生成个人的数字身份。该身份会以公开密钥的形式用于网络行为，以隐藏个人实体身份，从而做到对个人信息的保护。

第二，确定一般信息所有权。一般信息包括学历、职业、收入、健康状况、兴趣、爱好、出行记录、饮食习惯、财产状况、家庭状况、犯罪记录、知识成果、学术成就等可变动信息。这些信息经哈希运算后得到加密后的个人信息摘要，只要将个人信息摘要和个人的数字身份绑定，就可以确定所有权关系。一般信息在每次变化后，增量信息或变化后的信息将重新生成哈希值，记录在不可篡改的区块链系统中。

3. 确权的实现

（1）匿名保护

个人信息如果没有有效保护确权就没有意义，因此，确权技术首先要做的就是使用加密技术将个人信息保护起来。一方面，原始信息需要加密保护；另一方面，用户访问互联网的身份信息也要匿名化。由于个人访问互联网的行为数据由服务提供方控制，所以其很难得到加密保护，但如果将访问互联网的身份匿名化，也可起到很好的保护效果。我们可以借鉴比特币转账主体匿名化的方式来保护个人信息，即为每个自然人生成一个加密后的数字身份。数字身份生成算法公式为：

$$Y=F（a+b）$$

（其中，$Y=$ 数字身份，$a=$ 手机号码，$b=$ 附加码，$f(x)$ 为哈希函数。）

使用手机号码作为生成参数的主要依据是手机号码具有可验证性，但其缺点是无法实现去中心化的确权方式，未来应该用算法模型生成参数 a，而不是使用手机号码。数字身份生成后应广播给区块链网络，各节点获得的数字身份不可更改。

（2）数字身份和自然人的准确对应

采用手机号码作为数字身份的生成参数，使其具备可验证性，从而部分解决数字身份和自然人的对应关系。如上所述，使用手机号码作为数字身份的生成参数，不是去中心化的方式，不能真正使数据所有权人完全控制数据，另外，数据所有权人也不能完全验证数字身份和自然人的对应关系，所以，未来需要有更加科学的算法模型生成参数取代手机号码。

（3）个人信息和数字身份的准确对应

在解决了数字身份和自然人准确对应的问题之后，如果解决了个人信息和数字身份对应的问题，实际上就实现了将个人信息确权给自然人，即完成了确权的过程。个人信息和数字身份对应关系的技术实现方式如下：

- 当数据被标准化存储时，使用哈希函数对其进行加密，生成指纹信息；
- 使用该数据权益所有权人的私钥对指纹信息进行数字签名；
- 将签名后的指纹信息广播至区块链网络，进行分布式存储。

经过以上步骤，利用区块链上数据不可篡改的特点，可以确保个人信息和数字身份的对应关系。

（4）数据真实性问题

数据真实性问题包括两个方面：个人信息是否真实，如某数字身份下的身份证号是否和数字身份对应的自然人是同一个人；个人信息是否存在人为造假。

我们无法单纯地依靠技术来解决上述问题，只能从生态建设角度解决。解决方式主要包括以下两个部分。

- 系统自动完成数据标准化存储，且不能对其进行修改。数据主要是经过网络抓取和数据所有权人使用生态服务产生的。数据产生后，系统对其进行标准化加密存储，然后再上链，整个过程不能人为干预修改数据，并且要做好加密保护。数据所有权人只能通过自己的私钥解密后查看数据，而不能修改数据。非数据所有权人由于不拥有私钥，所以没有查看数据的权限。
- 为生态系统提供数据质量评价体系，其中包括数据的真实性指标。数据质量评价体系的建立可以通过大数据鉴伪和数据使用方的购买评价两种方式实现。

6.2.2 个人信息的定价

个人信息定价是数据权益资产化的核心,合理的定价规则可以使公民维护个人信息的积极性高涨,同时使数据使用方的使用成本低于维护成本,从而使得整个生态系统充满活力。

1. 数据标准化

个人信息纷乱庞杂,我们无法直接定价,只有在个人信息标准化后才能定价,因此,个人信息的标准化是定价的前提。

个人信息的标准化是指按照个人信息的特点和价值,对其进行编码、分类、分级并确定其新鲜度的过程。编码是指按照一定的编码规则对每一个人的信息数据项进行唯一的编码,以方便在定价及交易过程中快速检索某一数据项。分类是指将个人信息按照来源、用途划分为不同的类别,以便更好地明确其价值。分级是指根据隐私程度,给出相应信息的保护级别,隐私程度越高,信息的保护级别越高。新鲜度是指个人信息数据项对时间的敏感度和产生的时间长短,时间敏感度越高、时间越长的数据项,新鲜度越低。

如表 6-1 所示,个人信息可以按照用途和来源分为"基本信息""健康信息""出行信息"等。相对来说,"基本信息"作为其他分类的基础,价值更高。个人信息的分级从 A 到 E 共分为 5 级,A 代表级别最高,也就是隐私级别最高,相对价值最高;E 代表级别最低。新鲜度的数值越大,代表新鲜度越低,因为新鲜度(F)是由时间敏感度(TS)和产生时长(T)两个维度决定的,所以新鲜度可以用公式 $F=TS \times T$ 表示,T 以天为单位。以身份证号为例,因为身份证号不会因时间的变化而改变,所以时间敏感度为零,如果该数据项已经产生了 100 天,那么根据公式 $F=TS \times T$,该数据项的新鲜度为零,即最新鲜的数据。

表 6-1　个人信息标准化样例

类别	字段		分级	新鲜度	备注
基本信息	身份证号		A	0	
	姓名		A	10	
	手机号		A	50	
	性别		B	0	
	住址		B	100	
	籍贯		C	0	
	民族		C	0	
	……		……	……	
健康信息	疾病史		A	80	
	饮食结构		A	20	
	运动情况		A	20	
	心理评估		B	60	
	基因数据		B	1	
	……		……	……	
出行信息	……		……	……	
……	……		……	……	

　　我们由以上样例可以看出，通过对个人信息的标准化，我们可以对个人信息进行初步的价值判断。按照"商品的价格总是围绕价值上下波动"的理论，个人信息的标准化为个人信息的定价提供了基础。

　　2. 标准定价

　　由于个人信息尚无定价的统一标准，也无可参照的同类商品价格，所以为了防止价格混乱，损害交易某一方的利益，我们首先要有一个交易双方可以参考的标准价格。标准价格需要一套完备的定价模型，根据其计算结果得出。

　　定价模型的设计应考虑供需关系、隐私成本、信息质量、使用次数、价值体现、使用场景等因素。关于隐私成本的研究，《面向大数据基于信息熵的隐私成本定价系统》是值得借鉴的文献，其中采用了层次分析法建立隐私定价模型。另外，我们在考虑隐私定价和成本的时候，应考虑个人信息资产和实物财产的区别，即信息交易的边际成本为零的因素。供需关系、价值体现等需要使用调查法进行深入研究。对于公共事业的个人信息使用场景，我们要考虑加入社会意义因子，降低价格。无论出于哪种因素的考虑，都需要对个人信息进行标准化，即对个人信息进行分类和分级，根据不同的定价因素对不同类别和级别的个人信息进行定价。

通过对以上各因素的分析可以看出，个人信息定价（P）首先包括隐私成本（P_a）。其次，数据需求方多为商业机构，商业机构获取个人信息的目的是为了本身业务的增值，所以定价中可以增加数据增值效益（P_b）。同时信息价格也受供需关系系数（T_1）、信息质量系数（T_2）、使用次数考量系数（T_3）、价值系统系数（T_4）等因素的影响，个人信息的标准定价公式为：$P = (P_a + P_b) \times T_1 \times T_2 \cdots T_n$。针对特定数据项，标准价格的结果并非一成不变，尤其是当价值系数与数据的新鲜度高度相关时，随着时间的推移，价值系数有可能逐步降低，其标准价格也会随之降低。当然，该公式能简单表示标准价格模型，若要获取相对准确的个人信息标准价格，则需要对成本因素和影响系数做更为深入的研究。

3. 市场定价

市场定价是指以个人信息标准化结果为基础，结合个人信息分享次数、数据质量评价等指标，由市场动态撮合形成个人信息资产最终成交价格的定价机制。这也可以理解为，在标准定价模型的基础上，买卖双方按照自身的意愿和经验达成一致，形成最终的成交价格即市场价格，市场价格的形成过程即是市场定价。

个人信息标准化的结果结合其他指标形成的价格为推荐价格，实际成交价格则是根据供需双方对个人信息资产的价值判断和意愿动态形成的。个人信息不同于其他实物商品，因为个人信息的卖出方是个人，不需要考虑市场竞争及各种定价策略，而是买入方主动发出需求并制定价格。合理的价格能使买入方以较低的成本获得更大规模、更高质量的个人信息，买入方更应考虑价格的合理性。因此，个人信息的市场定价主要取决于买入方的购买意愿。

个人信息的市场价格主要取决于数据的样本量和数据需求方对单一数据样本的需求量。当前的成交价格被记录在交易系统中，并反映到下一笔交易的价格中。市场定价受市场供需情况的影响较大，当供需情况发生变化时，价格也随之变动。个人信息数据价格随时间变化而衰减得比较明显，说明数据价格的实际敏感度很高，仅在上市后的一段时间内有较高的价值，另外，若随时间变化而实时更新数据，数据价格也将随即发生变化。

6.2.3　个人信息交易

交易过程

个人信息交易是实现个人信息价值的重要环节，个人信息资产和其他资产的不同之处在于，交易后个人信息的所有权不会改变，个人信息的所有人可多次进行交易，交易中交易的是个人信息的使用权，而非所有权。

个人信息交易的具体流程如图 6-3 所示。

1. 数据使用方确定数据的使用需求，包括所需数据的类别、级别、新鲜度、区域等，并参考交易系统给出的推荐价格标明出价，一同发送给数据权益所有人。

2. 数据权益所有人确认价格后，数据使用方向其支付费用，由交易平台保证支付的有效性。

3. 数据权益所有人授权数据使用方访问数据，数据由点对点网络传输给数据使用方。

4. 数据使用方使用数据后，对数据进行质量评价。

5. 数据权益所有人根据评价优化数据质量，如提升数据完整性和准确性。

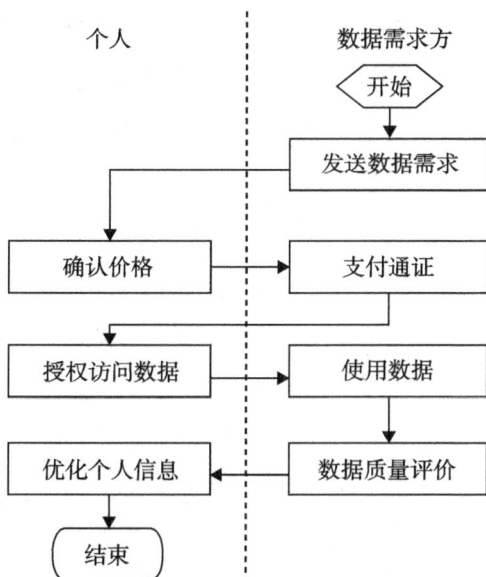

个人　　　　　　　　　数据需求方

开始

发送数据需求

确认价格　　　　　　　支付通证

授权访问数据　　　　　使用数据

优化个人信息　　　　　数据质量评价

结束

图 6-3　个人信息资产交易流程

　　数据权益所有人优化数据质量的动力来自数据使用方质量评价的结果对该批次数据价格的影响。如果质量评价分数较低，那么该评价将被标准定价体系采用，该批次数据在交易系统中的推荐价格将被降低，从而促使数据权益所有人持续优化个人信息，使整个数据权益资产化生态平台的数据质量不断提高，形成良性循环。

6.3　数据权益资产化的监管技术

6.3.1　数字身份与公民数据库的对接

通过数据权益保护技术，任何提供互联网服务的商家都不能轻易获得用户的身份信息。这种场景下需要讨论的一个问题是，目前政府监管需要从商家获取数据，那么这种数据保护方式会不会造成政府无法从商家获取有效数据？因为用户是通过加密后的数字身份来访问互联网的，互联网应用只记录业务范围内的行为数据，但并不知道是谁产生的这种行为数据。上述问题可以通过用于访问互联网应用的数字身份和政府的公民数据库对接技术来解决，对接后监管方可以很清楚地了解在互联网应用中的行为是由哪个物理主体所为。

以往的互联网使用方式无法限制个人信息的获取主体和使用范围，只要是有权运营互联网应用的公司就可以轻松地获取个人信息，政府只能通过加强立法并加大执法力度来进行限制。但由于互联网的开放性和隐蔽性容易造成执法难度大、监管成本高等问题，所以监管往往流于形式，国外的互联网应用公司也可以轻松地获取我国公民的个人信息，对国家安全造成威胁。采用数字身份和公民数据库对接技术，则一方面最大限度地限定了个人信息的可见范围，使以往可以轻松拿到个人信息的商业机构无法再获得个人信息；另一方面，监管和执法部门被授权后可以获得个人信息，并对数据资产化进行监管，打击违法犯罪行为。这将很好地解决数据权益资产化的监管问题，使得个人信息的利用变得安全可控。

6.3.2 避免"次品市场"

数据权益所有人对自身信息比较了解，而数据需求方对即将交易的数据完全不了解，这造成信息严重不对称。这种信息不对称很容易形成"次品市场"，即好的产品被淘汰，而劣等品会逐渐占领市场，最终导致数据权益市场萎缩、消失。

数据权益资产化应通过以下技术来避免信息不对称。

1. 数据价值透明化

在个人信息标准化环节，即在数据形成数据资产时，按照个人信息的特点和价值对其进行编码、分类、分级，并明确新鲜度等，让数据需求方清楚地了解不同分类、分级、新鲜度数据资产的价值，增加信息的透明度，减少信息不对称。

2. 价格推荐机制

标准化后的数据通过定价机制形成标准价格，供数据需求方参考，进一步避免信息不对称带来的不合理的交易。

3. 数据质量评价

数据需求方使用数据后根据使用效果对数据进行评价，评价结果会对该批次数据的后续标准价格产生影响，如果评价结果达到一定的数量，那么依照大数法则就可以认定评价结果对价格的影响是有效的。通过数据质量评价对标准价格的影响，可以促使数据权益所有人不断优化自身数据质量，提高数据权益资产的价格，从而不断推动数据权益资产化生态中整体数据质量的提升，避免因信息不透明而产生"次品市场"。

6.4 区块链在数据权益资产化中的应用

6.4.1 区块链的基础知识及运行原理

1. 区块链的诞生

1993 年，埃里克·休斯（Eric Hughes）在《密码朋克宣言》中写道："隐私是电子时代开放型社会的必要条件。隐私不是秘密，隐私是一种把自己选择性地展现给世界的权力。如果人们想要捍卫隐私，就必须有人制作能够实现隐私保护的软件，创造允许匿名交易发生的交易系统。千百年来，人们一直在用耳语、黑市、信封、密室、信使等手段捍卫自己的隐私。过去的技术还不能实现高度隐私，而电子技术却有望使其成为现实。"因此，使用信息技术来保护个人信息和隐私免受攻击是这个群体的最终目标。

2008 年 11 月，在一个密码朋克邮件列表中，几百个成员收到了自称是"中本聪"的电子邮件："我一直在研究一个新的电子现金系统，这完全是点对点的，无须任何可信的第三方。"邮件将他们引向一个 9 页的白皮书，其中描述了一个全新的货币体系——比特币。2013 年 12 月，维塔利克·布特林（Vitalik Buterin）提出以太坊区块链平台的设想，并建立了图灵完备的编程语言和智能合约环境，创建永不停止、无审查、自动维护的去中心化的"世界计算机"。人们发现比特币的底层技术远比比特币作为资产被炒作更有价值，可以在很多新的领域发挥作用，于是将非对称加密、点对点网络、时间戳、工作量证明机制、链式数据结构等比特币底层技术及其去中心化思想统称为区块链，区块链就此诞生。

2. 区块链的概念

现有文献对区块链做出了多种定义，最常见的是"区块链是一种分布式账本""区块链是一种分布式数据库""区块链是制造信用的机器"等，这些概念都从某个角度定义了区块链，但不够完整和全面。我们可以通过对标互联网来理解区块链。随着互联网的广泛应用，我们逐步认识到，互联网不单纯是一种技术，其实还包含更深刻的思维和思想，更像是一种基础设施。

区块链将链表结构、点对点传播、加密算法等技术融合使用，并运用共识机制在个体之间建立"信任"的技术体系，保证数据的完整性和不可篡改性，通过技术而非中心化机构解决信任问题，实现点对点的价值传递。

区块链涉及很多计算机技术，下面我们对相关技术进行简单介绍。

（1）加密算法

加密算法包含以下几种类型。

● 哈希（散列）算法：哈希算法是一种不可逆的加密算法，具有正向快速、逆向困难、输入敏感、冲突避免等特点，现在的哈希算法主要有 SHA-1、SHA-2、SHA-3 等。

- 数字摘要：通过哈希加密的文件所获得的超字符串是该文件的数字摘要，数字摘要主要用于判断文件是否被修改过。

- 非对称加密算法：我们在前文已经对该加密算法做过介绍，这里不再赘述。常用的非对称加密算法有 RSA、椭圆曲线算法等。

- 数字签名：由信息的发送方 A 生成数字摘要，并对信息进行签名、发送，接收方 B 接收、解密、对比数字摘要。数字签名主要用于验证发送信息的有效性。

- 多重签名：多个用户对同一文件进行数字签名。

- 数字证书：用来证明某个公钥属于谁。

- 梅克尔树：对多个信息进行逐层的两两组合的哈希加密，最终得到一个哈希值，如此形成的二叉树结构被称为梅克尔树，根节点的哈希值被称为梅克尔根。

（2）点对点对等网络

理解点对点对等网络，需要先理解分布式、去中心化概念的区别和联系。

下面，我们以图 6-4 为例来说明点对点对等网络。

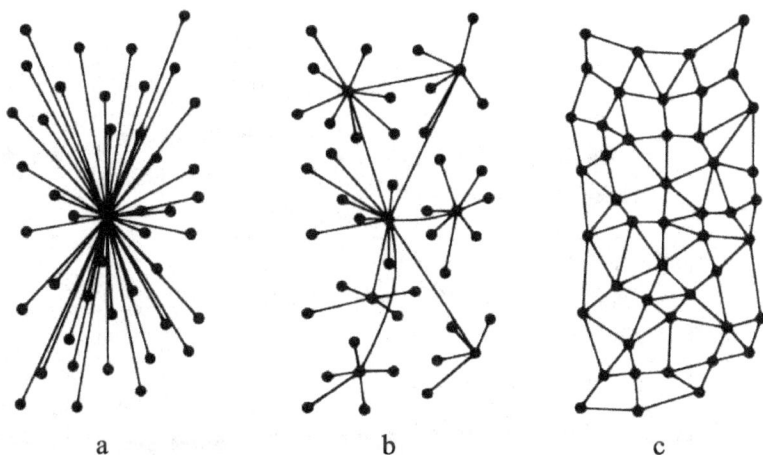

图 6-4　网络拓扑图

a 图为中心化网络拓扑，它以某一个节点为中心，其他节点都和该节点相连，如果中心节点宕机，那么整个网络所有节点将在终端运行。

b 图为多中心化网络拓扑，网络存在多个并列的中心节点，如果其中一个中心节点宕机，那么和该中心节点相连的节点将无法运行。

c 图为去中心化网络拓扑，网络中的每个节点都是对等的，任何一个节点宕机都不影响其他节点的正常运行。

b 图和 c 图的网络又统称为分布式网络。大部分大型互联网应用采用集群、异地多活、异地容灾等分布式技术，这些技术都属于 b 图的多中心网络，这与区块链不同。区块链网络是类似 c 图的去中心化网络，每个节点都是对等的关系，即点对点对等网络。点对点对等网络的应用实现有去中介的功能，也有人称之为去中介化网络。

（3）共识机制

共识机制是指互不相识且互不信任的个体之间就某一议题达成共识的机制。区块链运行的网络是一种不可靠的网络，在不可靠的网络中，各个计算节点存在宕机、网络终端、黑客作恶等各种情况。在这种网络环境下，各个节点对数据存储保持一致性和有效性的过程即是区块链的共识机制。

目前，区块链常用的共识机制如表 6-2 所示。

表 6-2　区块链常用的共识机制

	说明	优点	缺点
POW 工作量证明	通过与或运算，计算出满足规则的随机数，获得记账权	易实现，节点间无须交换额外信息即可达成共识，破坏成本大	浪费资源，区块确认时间长
POS 权益证明	通过评估持有通证（Token）的数量和时长来决定获得记账权的概率	节省共识时间，节省资源	拥有权益的参与者未必参与记账
DPOS 股份授权证明	持币者投出一定数量的节点，代理他们进行验证和记账	大幅缩小参与验证和记账节点的数量，更节省时间	依赖 Token，去中心化程度差

（续表）

	说明	优点	缺点
PBFT 实用拜占庭容 错算法	许可投票、少数服从多数， 允许拜占庭容错（BFT）	无须 Token 参与，具备权 限分级能力，性能更高	适合做联盟链和 私有链

3. 区块链的运行机制

（1）区块链的数据结构

区块链的数据结构如图 6-5 所示。

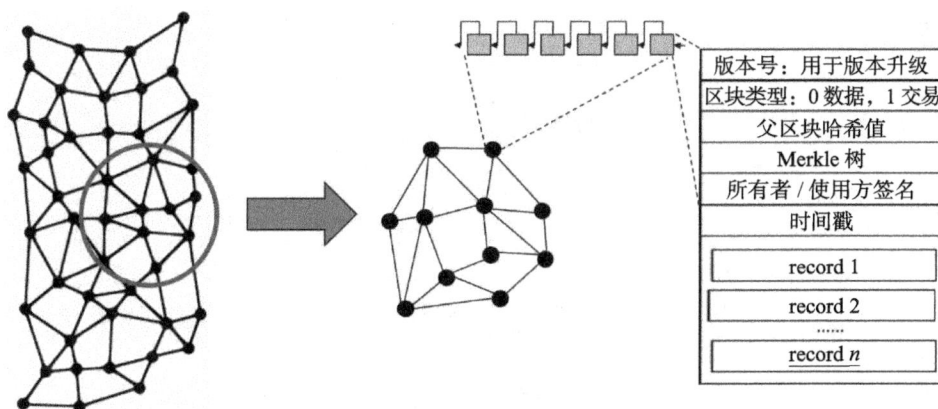

图 6-5　区块链的数据结构

在区块链的点对点网络中，每个节点都是一个计算存储单元，每个节点存储着完整的链表结构，链表结构由区块链接构成，区块的数据结构如图 6-5 所示。共识机制能够确保每个节点上的链表数据的一致性和有效性。如果我们想篡改区块内的数据，就必须篡改点对点网络内大多数节点的数据，而其难度将是极高的。

（2）区块链的运行机制

图 6-6 是以比特币为例的区块链运行机制。首先，由点对点网络里的挖矿节点收集网络中的交易数据，收集到一定数量后打包成区块，链接本地的

上一区块，并计算本区块的哈希值。如果计算出的哈希值满足低于目标值的要求，那么将计算结果和区块一同广播到区块链网络的其他节点。其次，其他挖矿节点收到后校验计算结果和区块数据是否合法，如果合法，就接受该区块并将其链接到本地的链表结构上。最后，经过后续 6 个区块的成功链接，即可认定该区块为合法区块，同时计算成功的挖矿节点将被奖励的比特币的数量，即完成本次的区块生产。

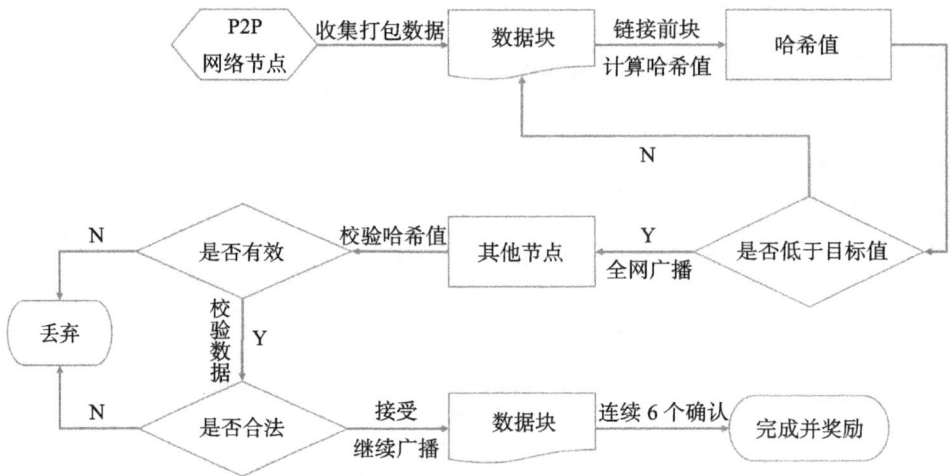

图 6-6　比特币区块链的运行机制

6.4.2　区块链在个人信息确权中的应用

数据确权是数据权益资产化中的难点。首要的难点是由谁进行确权的问题，如果商业机构对个人信息进行确权，那么其权威性和可信任性难以保证；如果是政府机构作为确权的实施单位，那么复杂的确权过程和巨大的工作量将耗费大量的公共资源。

区块链的出现为个人信息确权提供了新的思路。区块链具有不可篡改和不可伪造的特性，为数据确权提供了技术手段。基于区块链的个人信息确权的过程主要包括以下几个环节。

1. 初始化数据权益所有人的网络数字身份

数据权益所有人在提交个人信息之前获得自己的公钥和私钥，并将个人的识别信息，包括身份证号、姓名、DNA 等按照标准格式提交，由区块链客户端使用公民的私钥进行哈希计算，并将生成的身份摘要打包到区块中进行全网广播。收到广播的节点检查区块数据结构是否符合标准，是否有重复的身份摘要等，校验通过后，即代表公民在区块链上的数字身份认证成功，并且不可篡改。

2. 确权身份识别信息

初始化公民的数字身份后，即可随时提交、更新、维护个人的其他身份识别信息，提交其他身份识别信息时的处理过程和身份识别信息一致。

3. 确权一般个人信息

初始化公民的数字身份后，即可随时提交、更新、维护个人的一般信息。和身份识别信息处理过程不同的是，全网节点只需要校验收到广播区块的数据格式，无须校验是否有重复的哈希值。

通过以上三个环节，使得个人信息的哈希值依照时间戳顺序存储在区块链中，并通过链式结构将每个公民的各类数据链接起来形成一个整体，即将数字身份、身份识别信息、一般个人信息绑定在一起，通过唯一的私钥对数据进行控制，完成确权过程。

6.4.3 区块链在数据权益资产交易中的应用

通过区块链实现数据权益资产交易，需要完成以下两方面的内容。

1. 数据权益交易中的价值转移

区块链在数据权益资产化中的另一个应用就是实现信息价值的转移。互联网是实现信息的传输协议，而区块链是实现价值的传输协议。互联网上的信息传递的边际成本是零，一张照片通过互联网发送给某人，他可以零成本再传递给另一个人，这就实现了信息的快速传递，大大提高了信息传递的效率。与互联网不同的是，区块链可以防止"双花"，即保证同一有价物不能出售给两个或以上的交易对手。此外，区块链还具备多重签名等提高价值转移效率和安全性的能力。

2.数据权益资产的价值生成

区块链可以在形成数据权益资产的环节，生成合法区块的同时产生一定数量的通证，奖励给贡献数据的数据权益所有人（他们贡献的数据量越大、数据质量越高，生成的通证奖励就越多），并可对形成的数据资产进行标价，从而实现使用区块链通证来锚定个人信息资产价值。

6.4.4 区块链在数据权益资产化监管中的应用

1.区块链与监管数据

在数据权益资产化实施过程中，监管部门需要掌握确权、定价、交易等环节的关键信息，如数据分类及每种数据类别的交易量等。这些数据由不同的主体来进行报送，我们如何确保这些数据真实可信？

区块链可以将数据的指纹信息不可篡改地记录到区块中，并快捷地进行溯源。使用区块链这一技术可以使监管数据在报送和存储过程中不可篡改，一旦发现虚假报送，可以快速追溯数据来源，解决数据报送过程中的真实可信问题。

2.区块链与自动化监管

数据权益资产化涉众面广、实现技术复杂，如果仅依靠目前的监管技术和方法，不仅需要投入巨大的成本，而且也很难达到预期的监管效果。以数据资产交易为例，监管部门不可能审查所有的交易数据及交易条款的合规性，一旦出现非法交易，将带来不可估量的损失。

区块链中的智能合约可以实现交易条件和规则的不可篡改、不可干预、自动触发及永久运行。监管部门可以制定统一的交易智能合约规范，并使用自动数据采集分析技术对运行于数据权益资产化区块链上的智能合约进行检测，快速找出不符合规范的交易。另外，区块链可以使每笔交易不可篡改地记录至区块中，结合智能合约监管技术，可以很好地实现数据权益资产化的自动化监管。

第 7 章

数据权益资产化的商业生态

7.1 数据权益资产化商业生态的构建原则

7.1.1 市场主导

数据权益资产化的实施方式有两种：市场主导和政府主导。从短期来看，政府主导的方式有利于集中资源快速完成初期基础设施的建设，快速投入使用，更方便进行监管，但从长期来看，这种方式难以形成均衡的商业生态和市场环境，不利于长期发展；而采用市场主导、政府监管的方式或许是实施数据权益资产化更为合理的方式。

7.1.2 多方共赢

市场主导的数据权益资产化必须是个人、企业、政府等多方参与、多方共赢的商业生态系统。

1. 个人

个人作为个人信息的贡献者，在数据权益资产化的商业生态中至关重要，必须从以下几个方面保障其权益。

（1）需要有完善个人信息法律和技术层面的保护机制，使个人信息不被窃取，保障数据所有权人的利益。如果缺乏个人信息的保护机制，那么数据权益资产化的确权、交易就没有任何意义。

（2）需要有完善个人信息法律和技术层面的确权机制，使个人信息的所有权明确，保障数据所有权人的利益。

（3）需要有合理的数据权益定价机制，使个人能够从数据权益资产化中获得收益，从而激发其维护、共享数据的积极性。

2. 企业

企业作为主要的数据需求方，是数据权益资产化商业生态运转的基础，必须从以下几个方面保障其权益。

（1）需要设计合理合法的数据权益交易流程，避免数据需求企业可能遇到的法律风险。

（2）数据权益资产化商业生态中应有专业的数据治理服务商，为数据需求企业提供大数据、人工智能等数据使用服务，最大化数据的使用价值，让数据需求企业获得最高的收益。

（3）数据权益资产化商业生态应提供足够数量的数据样本，让企业真正能利用大数据提升商业价值。

（4）需要有随时获取最新数据的机制，降低数据需求企业获取和维护数据的成本，并尽可能地保障数据的新鲜度。

（5）数据权益资产化商业生态中应有提供撮合交易服务的企业，该类企业可以适当地收取交易手续费，以此作为奖励，使交易变得便捷，整个商业生态更加完善。

3. 政府

政府监管在商业生态中至关重要，数据权益资产化商业生态必须从以下几个方面考虑政府的监管作用。

（1）需要从技术层面和政府的公共管理体系对接，使得数据权益资产化商业生态的出现更有利于政府的公共管理，而不是起反作用，增加政府的公共管理难度。例如，数据生产端系统应该和公民数据库对接，在保护个人信息不被商业滥用的同时，还能为公安部门进行案件侦破和打击违法犯罪提供必要的帮助。

（2）需要对接政府的监管体系，为政府对数据权益资产化的商业行为和
数据利用的监管提供便利。

（3）通过生态设计，建立起社会层面人人参与的个人信息保护和使用机
制，降低政府的主体责任，减少法律纠纷，减少公共资源的浪费。

7.1.3　构成合理

数据权益资产化商业生态的构建，以去中心化的数据生产和激励模型为
基础，包括：

- 用于确权和价值流转的区块链系统；
- 数据生产节点；
- 数据需求节点；
- 监管节点；
- 撮合交易系统。

个人信息的存储和确权采用去中心化的方式执行。商业生态的信息技术
部分（如区块链系统、数据生产节点、数据需求节点、撮合交易系统等）统
称为数据权益资产化平台，该平台是数据权益资产化商业生态的核心，必须
有设计合理的商业模式促进其长期健康发展。

7.2　数据权益资产化平台的商业模式设计

7.2.1　商业模式画布理论

商业模式画布理论是亚历山大·奥斯特瓦德（Alexander Osterwalder）

和伊夫·皮尼厄（Yves Pigneur）在 2011 年出版的《商业模式新生代》（*Business Model Generation*）一书中提出的商业模式分析方法。该分析法包含 9 个可以展示企业创造收入逻辑的相互关联的构造块：价值主张、客户细分、客户关系、渠道通路、收入来源、成本结构、核心资源、关键业务和重要伙伴。这 9 个构造块分别通过客户、产品或服务、基础设施和财务生存能力 4 个方面对组织的商业模式进行较为全面的分析。商业模式画布这种分析方法在国内也被广泛使用，被定义为"一种用来描述商业模式、可视化商业模式、评估商业模式，以及改变商业模式的通用语言"。商业模式画布的 4 个部分及 9 个构造块如图 7-1 所示。

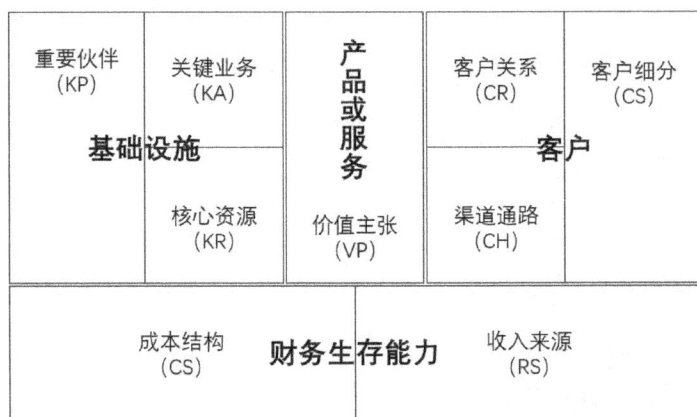

图 7-1　商业模式画布

《商业模式新生代》对这 9 个构造块的释义概括如下。

1. 客户细分（CS）

客户细分构造块描述了商业机构服务于不同的客户群体。每个细分的客户群体都有共同的客户需求及行为特征，企业针对不同的客户群体，通过差异化的产品或服务更好地满足客户需求。客户细分分析旨在明确企业创造价值的对象和最重要的客户群体。

2. 价值主张（VP）

价值主张构造块描述了商业机构针对不同客户群体采用哪些产品或服务为客户创造价值。价值主张分析旨在明确客户的痛点和需求，从而确定企业传递给客户的价值。

3. 渠道通路（CH）

渠道通路构造块描述了商业机构向客户输出价值主张的方式、方法，包括为客户转移知识提供产品和服务，提供价值主张评估的帮助，使客户方便获得所需的产品和服务等。

4. 客户关系（CR）

客户关系构造块描述了商业机构新建或维护不同客户细分群体之间关系的方法和类型。客户关系管理的作用是获得更多的新客户，保持已有的客户关系，增加产品和服务的销售数量。

5. 收入来源（RS）

收入来源构造块描述了商业机构通过一种或多种产品或服务，从客户那里取得的收入。收入来源分析旨在明确客户愿意付费的产品和服务，以及这些产品和服务的价格、支付方式等。

6. 核心资源（KR）

核心资源构造块描述了实施商业模式所需要的最重要的资源，如研发产品的核心技术、执行商业模式所需要的人才、运营所需的资金等。核心资源分析旨在明确价值主张及渠道通路需要哪些核心资源。

7. 关键业务（KA）

关键业务构造块描述了商业机构为保持其商业模式的正常运转所必须完成的重要任务。关键业务分析旨在明确价值主张和渠道通路需要哪些关键业务。

8. 重要伙伴（KP）

重要伙伴构造块描述了商业机构为获取外部资源而建立的与供应商或其他合作伙伴的合作网络。重要伙伴分析旨在明确商业机构的重要供应商和合作伙伴，以及这些供应商和合作伙伴为商业模式的执行提供的核心资源。

9. 成本结构（CS）

成本结构构造块描述了商业机构正常运行商业模式所需要的成本构成和降低成本的手段。

7.2.2　数据权益资产化的商业模式设计

数据权益资产化平台的商业模式画布如图 7-2 所示。

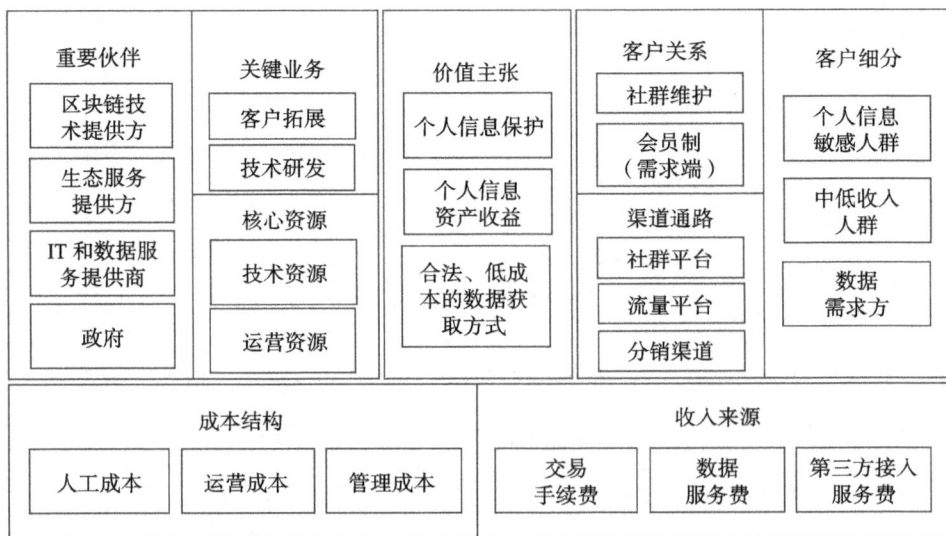

图 7-2　数据权益资产化平台的商业模式画布

1. 客户细分

数据权益资产化平台（以下简称平台）有两大类客户：一类是注重个人信息价值的 C 端客户；另一类是需要利用个人信息价值实现科研或商业目的

的 B 端客户，即数据需求方。

（1）C 端客户细分

用户画像理论可以解决客户细分的问题。用户画像全面、细致地描绘出用户的信息全貌，使用户的特点更加清晰。C 端客户通过提炼 6 个具有代表性的用户标签属性，细化出两类客户群的用户画像，如表 7-1 所示。

表 7-1　C 端客户用户画像列表

	年龄	收入	住址	职业	学历	隐私偏好
C1	年轻	低	四线城市、乡镇	学生、职员	低	低
C2	年长	高	一二线城市	白领	高	高

通过分析 C 端两类客户群的用户画像，我们可以看出：C1 类客户群以在校学生或四线城市及乡镇的人口为代表，收入较少，隐私偏好较低，愿意在本人授权的前提下将自己的个人信息变现；C2 类客户群以一二线城市白领为代表，学历高、收入高，注重个人隐私，对现有的个人信息滥用情况极为不满，期待政府立法或通过技术手段解决个人信息保护的问题。C2 类客户是平台生态系统的使用者，购买并花费平台积分，并在个人信息受到保护的前提下享受平台的各类服务，包括购物、旅行、娱乐、医疗等。

（2）B 端客户细分

B 端客户是指对个人信息有明确需求的各类企事业单位及研究机构等。根据对个人信息的用途的不同，B 端客户可分为以下几类。

● 医疗科研机构

医疗研究机构通过采样个人的健康信息辅助制定大病诊疗方案或研制药品，通过采样个人信息进行大数据、人工智能等高新技术的研究。

● 公共事业部门

公共事业部门通过对个人信息的采样及分析，制定合理的公共环境改善方案。例如，交通部门利用个人的出行信息改善城市交通规划，电力部门根据个人用电情况制定配电方案，教育部门根据新生儿信息制订教育资源规划等。

● 金融保险机构

保险公司依照大数法则对保险产品进行定价，需要采集大量的个人信息。例如，健康险产品的定价需要采集个人的健康信息，财产保险产品的定价需要采集同类财产的保有量和损失率等。银行等金融机构需要采集个人征信信息来制定贷款产品策略、收益率等，并针对个人情况确定授信额度。

● 生产制造企业

生产制造企业通过采集个人的消费习惯和偏好来设计新的产品和制订生产计划，以获得更好的盈利和更高的市场占有率。

● 电商平台商户

电商平台商户通过向 C 端用户发送调查问卷等形式，获得用户对商品的认知信息和用户的消费偏好，同时达到宣传自身商品和精准营销的目的。

由以上分析可知，愿意使用个人信息资产赚取收益的是中低收入人群，有明确个人信息需求的机构是平台的重要客户。

2. 价值主张

（1）产品和服务

波斯纳的隐私经济学和麻省理工学院的隐私悖论实验，从需求侧和供给侧两个层面分别论证了数据权益资产化商业模式的可行性。以此为基础，平台为不同的细分客户设计了以下三款产品。

● 为 C 端客户提供移动 DApp[①]

C 端客户的核心价值主张是"我的信息我做主"。当前，每个人的信息都完全暴露在互联网上，不可避免地被买卖和滥用，网络中的任何个人形象完全不能由自己控制。个人信息客户端是去中心化的移动 App，为 C 端客户提供方便易用的数据权益资产化工具。通过使用该工具，C 端客户可以方便地收集、整理、交易自己的个人信息，同时拥有自己的加密数字身份，并通

---

① DApp 是 Decentralized Application 的缩写，即去中心化应用，也称为分布式应用。

过该数字身份匿名访问平台里的各类服务。

- 为 B 端客户提供企业级数据系统和数据服务

企业客户端为 B 端客户提供数据需求的发送、交易、抽取的功能，使得 B 端客户可以很方便地和大量分散的 C 端客户进行个人信息资产交易，并结合自身业务对其进行加工处理，高效利用数据价值。另外，为了使 B 端客户能够更好地实现购买个人信息的价值，平台还连同合作伙伴一起为 B 端客户提供定制化的数据服务。

- 为 C 端和 B 端客户提供个人信息资产交易所

个人信息资产交易所形态上由企业客户端和个人客户端构成，提供行情查看、信息资产交易等功能。个人信息资产交易所是连接 C 端客户和 B 端客户的关键，是整个平台的核心，通过交易所，两端客户可以更方便地完成个人信息资产的交易。

（2）价值

平台通过这些产品和服务，为客户提供的价值如下。

- 为 C1 类客户提供数据权益资产化工具和变现渠道

平台提供基于区块链技术的 DApp，C1 类客户可以很方便地通过 DApp 收集、整理自己的信息，然后通过定价模型使之资产化，最后通过平台的个人信息资产交易所使自己的信息得以变现，为自己赚取收益。对于 C 端客户来说，自己的信息被商家免费使用或非法买卖，而自己没有从中获得任何收益，甚至个人信息被滥用后影响了自身的正常生活。平台将改变上述情况，不但给予 C 端客户对自己的信息的掌控权，而且还可以在符合自己意愿的前提下用自己的信息赚取收益。

- 为 C2 类客户提供保护和管控自己信息的工具

人们在互联网上的各种行为构成了个人的数字化人格标识，这些数字化人格标识并不由自己控制，马斯洛在其需求层次理论中指出，"人格标识的完整性与真实性是主体受到他人尊重的基本条件"。因此，个人对自己的数字化形象被他人操控往往会产生焦虑，个人有极强的维护自身数字化形象的需求。平台 App 可以让公民拥有对个人信息的所有权和控制权，使公民能够做到"我的信息我做主"，满足个人维护自身数字形象的需求。另外，平台通过匿名访问互联网应用技术，实现数字身份代替真实的主体完成各类互联网行为，使得个人真实的身份和行为分离，从而达到保护个人信息的目的。

● 为 B 端客户提供合法、低成本获取个人信息的渠道

B 端客户是个人信息使用的主体，当前 B 端客户主要通过为客户提供服务、从数据服务公司购买、网络抓取等手段获得个人信息，但这些方式存在以下问题。

首先，B 端客户无法获得完整、真实、新鲜的个人信息。服务机构由于自身业务范围所限，只能收集与自身业务相关的个人信息。例如，电商平台只能获得个人线上购物信息，社交平台只能获得个人社交信息，出行服务平台只能获得个人出行信息，甚至同一服务机构内部获得的信息也有局限性，很多医院的各个科室只能获取和本科室相关的医疗数据。另外，在很多情况下，用户在填写个人信息时，出于隐私保护的目的往往不会填写真实的信息，即便填写了真实的信息，可随着时间的推移，这种一次性填写的信息也往往会成为失效信息。因此，服务机构很难保证其数据中心的个人信息数据的真实性、完整性和时效性。

其次，信息壁垒严重，数据无法共享。当前，我国的信息资源分散在大型互联网平台、金融服务机构、医疗服务机构等服务机构的数据中心，属于中心化信息管理方式。由于各服务机构之间行业跨度大、信息壁垒强，往往无法共享数据，同行业之间的不同企业出于商业利益的考虑，也不可能共享数据。另外，针对个人信息尚无统一的数据存储和交换标准，即便服务机构之间能够共享数据，但由于底层技术不一致，数据格式不统一，也很难做到融合利用。

最后，数据使用企业不能确定个人信息获取和使用的合法性。《通用数据保护条例》的出台预示着世界范围内个人信息保护最为严苛的时代到来。2020 年 10 月 1 日，我国《信息安全技术 个人信息安全规范》将开始实行，

并且，针对个人信息保护的专项法律《个人信息保护法》也提上了审议日程。我们可以预见，未来个人信息通过立法的严苛保护将是大势所趋。数据使用企业在当前获取个人信息的方式、方法和途径在未来是否依然合法，将是企业面临的严峻挑战。

平台的 DApp 和个人信息资产交易所等服务为 B 端客户很好地解决了以上问题。

- 激发公民共享个人信息的积极性

C 端客户作为个人信息的所有者，对自身信息的掌握最为真实、全面。如何激励 C 端客户在安全的前提下分享个人信息，使采样数据更加准确、完整，成为真正让个人信息发挥价值的重要前提。平台通过个人信息的定价和流通机制，使 C 端客户可以通过维护自身信息为自己带来收益，实现"谁产生、谁维护、谁受益"的新型个人信息利用机制，从而从资产增值的角度极大地提高 C 端客户共享自身信息的积极性。有了 C 端客户共享个人信息的积极性，B 端客户就可以低成本地随时获取全面、真实、新鲜的数据。

- 有效打破数据壁垒，实现数据共享

C 端客户对自己的个人信息拥有绝对的知情权。以往公民之所以不掌握自己的信息（如基因数据、健康数据），主要原因是拿来无用，缺少索要和维护管理的动力。如果医疗机构不主动出示，个人也不会主动索要，但如果有了激励机制，当公民向医疗机构索要数据时，医疗机构是应该将数据完整、准确地交给数据所有者的。如果公民有全面掌握自己信息的动力，那么就会积极拿到所有个人信息，包括个人基本信息、医疗健康信息、出行信息、消费偏好等。C 端客户通过平台可以全面、完整地掌握自己的个人信息，再通过激励机制共享给 B 端客户，这样就从根本上解决了数据壁垒的问题，使 B 端客户通过平台便捷的渠道即可获得全面、完整的数据。

- 为 B 端客户解决数据获取的合法性问题

依据《网络安全法》中对网络运营者及网络安全监管机构对个人信息收集和使用的相关规定，服务机构对个人信息只有有限的使用权，没有交易、处置等权利，所以 B 端客户从服务机构直接获得个人信息的方式存在法律风险。C 端客户作为个人信息的生产者无疑拥有个人信息的全部所有权，B 端客户通过平台获得信息所有人授权使用的形式最为合理合法，从而避免了法律风险。

3. 渠道通路

（1）C 端渠道通路

C 端客户规模是平台商业模式最重要的组成部分之一，尽量增大 C 端客户规模是渠道通路重点解决的问题，而基于互联网的线上渠道是快速扩大客户规模的首选方式，因此，平台 C 端客户的渠道通路主要包括社群平台和流量平台两类线上方式。

- 社群平台

平台采用扁平化的社群方式和 C 端客户建立联系，通过微信群、论坛等社群平台建立和 C 端客户之间的渠道通路。社群平台建立之初，通过积分奖励的方式迅速扩大社群成员数量，并通过理事会的形式对社群进行自制管理。社群成员既是平台的客户，又是平台建设的参与者。一方面，理事会通过任务单的形式将一些平台的设计开发任务投放到社群，采用"认领—完成—审核"的方式使社群成员完成平台项目建设的部分工作，并给予社群成员一定的积分奖励；另一方面，社群成员作为产品的使用者，可以随时提出自己在使用过程中发现的问题及创意，和平台项目形成互动，不但能群策群力地完善平台，而且能增加客户的黏度。

- 流量平台

借助百度、门户网站等线上流量平台的流量优势，通过搜索广告、媒体广告、软文宣传、事件营销等推广和宣传平台，能够迅速提高平台知名度，快速聚集 C 端客户。这种渠道通路需要一定周期的客户培育，需要受众对数据权益资产化的概念逐步理解，对平台逐步认可，一旦培育周期达到效果，那么流量平台将是快速获客的方式。

（2）B 端渠道通路

根据客户细分结果，平台的 B 端客户主要是医疗科研机构、公共事业部门、金融保险公司、生产制造企业、电商平台商户。其中，前四类 B 端客户对个人信息的利用较为复杂，一般需要对数据进行导入、清洗和挖掘。因此，该四类 B 端客户通常具有一定的信息化基础，并有相对稳定的 IT 公司或数据服务公司对其进行技术支持或数据服务。基于这种情况，前四类 B 端客户的渠道通路主要是和现有的 IT 公司或数据服务公司进行战略合作，将其作为平台的分销渠道，利用 IT 公司或数据服务公司现有的客户资源和技术能力快速占领市场。对于电商平台商户来说，使用平台主要是为了发放调查问卷、推送广告等，因此无须复杂的数据使用技术，电商平台商户就可以通过流量平台获客。

综上所述，平台为不同的细分客户及价值主张提供不同的渠道通路策略：C 端客户采用社群平台和流量平台作为渠道通路，B 端客户中有一定信息化基础的机构采用和现有 IT 或数据服务公司战略合作的方式建立渠道通路，中小 B 端客户使用流量平台作为渠道通路。

4. 客户关系

（1）社群制

平台针对不同的细分客户建立不同类型的客户关系，C 端客户关系类型主要为社群关系。客户希望，当使用平台的产品和服务时，获得及时的支持；当产品升级时，及时了解新功能带来的收益；当对产品和服务不满意时，有投诉的渠道。除此之外，随着互联网社交平台的兴起，C 端客户已不再满足单向的沟通形式，他们希望自己的创意想法被采纳，希望和产品提供方、消费者随时互动，希望在群体里有存在感和价值。基于以上客户期望，平台通过社群平台建立和 C 端客户扁平化的互动关系，一方面可以通过社群带来口碑效应，宣传产品和服务，带来 C 端客户增量；另一方面可以和客户及时互动，增加客户的参与感和黏度。

（2）会员制

B 端客户作为个人信息的使用方，需要对个人信息进行获取、存储、加工处理并和自身业务相结合，参与过程远比 C 端客户复杂。因此，大部分情况下，B 端客户需要专业的 IT 公司协助处理。这类 IT 公司将成为平台的合作伙伴，为 B 端客户提供服务。为了及时为 B 端客户提供服务并更好地了解 B 端客户的满意度，平台通过在线注册的形式使 B 端客户成为会员，并通过客户关系管理系统维护客户关系。

为了更好地保护 C 端客户的个人信息数据，防止以违法获取个人信息为目的的个人或企业通过伪造信息的方式在平台交易个人信息资产，B 端客户在注册会员时必须填写企业信息，通过审核后才能开始个人信息资产的交易。严格的审核不但可以避免个人信息被滥用，而且真正保证了为个人信息创造价值的 B 端客户能够得到高质量的个人信息和更好的服务。例如，医疗科研机构、公共事业部门、保险公司等将在平台得到优先级更高的服务，获取更高质量的个人信息，使平台的整个生态更加健康。这也是会员制的另一个重要作用。

5. 收入来源

（1）主要收入形式

平台主要收入来源包括以下几种形式。

- 个人信息资产交易手续费

B 端客户在和 C 端客户进行个人信息资产交易时会缴纳一定比例的手续费。手续费的比例设定根据 B 端客户为获得个人信息资产而愿意支付的金额和 C 端客户可接受的共享个人信息报酬的差额确定。如果比例设定不合理，就会影响双方交易的积极性，当然，个人信息定价的合理性也是影响交易能否达成的重要因素。

- 数据服务费

为了缩短 B 端客户利用数据创造商业价值的路径，平台专门为 B 端客

户提供专业的数据服务，帮助 B 端客户更加顺畅地获取和使用数据。此类服
务平台将收取少量的服务费。

- 积分兑换手续费

当 B 端客户将账户中的积分兑换成为法定货币时，可缴纳少量的手
续费。

- 第三方服务接入手续费

平台生态里重要的一环是和第三方互联网公司合作，第三方互联网公司
围绕 C 端客户的数字身份在平台建立衣、食、住、行的生态服务。在某些场
景下，C 端客户在享受这些服务时会向提供服务的第三方互联网公司缴纳费
用，平台会从中收取少量的手续费，这种模式类似苹果的应用商店。

（2）交易方式

大多数情况下，B 端客户获取个人信息的目的是进行数据分析，如大病
诊疗的基因数据、药品研制的健康数据、保费定价的大数法则等。个例数据
无法支撑这种数据研究，需要采集大量的个人数据。因此，个人信息资产交
易的一般场景往往是 B 端客户会和数以万计的 C 端客户进行交易。如果直
接使用人民币结算就会变得非常烦琐，平台的压力也会增大。为了避免这种
情况，平台设计了基于区块链技术的数据权益资产化平台通证（Data Token，
DT）作为个人信息资产交易的一般等价物，将其推而广之，DT 也就成了平
台生态中所有交易场景的一般等价物。

（3）DT 的来源与消耗

根据货币经济学理论，法定货币（以下简称法币）的运行机制包括发
行、流通、回收等环节。参考法币的运行机制，DT 的运行机制包括发行、
交易和回收，如图 7-3 所示。

- 发行

DT 基于区块链智能合约发行，并按照智能合约不可修改的规则，随个
人信息资产总量的提升而增发，相当于 DT 锚定了个人信息资产的价值，随
着个人信息资产总量的增加而增值。去中心化的发行方式不受人为控制和干

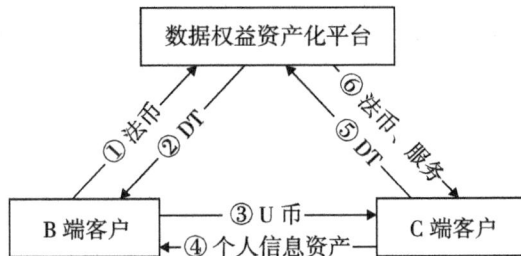

图 7-3　数据权益资产化平台的运行机制

预，同时可以使 DT 具备信用属性，客户不必担心 DT 被人为地增发而使自己持有的 DT 贬值，这种发行方式可以增加客户持有 DT 的积极性和长期性。

B 端客户为了个人信息资产交易的便利性，可以通过法币兑换一定数量的 DT。同样，C 端客户也可以在线兑换 DT，用于享受平台生态提供的在线购物、音乐、电子病历等服务。

● 交易

B 端客户通过个人信息资产交易所使用 DT 购买个人信息资产，用于数据分析研究，C 端客户通过出售个人信息资产获得 DT。

● 回收

B 端客户或 C 端客户都可以在线上兑换法币并提现，同时可以通过使用 DT 来享受平台提供的各种服务。

（4）燃烧模型

了解清楚 DT 在平台商业模式中是如何使用的，可以更好地理解平台的收入来源。平台的总收入（I）可以用以下公式表示：

$$I = M - N$$

（其中，M 为法币兑换 DT 的总量，N 为 DT 兑换法币的总量。）

从上面公式可以看出，要增加总收入 I 的值，必须最大化 M 的值，最小化 N 的值。M 的值为平台所有客户 DT 的总保有量，增加 M 的值意味着一方面增加总客户量，尤其是 B 端的总客户量，另一方面增加已有客户保有

DT 的数量。

N 的值取决于单个客户持有 DT 的时间和客户在平台生态中 DT 的消耗量（即除了兑换法币的回收方式之外）。从理性经济人假设角度分析，客户不可能无限期持有 DT，因此收入来源主要还是依靠 DT 在平台生态里的消耗。DT 的消耗主要包括以下几种方式。

● 个人信息资产交易消耗

B 端客户在和 C 端客户进行个人信息资产交易时，可以使用 DT 代替交易手续费，从而产生 DT 的消耗。

● DT 兑换消耗

当客户账户中的 DT 兑换成法币时，可缴纳少量的手续费。

● 生态服务消耗

用户可以使用 DT 缴纳第三方基于平台提供的各类服务，平台从中扣除少量的 DT（手续费）。

其实，这三种 DT 的消耗方式就是平台商业模式的收入来源。其中，个人信息资产交易手续费是最主要的收入来源，占总收入来源的 60% ~ 80%。兑换交易手续费的主要目的是减少 DT 的兑换量，不将其作为盈利手段，所以，此项收入只占总收入来源的 10% ~ 20%。比较特殊的是第三方服务接入手续费，在项目的初期阶段，平台生态尚不成熟，第三方服务接入的意愿并不强烈，可能采取免费策略，所以，初期该项收入会比较少，甚至为零。随着平台客户的逐步增加，生态的逐步完善，会有大量的第三方服务接入。该项收入会逐步增加，甚至超过数据权益资产化交易手续费。

这种基于积分消耗的盈利模型被称为"消耗模型"。因为积分好比汽油，积分不断被使用，就像汽油不断被燃烧掉，所以，消耗模型也可以被形象地称为"燃烧模型"。燃烧模型可概括为基于某种生态环境制造出某种有限量的物质或信息熵，利用生态的设计造成物质消耗或信息熵保持熵减，使供需结构和价格发生变化，最终使该物质或信息熵的拥有者获得利益的盈利模型。

6. 核心资源

核心资源是平台实现商业模式不可或缺的，是商业模式中其他构造块的基础保障。我们分析平台的核心资源，首先要明确平台需要哪些核心资源。根据价值主张和渠道通路两个构造块的分析结果，我们不难得出，平台需要如下核心资源。

（1）技术资源

平台主要的产品和服务包括基于区块链技术的 DApp、个人信息资产交易所、针对 B 端客户的数据分析服务、针对 C 端客户的生态服务等。这些产品和服务横跨区块链、移动互联网、大数据等多项技术，对产品技术能力要求极高。因此，平台首先需要的核心资源就是技术资源，通过技术资源实现产品和服务。

（2）运营资源

平台上线后，通过社群和流量平台可以迅速聚集 C 端客户。只有使个人信息资产达到一定的量级，才能够吸引 B 端客户进行个人信息资产交易，使个人信息资产交易进入良性循环。

（3）管理资源

后期随着平台规模的扩大，只有通过更加精细化的管理，才能更好地控制成本和管理各方面的渠道资源，因此，管理能力也是平台项目需要的重要资源。

（4）客户资源

B 端客户需要由专业的销售团队进行开拓，挖掘 B 端客户的需求，并为其提供专业的服务。同时，专业团队通过各种方式向 B 端客户进行知识输出，让 B 端客户理解平台的理念、接受平台的服务，并参与个人信息资产交易，加入平台的生态系统，从而将 B 端客户转化为平台重要的核心资源，使平台的收入来源持续不断地增长。

（5）第三方资源

在平台发展的中后期，需要对接第三方服务。第三方服务接入越多，平台的生态越完整，也就能吸引更多的 C 端客户进入平台。为了支付这些生态服务费用，C 端客户也会更加积极地共享个人信息，获得 DT，使平台生态健康发展。

平台若要拥有技术资源、运营资源、管理资源、客户资源、第三方资源，必须有合适的人才和充足的资金。因此，人力资源和财务资源是项目运作的基础，它们也是必不可少的核心资源。

7. 关键业务

平台作为信息中介类平台，其业务的根本目的就是增加平台交易量。若要增加交易量，就需要尽可能地增加两端客户的数量；若要增加两端客户的数量，就需要有符合客户需求的平台。因此，平台的关键业务包括以下三个方面。

（1）拓展 B 端客户

B 端客户是平台商业模式中个人信息资产的购买方，也是数据服务的对象。B 端客户是平台收入的主要贡献方，没有 B 端客户，平台项目就不可能实现盈利。因此，拓展 B 端客户也就成为平台商业模式中首要的关键业务。拓展 B 端客户初始的主要方式是发展传统 IT 公司和数据服务公司成为平台的合作伙伴，利用合作伙伴已有的客户资源快速发展第一批 B 端客户，快速实现盈利。从长远来看，B 端客户的拓展还需要有市场宣传和品牌推广，在平台形成一定的市场知名度后，就可以建立针对 B 端客户的销售及售后服务队伍，这支队伍可以直接接触 B 端客户，从而提高对 B 端客户的控制力，并进一步扩大 B 端市场规模。

（2）技术研发

技术研发业务主要包括产品设计、产品研发、核心技术研发、知识产权保护等。平台的产品和服务是形成商业模式不可缺少的一部分，必须通过持续的研发和版本迭代来不断完善和提升，使其更符合市场需求，保持竞争优势。平台基于区块链的个人信息确权技术、匿名互联网访问技术、个人信息定价模型等是平台的基础和核心，应不断提升和完善，并通过专利申请等进行知识产权保护，提高准入门槛，建立竞争壁垒。

（3）运营 C 端客户

C 端客户是整个平台生态的基础，C 端客户的数量和质量直接影响 B 端客户的数量和个人信息资产业务的成交量，影响第三方服务接入的积极性，影响盈利状况，因此，C 端客户的运营是平台的关键业务之一。C 端客户的运营的主要方式是互联网运营，包括社群运营、产品运营、新媒体运营、事件营销等，通过 C 端客户的运营，不断扩大 C 端客户基数，提高平台生态的运行强度和盈利能力。

8. 重要伙伴

平台若要长期发展，必须依赖合作伙伴，整合各方面的资源，建立利益共同体。平台的重要合作伙伴如下。

（1）区块链技术服务商

平台确权部分使用的核心技术是区块链技术。区块链技术经过近十几年的发展日趋成熟，国内外有很多区块链技术服务商研发出了优秀的开源公链。由于平台本身是去中心和开源的，作为平台的基础公链部分也将开源，因此，平台自主研发公链的必要性不大，我们应将主要精力放到数据权益资产化的应用上。基于以上考虑，平台和区块链技术服务商合作共同完成底层数据权益公链的研发是最优的选择。

（2）生态服务提供方

基于平台的数字身份体系，会有大量的第三方服务提供商接入平台的生态系统，第三方服务的接入对客户、服务提供商和平台都是有利的。对于客户而言，在平台上不仅可以享受个人信息资产的增值收益，而且还可以享受众多服务，最重要的是，客户在享受这些服务时，个人信息可以得到有效的保护。对于第三方服务提供商而言，接入平台生态将免费获得大量的客户资源。对于平台而言，通过和第三方服务提供商共建生态圈，可以提高用户黏度，增加收入来源，完善商业模式。

（3）IT 服务商和数据服务商

平台的 B 端客户一般是具有一定信息化水平的机构，每家机构都会有一个或多个 IT 服务商和数据服务商为其提供 IT 或数据服务，那么这些为 B 端客户提供服务的公司将是平台的重要合作伙伴。首先，平台通过这些 IT 服务商和数据服务商与 B 端客户快速建立联系，抢占市场。其次，平台通过和 IT 服务商和数据服务商合作能更好地为 B 端客户提供服务，提高客户满意度。最后，平台通过为 B 端客户提供服务，了解 B 端客户的数据需求，对个人信息标准化和定价模型的完善有很大的帮助。

（4）政府

平台底层的数字身份将寻求和政府主导的公民数据库进行对接，并使用公安部门的电子身份作为平台生态的数字身份。这样，平台生态的用户行为可以被授权的刑侦等部门获得，从而帮助刑侦等部门打击违法犯罪，为维护社会稳定起到辅助作用。

9. 成本结构

平台项目的主要成本如下。

（1）人工成本

对于技术密集型企业来说，大量的技术人员是其最主要的竞争力之一，技术人员的人工成本是企业最主要的成本。除了技术人员的成本外，平台项目还有运营、行政、市场等岗位的人员成本，总体而言，平台项目的人工成本占整个平台项目成本的 60% 以上。

（2）运营成本

平台项目的运营成本是指用户运营、应用运营、活动运营、媒体运营等运营活动的成本，包括为新增用户邀请奖励的成本、App 上架应用市场的成本、组织各种线上线下活动的成本、媒体宣传成本等。由于运营活动的重要性，使得运营成本成为平台项目中仅次于人工成本的第二大成本，综合占比达 30% 左右。

（3）管理成本

管理成本主要是维持组织正常运行的基本费用，包括场地费用、日常开销、团队建设费用、招聘费用等。虽然这部分成本总体占比不高，却是不可或缺的。

平台发展初期，在尚不能盈利、资金紧张的情况下，人工成本和运营成本是平台项目的主要成本压力。因此，平台采用小公司、大社群作为初期的经营策略，即利用社群的力量进行平台设计、研发、运营。平台成立理事会管理社群，通过任务单的形式将与产品、研发、运营相关的任务发到社群，由感兴趣、有能力的社群成员领取任务单，完成任务后经社群超级节点成员投票审核后发放积分奖励，并可以按规则进行增值和兑换法币。但是，核心的工作还需要平台项目完成，去中心的社群运行方式也许会成为未来平台运行的主要机制，但在平台发展的初期阶段，社群还只能作为辅助方法。

7.3 数据权益资产化平台的商业模式评估

7.3.1 商业评估理论

商业模式评估对商业模式的选择、跟踪优化和总结分析都起到了至关重要的作用。在商业模式评估理论发展过程中，由于理论的研究目的、研究背景不同，研究者对其评估指标体系的构建各有侧重，选择的方法也各有不同，主要包括以下几种。

1. E^3-value 评估法

E^3-value 评估法是由高蒂耶（Gordijn）在 2001 年提出的，其主要观点是商业模式的评估在于分析各参与主体之间的价值流动情况，实现对商业模式的仿真运算。

2. 平衡计分卡评估法

达博森 - 托贝（Dubosson-Torbay）、奥斯特瓦德（Osterwalder）和皮尼厄（Pigneur）（2002）、李曼（2007）将商业模式与平衡计分卡相结合，提出了商业模式的平衡计分卡模型。该模型综合了财务指标和非财务指标，从战略目标的吻合度、运营效率、客户价值和财务价值四个方面建立指标体系，对商业模式进行评估。

3. 雷达图示法

雷达图示法是为帮助对商业模式了解较少的工程师和研究人员更直观地认识商业模式而制定的商业模式评估法。它包括五个维度：环境、商业创意、技术、模型、收益能力，我们可以根据这五个维度制定一个评估表，并将评估结果按照这五个维度计算平均分，然后将其列到雷达图上，从而发现商业模式中需要重构的项目。在同一雷达图上，我们将重构后的商业模式和之前的商业模式进行对比，就可以检验新的商业模式是否有效。

4. 商业模式可行性分析框架（BMFA）

BMFA 评估法是由 Byoung.G.K、Nam.J.Jeon、Choon Seong Leem 等人（2007）提出的将技术、战略、市场三个视角在泛在技术环境下结合起来共同评估商业模式的方法。

5. 容器效应评估法

容器效应评估法是由李东等（2010）基于规则视角提出的关于商业模式构成本质的新理论，以商业模式基本构件落脚为规则，将商业模式的基本内容具体化，再针对具体化的基本内容进行相应的评估。

7.3.2 评估思路

1. 评估的步骤

对数据权益资产化平台进行商业模式评估的步骤如下：

（1）利用 PEST 分析模型对平台的外部宏观环境进行评估，判断战略层面是否具备可行性；

（2）利用五力模型细化评估外部宏观环境，即行业环境对平台商业模式可行性的支撑；

（3）采用 SWOT 分析法对平台的竞争态势做深入分析，进一步评估平台商业模式的可行性；

（4）采用平衡计分卡评估法，以 9 个构造块为基础，对其进行细化评估。

2. 评估方法的选择

目前，商业模式评估方法主要包括平衡计分卡评估法、E^3-value 评估法、雷达图示法、商业模式可行性分析框架和容器效应评估法等，这些评估方法都有各自的优势和缺陷。

E^3-value 评估法原理简单、便于操作，利用仿真技术可以使评估结果更加客观、可信，但缺乏理论依据，且不具有代表性。平衡计分卡评估法从多个维度对商业模式进行评估，体系完整，但存在个别指标难以量化的问题。雷达图法可视化程度高、简单直观，但过于粗略，缺乏系统性。BMFA 评估法指标翔实、可操作性强，但过于强调技术的重要性，而忽略其他因素。容器效应评估法逻辑性强、可操作性强，具有动态性，但涉及主体过少，难以准确衡量整体效应。

数据权益资产化平台目前尚处于初期阶段，一方面，可参考的数据样本较少；另一方面，随着数据权益资产化相关商业项目的不断发展，我们还需要动态跟踪并随时变更评估指标。平衡计分卡评估方法最为系统化，评估维度比较完整，并且可以灵活设置指标体系，比较适合对初始项目进行评估和后续跟踪，因此，选用平衡计分卡评估法进行评估更为合理。

3. 评估指标的设定

数据权益资产化平台商业模式的评估指标的设定是以商业模式画布各构造块作为评价要素。评价因子以 9 个构造块为基础，结合平台业务的自身特点，以同类项目的评价指标为参照，采用访谈、讨论的方式获得评估结果。因为该商业模式的评估并没有基于已实现的案例，所以无法将全部指标进行量化。评估方式主要是对各项指标给出肯定或否定的定性结果。

7.3.3　宏观环境评估

1. 政策法律环境

个人信息的泄露和滥用已经危及社会稳定甚至国家安全，政府作为个人信息保护的主要责任方，逐步意识到个人信息保护的重要性，各国政府正在逐步加大对个人信息的保护力度。

欧盟《通用数据保护条例》（GDPR）于 2018 年 5 月 25 日正式生效，法案条款相当严厉。其中，"目的有限原则""数据最小化原则""被遗忘权""拒绝权"等条款限制了数据服务公司诱导、强制获得个人信息的权利，使数据服务公司可用的数据规模大大缩小，靠用户数据谋取利益的空间逐步缩小。另外，在欧盟境内设立数据控制或处理机构，不管其对个人数据的处理是否发生在欧盟境内，都受 GDPR 的约束。我国一直非常重视个人信息的立法保护，《电子商务法》《网络安全法》《信息安全技术 个人信息安全规范》《个人信息保护法》等一系列的政策法规强调了个人信息保护的基本原则，明确了个人信息主体的基本权利。

数据权益资产化的基本理念和与个人信息相关的法规一致，可以根据相关法规出台的配套措施，解决由立法保护过度造成的个人信息使用受限的问题。个人信息保护的法律法规限制了目前大多数服务机构，尤其是互联网公司通过提供互联网服务诱导或强制个人提交个人信息，并利用个人信息变相牟利，但同时也限制了个人信息的正常使用。例如，医疗科研机构在进行大病医疗方案研究时，需要对基因及个人健康数据进行大量采样。另外，相关法规的出台使数据更加分散，数据集中度减弱，服务机构的数据优势也受到影响，增加了正常数据使用的成本和难度，同样限制了个人信息的使用。同时，相关法规鼓励公民维护自己的信息，从而为平台的商业模式提供了落地的基础。因此，平台的商业模式解决了个人信息保护和使用的矛盾，为《个人信息保护法》的出台提供了支持。

对于个人信息在交易中和交易后的保护，平台也提供了解决方案，使个人信息在交易前、交易中和交易后都得到有效的保护，保证个人信息在交易后不被滥用，不会对所有权人造成利益损失。同时，平台将以政府和企业为主体的个人信息保护方式转化为人人参与的方式，减轻政府和企业对个人信息保护的压力和责任，增加个人对自身信息的控制体验。因此，平台符合法律及政府对个人信息监管保护的期望，符合政策法律环境的要求。

2. 经济环境

当前互联网已经发展到了寡头垄断阶段，个人信息数据日趋集中。互联网业务的不同和相互的竞争关系形成了较强的数据壁垒，对数据的流通和共享造成障碍，使医疗机构、科研机构、保险公司等数据使用方花费巨大的成本获得所需的数据。另外，针对个人信息尚无统一的数据存储和交换标准，即便服务机构之间能够共享数据，但由于底层技术不一致，数据格式不统一，也很难做到融合利用。

一方面是个人信息有巨大的市场需求，另一方面是个人信息严重缺乏流动性，这两方面都制约了经济的发展。平台的商业模式针对这种需求和供给的矛盾，提出了新的解决方案，使用创新的方法增加信息供给，使其符合经济发展的需要。

3. 社会环境

从"脸书用户信息泄露"事件可以看出，个人信息的保护是当前全世界面临的重要问题，但是尚未得到妥善解决。一旦出现个人信息泄露事件，将对政府、企业、监管机构等各类组织造成巨大的影响。

中国是互联网大国，网民数量众多。近年来，部分机构或个人非法盗取个人信息，通过网络暴力、网络钓鱼、电信诈骗等手段侵害公民权益，造成了巨大的经济损失和负面的社会影响。另外，外国商业机构或其他组织通过提供各类服务，不受限制地收集我国公民的个人信息，对我国国家安全造成隐患。因此，我国个人信息保护问题形势非常严峻，已经成为危及社会稳定和国家安全的社会问题，该问题的解决迫在眉睫。

4. 技术环境

确权是数据权益资产化的关键环节，是个人信息定价和交易的基础。在区块链技术出现之前，个人信息的确权是非常困难的事情。首先，需要有公众信任的机构负责提供确权服务，如果商业机构得不到公众的信任，那么中心化的存储方式很难保证数据安全。其次，因为个人信息的数据量巨大，使传统中心化的确权方式的工作量同样巨大，所以政府主导的非营利方式无法做到可持续发展。

基于区块链技术的平台实现了匿名多方信任机制，很好地解决了上述问题。只要将个人信息哈希值登记到平台区块链上，并和其数字身份标识绑定，即可快速完成确权。在个人信息资产的交易环节，交易双方可以通过平台区块链技术实现快捷的信息价值转移，避免法币结算的烦琐。另外，平台的加密技术可以将个人信息的原始数据进行有效加密，更好地保护个人信息不被泄露。因此，平台的商业模式在当前的技术环境下可以很好地实现，平台基于区块链自主知识产权的个人信息确权技术具有一定的先进性。

7.3.4 行业环境评估

1. 用户（供应商）的议价能力

凡是注重个人信息价值的个体都是平台的用户，用户集中度较低，范围较广。因此，总体而言，用户的议价能力较强，尤其是低收入人群，如学生、打工族等，他们有使用平台赚取收入的意愿。高收入人群通常不会因小额收益而共享个人信息，这部分用户主要使用平台的生态应用，在享受互联网带来便捷的同时又不用担心个人信息的泄露，他们愿意为此支付一定的费用。

2. 潜在竞争对手的进入能力

平台的商业模式通常只有在用户数据达到一定规模后，商户才会考虑通过平台购买个人信息资产，因此，用户数量将是潜在竞争对手进入的一个门槛。平台可以实施生态战略，通过构建互联网应用生态圈实现差异化，提高潜在竞争对手进入的难度。技术方面，平台通过专利，提高潜在竞争对手进入的门槛。另外，对于大众使用的应用，先入者的品牌优势往往是非常明显的。

3. 替代品的替代能力

虽然数据使用方通过数据服务中介获取数据是目前的主流方式，但随着《个人信息保护法》的出台，这种业务模式将不再合法，该业务将逐步被取代。

4. 商户（购买者）的议价能力

商户作为个人信息资产的购买方，也是强势方，有比较强的议价能力，因此，平台初期应采取免手续费策略吸引更多的商户参与业务。

5. 行业内竞争者的竞争能力

将平台五个方面的能力按照 0 ~ 100 分进行评分，0 分代表平台完全没有能力，100 分代表平台具备行业最强的能力。根据评估结果，对平台各项能力进行打分，如表 7-2 所示。

表 7-2　平台五力模型评分表示例

序号	能力评分项	分值
1	用户（供应商）的议价能力	80
2	潜在竞争对手的进入能力	80
3	替代品的替代能力	90
4	商户（购买者）的议价能力	70
5	行业竞争者的竞争能力	70

使用雷达图可以直观地反映上述分值，如图 7-4 所示。

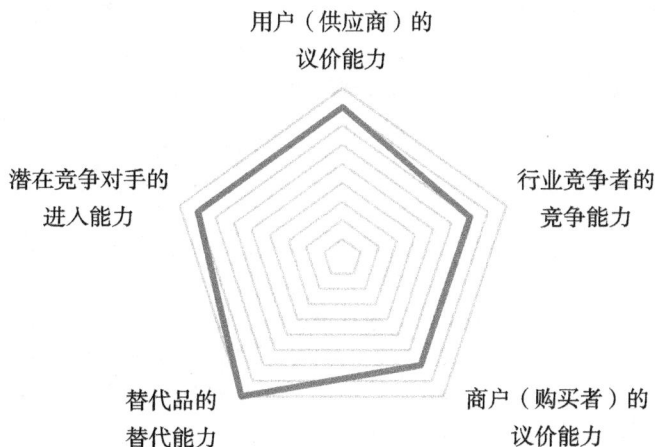

图 7-4　平台五力雷达图

根据平台五力模型的评分而绘制出的雷达图，我们很容易看出平台外部行业环境较好，适合未来的发展。

7.3.5　竞争态势评估

我们可使用 SWOT 分析法对平台商业模式的竞争态势进行评估，如表 7-3 所示。

表 7-3　平台商业模式 SWOT 分析表

	优势（S） • 创新性强 • 盈利模式多样 • 专利技术壁垒 • 先发优势 • 理论研究成果的支撑	劣势（W） • 尚处于初期阶段，资金和人才缺乏，造成研发能力、运营能力弱，项目进展缓慢 • 模式较新，产品需要全新设计，研发投入多 • 用户存在培育过程，前期投入多
机会（O） • 相关法律出台，促使行业规则改变 • 各种信息泄露、滥用事件发生，使得政府、大众越来越重视	SO 战略 • 建立用户、商户、合作伙伴、政府多方受益的生态系统 • 利用先发优势快速积累用户，形成规模效应 • 加大政府沟通力度，促使相关法律出台	WO 战略 • 多种渠道融资 • 组建社群，利用社群的力量推进项目，社群成员会成为产品的第一批用户
威胁（T） • 传统的数据服务中介有一定的用户基数，可以快速转型成为平台直接的竞争对手 • 创新的商业模式，无经验可以借鉴，未知因素多，需要探索的路径多	ST 战略 • 加快项目落地速度，尽早形成规模优势 • 加大专利申请力度，提高技术壁垒 • 加大产研结合，深入理论研究，弥补经验的缺失	WT 战略 • 分阶段实施，先将容易实现、较确定、易获客的功能上线，减少前期投入 • 及时放弃验证无效的投入，聚焦于有效的投入

7.3.6　商业模式要素评估

通过外部环境及竞争态势的分析，平台商业模式的可行性获得了初步的评估结果。为了能够得到更加准确的评估结果，下面我们分析如何根据已设计的指标体系，使用平衡计分卡评估法对平台商业模式进行细化评估。

1. 价值主张评估

（1）产品或服务的差异化

平台主要为 C 端客户提供可以将个人信息进行资产化的工具，即移动 DApp（个人端）；为 B 端客户提供方便数据发送、交易、抽取的功能的移动 DApp 及相关的数据服务；为 C 端客户和 B 端客户搭建个人信息资产交易平台。平台提供的这些产品与当前数据市场的产品具有非常大的差异性。

（2）产品或服务的创新性

数据权益资产化的概念属于国内首创，基于数据权益资产化的商业模式具有很强的创新性。平台的产品或服务主要是围绕个人信息的资产化开展，无论是产品还是服务都具有一定的独创性。但需要注意的是，平台项目应及时申请相关的著作权和专利，构建技术门槛。

（3）产品或服务的协同效应

平台的产品是为了实现数据权益资产化，为 C 端客户带来个人信息的增值收益，为 B 端客户解决数据获取的合法性和成本问题。为 B 端客户提供服务可以更好地实现这两个目的，比如，为 B 端客户提供数据加工服务等。这使得平台的产品和服务具有共同的受众和共同的目的，因此具有很好的协同效应。

（4）产品或服务的用户黏度

个人信息变现收益对于 C 端客户来说不是刚需，平台通过建立生态系统解决用户黏度的问题。B 端客户的数据需求是刚需，平台将为 B 端客户提供好的解决方案。从这一点来看，B 端客户应该具有天然的用户黏度，但要为 B 端客户提供真正的数据价值，还需要有一定的个人信息资产的交易对手，同时还要为 B 端客户提供优质的数据服务，让数据使用变得简单。因此，无论是 C 端还是 B 端客户，虽然从商业设计上都考虑到了用户黏度的问题，但尚有很长的路要走。

2. 收入来源评估

（1）收入的增长性

数据权益资产化业务目前尚无企业涉足，加上中国人口众多，愿意利用个人信息资产获取收益的人群不在少数。对于企业而言，随着个人信息立法保护的推进，个人信息的合法使用问题变得更加严峻，因此，未来个人信息资产交易市场空间巨大。并且，随着平台生态的逐步完善，新的盈利点将不断出现。

（2）利润率

按照燃烧模型的收入来源设计，我们可以初步预测平台的利润率在 10% 左右。随着平台生态系统的逐步完善，该利润率将逐年增加。

（3）收益的可预测性

根据燃烧模型的设计以及 DT 发行和回收差额，我们可以很方便地预测出平台的未来收益。

（4）收入来源的多样性

平台的收入来源包括个人信息交易所的手续费、积分兑换手续费、第三方服务接入费等。未来随着生态的完善，新的收入来源会不断出现。

（5）收入来源的可持续性

平台收入来源的难点在初始阶段的获客上，一旦 C 端客户达到一定规模，平台就会形成良性循环，有持续性的收入来源。

（6）账款赊欠情况

在平台商业模式的收入来源设计中，我们应着重考虑现金流的健壮性，避免应收和赊欠的情况发生。在燃烧模型设计中，B 端客户为获得个人信息，C 端客户为使用平台的生态服务都会充值一定数量的积分，积分会在各个消费场景中流转，并以尽可能长的时间在平台上滞留，相当于平台将各类资金锁定在平台中。这种设计不但不会造成账款的赊欠，反而会为平台带来充足的现金流。

（7）定价机制的合理性

平台的定价包括个人信息资产的定价和各类手续费的定价。个人信息资产定价的合理性影响个人信息资产交易的活跃度，手续费定价的合理性影响平台项目的收入。个人信息资产定价由平台提供的定价模型自动计算，手续费的定价由平台根据客户在平台上的活跃度采取固定费率和优惠浮动费率结合的方式计算，这种计算方式具有很高的灵活性。

3. 成本结构评估

（1）成本的可预测性

平台属于服务类业务，主要成本为人工成本、运营成本等，这些成本都是可以预测的。

（2）成本结构的合理性

目前平台处于研发阶段，但随着平台的上线，运营及其他成本会逐步增加，所有成本都是业务发展所必须有的，所以成本结构比较合理，在商业模式实施过程中，可以依据实际数据对成本结构进行适当调整。

（3）运营效率

运营效率是指成本收益比所能达到的最佳状态，成本收益比越低，运营效率就越高。因为目前平台尚无可以参照的财务数据，所以运营效率只能根据未来业务的预算定性评估。未来平台主要通过控制运营成本、加大渠道及研发投入来获得较高的运营效率。

4. 核心资源评估

（1）资源需求的可预测性

对于核心资源平台而言，应做好版本计划逐步升级，使平台的发展和优化有序开展，增加资源需求的可预测性。

（2）核心资源的可复制性

平台最主要的核心资源是技术资源和客户资源。在技术资源方面，平台应及时对核心技术进行专利申请，从而保护知识产权，形成专利壁垒。在客户资源方面，平台应加大渠道投入，快速扩大 C 端客户量，使庞大的 C 端客户群形成规模和先发优势。

（3）核心资源匹配度

在技术资源方面，互联网及区块链技术已经逐步发展成熟，大数据治理的相关技术和人才也越来越多，这些资源可以确保平台尽快完成研发。在管理资源方面，近几年国内如华为、阿里巴巴等大型企业培养了众多高科技管理人才，平台未来的管理团队可以在平台项目快速发展过程中做好决策、把握节奏，使平台项目快速、平稳地发展。同时，平台要做好人才培训、人才引进、建立激励制度等工作，以提高技术和管理资源的能力。财务资源作为基础核心资源是平台始终要高度重视的资源，一方面要做好融资计划，持续和投资方接触，争取未来各轮融资的持续落地；另一方面要做好内部的资金使用计划，控制好成本，在真正实现盈利之前保持良好的资金能力。

5.关键业务评估

（1）关键业务的可复制性

平台的关键业务包括客户拓展、技术研发等。其中，C 端的社群平台和 B 端的渠道通路应具有一定的创新性，而且一旦形成规模，就会有很好的先发优势；在技术研发方面，平台要做到技术领先并适时设置专利壁垒，使平台的关键业务较难复制。

（2）关键业务的执行效率

C 端客户的拓展可以通过社群平台和流量平台实现。B 端客户通过和已有的 IT 公司和数据服务公司合作获取数据，这两种方式都是效率较高的。

（3）关键业务的执行质量

针对 B 端和 C 端客户的拓展，通过社群平台扁平化的管理方式可以直接面对客户，获得客户的第一手信息，这将是执行质量较高的一种方式。B 端客户的拓展在初期通常采用间接方式，执行质量难以把握，后期需要自建客户经理团队，建立和客户的直接联系。

6. 重要伙伴评估

（1）合作的充分性

平台需要与合作伙伴建立有效、充分的合作，后续随着业务的开展，平台应逐步投入精力，加强和各个合作伙伴的合作关系。

（2）与合作伙伴的关系

平台应及时和金融、医疗、教育行业的多个合作伙伴（产品落地的第一批用户）签署战略合作协议，为将来平台建立合作伙伴关系奠定坚实的基础。

7. 客户细分评估

（1）客户细分的合理性

平台客户可分为 C 端和 B 端，C 端客户可细分为 C1 和 C2 类，B 端客户可细分为 5 个类别，这样划分可以精准定位目标对象，针对不同的客户提供不同特点的产品和服务。

（2）客户规模

如果按照中国 13 亿人口，五年内实现数据权益资产化率 30% 计算，那么 C 端的客户规模约为 4 亿。B 端客户覆盖范围广，基本所有涉及商业行为的企业都有个人信息的需求。因此，平台整体客户规模较大。

（3）客户扩展速度

C 端可通过流量平台快速宣传扩张，B 端可通过和已在为客户服务的公司合作，这两种方法都是快速实现客户增长的方法。

8. 客户关系评估

（1）客户忠诚度

C 端客户通过平台赚取收益，一旦形成收益预期便对产品有了一定的依赖，再加上全面的生态设计，会使 C 端客户有一定的忠诚度。平台为 B 端客户提供驻场贴身服务，随时满足客户的数据需求，以此增加客户的忠诚度。

（2）客户扁平化管理

客户扁平化管理有助于沟通渠道的畅通，可以及时了解客户需求，及时解决客户问题。B端客户可通过驻场贴身的数据服务进行扁平化管理，C端客户可通过社群平台进行扁平化管理。

（3）客户满意度

客户满意度主要体现在客户投诉率、网络舆情反馈、客户问题及时解决率几个指标上，通过客户扁平化管理可以很好地提高这些指标分值，增加客户满意度。

（4）客户购买力

客户购买力指标主要针对B端客户来说，B端客户一般为企业客户，个人信息直接为其核心业务提供帮助，因此B端客户有足够的购买力和购买动机。

（5）同行业市场份额

平台的市场份额目前尚缺乏数据支撑。如果从大数据产业角度来讲，目前市场上尚无直接可供个人信息合法交易的商业模式，因此，平台上线后将是首家实现数据权益资产化的平台。

9. 渠道通路评估

（1）渠道通路运作效率

平台利用社群使得C端客户既是项目参与者又是用户，具有天然的高效性，B端通过已服务于客户的IT和数据服务商合作，高效地拓展客户数量，这两种渠道通路都可以快速地将价值主张输送给客户，快速抢占市场。

（2）渠道通路整合能力

平台通过第三方服务接入，整合所有优秀的互联网服务企业或个人，共同服务客户，打造平台生态圈。

7.3.7 评估结论

平台作为新技术下的创新商业模式实践是否能够适应当前的宏观环境、

竞争环境，是否能够持续地生存发展，需要对其商业模式进行充分的评估。本章分别使用 PEST 分析模型、波特五力分析模型、SWOT 分析模型和平衡计分卡评估法对平台商业模式的可行性做了细致的评估，结论如下。

第一，平台基于数据权益资产化的商业模式将以政府和企业为主体的个人信息的数据权益保护和使用模式转变为社会化全民参与的模式，使得个人信息的使用更加合理合法，成为个人信息保护专项立法的有力支撑。因此，在个人信息日益被重视的宏观环境背景下，平台的商业模式是可行的。

第二，数据权益资产化理论具有行业的颠覆性，是对传统数据使用行业的降维打击，具有先天优势。但是，平台面临传统数据服务企业的转型竞争压力，因此需要快速完成研发，抢占市场，只有形成规模上的壁垒，才能真正形成先发的竞争优势。

第三，通过平衡计分卡各指标的分析，价值主张、收入来源等大部分评价问题的结论是肯定的。

综上所述，数据权益资产化平台的商业模式顺应宏观趋势发展，具备先发竞争优势，满足平衡计分卡大部分指标的设定，具有可行性。但是，由于平台的商业模式尚未完全落地，因此可参照的数据较少，评估指标体系以定性为主，缺乏量化指标，造成商业模式的评估难以精确度量。因此，随着数据权益资产化项目的落地执行和相关经营数据的明晰，通过将经营数据输入商业模式的分析过程和评估过程，更新平衡计分卡的指标体系，跟踪相关评估结果的变化，随时优化商业模式，完善商业生态，可以使数据权益资产化长期健康发展。

7.4 数据权益资产化商业实现示例

数据权益资产化的商业实现涉及社会、政府、技术等多个层面，对政策导向、法律成熟度、公众认知等因素依赖度高，技术实现难度大，需要执行者有较强的资源整合能力，目前尚无成功的商业案例。国内有个别企业在尝试类似的项目，但都处于初期阶段。本节以数据权益资产化的商业设计为基础，结合现有项目的实践成果，给出数据权益资产化商业实现的可行示例，供致力于数据权益资产化方向的企业参考。

7.4.1 示例概述

该示例以数据权益资产化理论和加密数字身份为基础，以保护个人信息和完善数据治理机制为目标，使用区块链、大数据等技术，打造个人、社群、政府、互联网应用和企业合作伙伴共同参与的商业生态系统，该系统具有图 7-5 所示的特点。

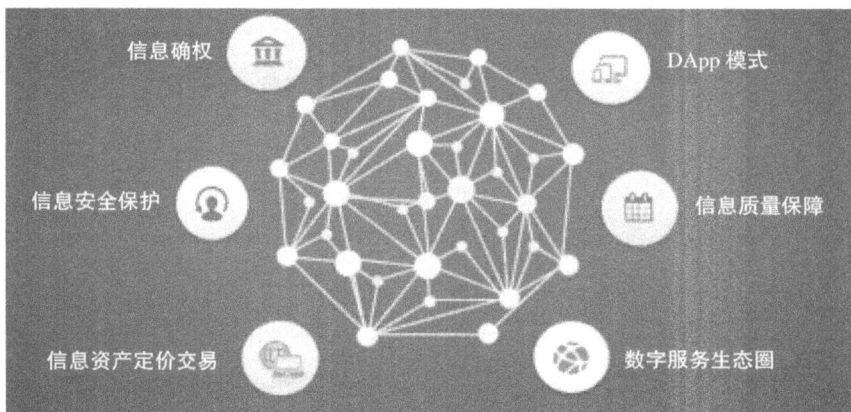

图 7-5　数据权益资产化生态系统展示图

1. DApp 模式

数据权益资产化生态系统（以下简称生态系统）包含一个开源、自治、没有任何实体控制的个人用户生态服务集，服务集中任何一端的节点都将运行在去中心化的网络上。加密后的个人信息全部存储在个人的终端设备或云存储空间，整个生态系统并没有中心化的数据库，客户端工具将被开源，以便权威机构进行检测并确认代码的安全性及没有任何盗取个人信息的行为。因此，用户的隐私将得到很好的保护，同时，用户的所有行为都将在用户达成共识之后才能进行。

2. 信息确权

为了保障用户的个人信息归用户个人所有，生态系统将通过公有区块链对个人信息的准确性和隶属关系进行校验，校验通过后，该信息将永久与用户加密后的数字身份绑定，并在区块链中形成新的区块，完成确权过程。完成确权后，若机构和组织采购个人信息，那么只有用户通过私钥授权后才能使用。

3. 信息安全保护

首先，用户将匿名创建账户，不可逆加密后的数字身份被保存在公链上。其次，用户所有的个人信息均由用户私钥加密后存储到本地客户端，未经用户本人授权，其他任何人或组织包括生态系统本身都无法读取用户的个人信息。整个生态系统并没有中心服务器来存储个人信息，数据传输完全加密，任何组织或个人都没有机会获取个人信息，个人信息完全由权益所有人控制。生态系统将对用户的个人信息进行多级分类，并对身份证号、电话、姓名等个人敏感信息进行特殊归类。当用户授权交易和使用个人信息时，生态系统将明确提醒是否交易敏感信息。最后，数据使用方将经过生态系统的严格审核，对于不符合资质要求、无信用背景的企业，平台将不允许其参与个人信息资产的交易。同时，数据使用方必须遵守平台信息保护协议，如果数据使用方违反信息保护协议，滥用个人信息或二次买卖，将被永久拉入黑名单。

4. 信息质量保障

生态系统通过直接对接信息生产源头和多维度的爬虫技术，保障了信息来源的真实性、多元化，同时保障了个人信息的真实性。另外，个人授权后，生态系统通过网络技术将及时获取最近的个人信息，保障了个人信息的新鲜度。

5. 信息资产定价交易

个人信息对于企业、机构、组织等有非常重要的价值，生态系统也因此为用户提供个人信息资产交易功能。在保障用户信息确权、合法使用的前提下，通过智能合约技术撮合用户与商户之间完成个人信息资产定价交易，使个人信息创造数字收益，实现数据权益资产化转移。

6. 数字服务生态圈

在帮助个人信息增值的同时，生态系统为开发者提供了公有的区块链和开发平台，帮助开发者便捷地开发应用，帮助个人用户通过应用便捷地实现收益消费、收益增值等，创建基于个人用户的数字服务体系。

7.4.2 生态系统

数据权益资产化生态系统规划如图 7-6 所示。

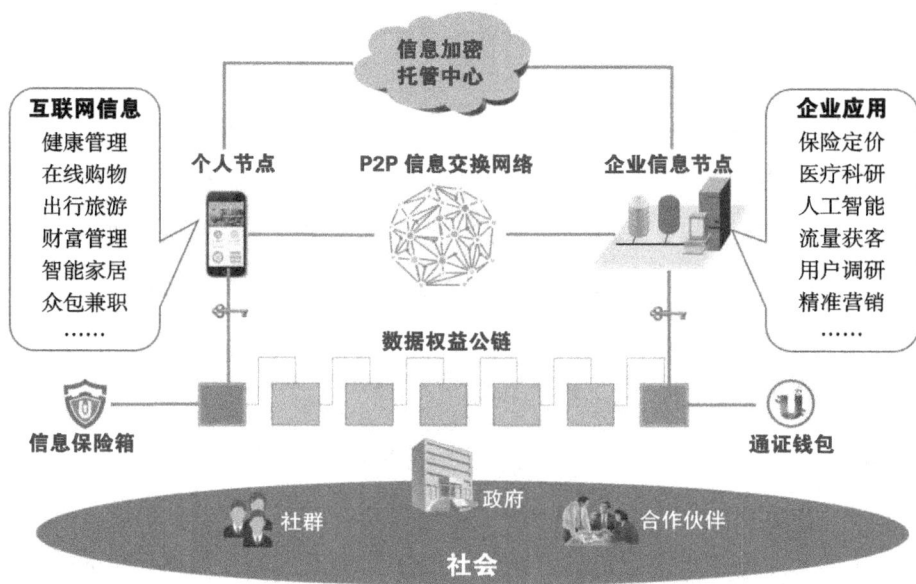

图 7-6 数据权益资产化生态系统规划

生态系统在物理上是由个人节点、点对点信息交换网络、数据使用节点构成，功能包括信息采集、信息标准化、信息可视化、信息保险箱、信息资产管理、信息资产交易、数字身份管理、积分钱包、信息加密托管中心等。其中，信息保险箱和积分钱包可独立安装部署。

生态系统使用的区块链是专为实现数据权益资产化研发的公有链，我们可以称之为数据权益公链。该链是整个生态系统的基础，是为实现个人信息的确权、交易而自主研发的区块链系统。数据权益公链稳定地运行于公网，采用数据确权技术对个人信息进行确权，保证没有任何个人或者机构可以控制或篡改用户个人信息。数据权益公链的技术架构中包含数字资产和数字身份，支持社群成员开发各种生活服务和应用。数据权益公链能够同时满足数据确权、信息保护、证照存储、知识产权保护、防伪溯源、供应链金融等场景下联盟链或私有链的需求。

个人节点提供个人信息资产存储、查看、维护、交易等功能，同时整合各种互联网应用，形成个人信息保护和管理的生态圈。数据使用节点主要是为数据使用方提供方便的数据筛选、批量交易、积分管理等功能，使其轻松获得自己所需的各类数据。同时，数据使用节点提供 API 和各类企业级应用对接，直接将数据导入数据使用方的企业系统中，从而减少数据使用方的数据对接的工作量。

信息保险箱是安装在个人节点的数据加密存储系统，它将本节点所有权人的个人信息进行标准化并加密存储在本地的存储介质中，当所有权人查看自己的信息时，通过私钥解密信息，可确保本节点信息的安全。

一般情况下，个人信息经过加密后被保存在用户的终端设备中。但考虑到终端设备的安全性和容量，用户可以用自己的私钥对数据进行加密后将其托管到信息加密托管中心，当用户需要查看数据时，可以从数据托管中心下载。数据使用方也可以在获得个人信息所有者的授权后直接从托管中心下载数据，使用用户的公钥解密数据，这种交易过程的效率更高。由于负责数据加密和上传的个人节点是开源的，因此，用户可以完全了解整个数据加密、上传、下载的所有细节，从而避免用户对数据托管所有权及隐私保护的担心。

社群是指通过一定的关系纽带自发组织起来的群体，维系群体的关系纽带可能是一个产品，也可能是共同的爱好、情感、价值观等。社群在生态系统的运营推广方面起到了重要的作用：一方面，通过社群推广生态系统的设计理念；另一方面，社群成员将成为生态系统未来忠实的用户。生态系统的建设需要和各类互联网服务企业合作。生态系统的个人信息保护机制让用户无须注册登录即可合法地和互联网应用建立会话，通过这一优势，生态系统可以为合作伙伴导流大量的客户，同时互联网应用也将为用户个人信息的增加和维护带来便利。

积分钱包是用于保存生态积分和开展各类用户奖励活动的区块链钱包，支持热钱包、冷钱包两种通证管理模式。通过积分钱包，用户可以使用积分兑换各类数字商品，如视频网站会员时长、游戏点卡、优惠券、礼品券等，用户还能不定期地参与积分回收、积分兑换等活动。

7.4.3　核心业务流程

如图 7-7 所示，数据权益资产化生态系统的核心业务流程主要由个人节点、企业信息节点、两端之间的点对点信息交换网络组成，主要完成用户身份创建、信息收集、信息管理、信息采购、信息交易撮合等核心场景，具体流程如下。

1. 个人用户通过个人节点的客户端创建数字身份（数据身份具有匿名性），生成用户等级。随着用户信息质量的增强、生态活动的增加，用户等级将随之提高。

2. 生成数字身份后，个人节点经过用户授权进行信息资产的收集、管理和资产定价，同时由用户授权进行资产交易。

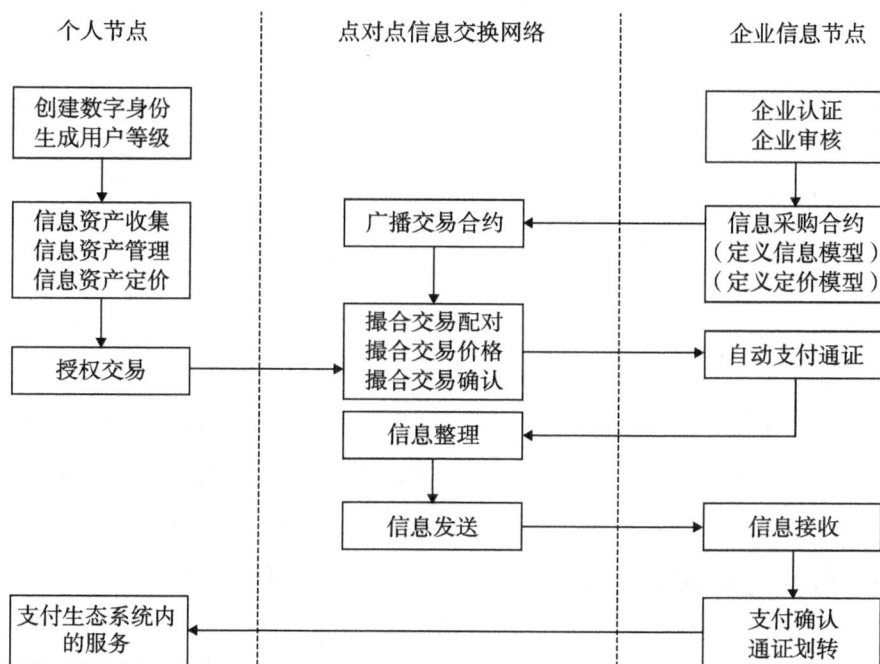

图 7-7　数据权益资产化生态系统核心业务流程

3. 企业信息节点通过客户端完成商户注册、认证，生态系统根据对企业的背景调查对商户认证进行审核。

4. 审核通过的企业可以在生态系统中发起信息采购合约，包括信息内容和信息价格模型，并将交易合约在点对点信息交换网络进行广播。

5. 点对点信息交换网络对个人信息和采购合约进行交易撮合，包括撮合信息配对、撮合交易价格、撮合交易自动达成。

6. 企业信息节点将对达成的交易颁发生态通证，此时通证处于支付冻结状态，然后由点对点信息网络进行个人信息整理和信息发送。

7. 企业信息节点收到信息后进行支付确认，并将通证划转至个人用户的通证钱包，自此交易完成。

8. 个人用户可使用个人信息资产转化的通证来支付生态系统内的各类服务。

7.4.4 应用场景

1. 健康管理

个人的部分健康数据原本掌握在各医疗机构的手中，个人并不掌握，所以个人没有办法获得自己的医疗记录和完整的疾病史，进而导致医生无法详尽地了解个人的病史记录。

利用数据权益资产化生态系统进行健康管理，将专注于以个人用户为中心，建立数据连续、内容完备的个人电子健康档案，对个人的多维度的健康数据进行保存，包括环境信息数据、饮食组成、运动情况、个体行为、心理健康情况、生理数据和疾病史等。生态系统利用区块链技术可以解决用户信息的可信任存储问题，实现对用户隐私的保护，使用户可以放心地上传和管理自己的健康数据，甚至是涉及隐私的健康数据，同时可以保护健康记录免受损失或操纵，真正做到患者的数据归患者所有。

生态系统将用户的个人健康数据定义为用户的个人资产，并记录到区块链的区块上。通过数据签名技术，确保只有在获得本人及相关方授权的情况下，个人的健康信息和医疗数据才能够被读取，读取成功后用户将获得一定数量的积分奖励。

生态系统可以实现健康数据快速、安全的转移，给医学专业人员或机构带来他们所需要的实时数据，快速为用户提供健康解决方案，同时避免用户过度检查，降低用户的就医成本。生态系统为医疗机构的信息交流、病人跟踪、身份验证、数据完整性的提升等提供技术支持，并能够大规模地实现医疗数据的互操作性。

2. 个人综合授信

当前个人综合授信主要是由银行根据申请人的信用状况或金融资产情况，在一段时间内向申请人授予一定金额的个人贷款授信额度。

从机构角度来说，一方面，银行授信往往无法被非银行金融机构加以利用，导致非银行金融机构无法准确地进行个人综合授信；另一方面，银行用于授信的评估数据主要来源于银行、公安等官方部门，银行无法获取用户更多的分散信息，如购物行为、出行行为等信息，导致个人综合授信有所偏差，而且银行无法及时跟踪个人最新的授信情况。

从个人角度来说，由于银行授信的限制，有可能导致还款能力强或增值能力强的用户无法获得公正的个人综合授信，进而无法从银行贷款。

利用生态学进行个人综合信息管理，可以对个人的多维度行为信息进行保存，包括购物行为信息、出行行为信息、个人学历信息、个人收入信息等。非银行金融机构可以通过获取用户完整、新鲜的信息进行综合授信评估，保障授信评估的准确性和及时性，对个人综合授信做出正确评价和后续跟踪。当非银行金融机构需要获取此类信息时，可通过生态系统发起采购申请，只有个人用户授权同意并交易后，个人的相关信息才能够被读取，读取成功后，用户将获得一定数量的积分奖励。

生态系统会对数据采购商户进行严格的审核，只有白名单中的商户才能够在生态系统进行信息采购。数据商户通过签订信息保护条例，可以保障用户信息被合法、合理地使用。

3. 调查问卷

许多商家在市场调研期间都会采用调查问卷的形式，如餐饮市场调查、培训市场调查、女性消费偏好调查等。调查问卷一直是间接使用用户信息的行为，但目前的市场调研非常混乱、不规范。从机构角度来说，很多调研结果并没有效果，被调研的对象往往没有仔细阅读便草草填写，或者由一个人完成了多份调查问卷，并没有真正起到引导市场的作用。从个人角度来说，很多用户调研行为都是免费的，用户并没有获得相应的报酬。

通过生态系统，数据商户端可发起调查问卷申请，符合调查人群的个人用户端将接收到调查问卷。由于生态系统对个人客户做了唯一性验证，所以每个个体只能填写一份调查问卷。针对调研结果，数据商户可以进行用户返评，从而保障了调查问卷的真实性和有效性，使调查问卷真正起到市场指导作用。个人用户也可获得相应的积分奖励。类似的调查还包括投票评选、满意度调查、考试测评等。

第 8 章

案例研究

8.1 新冠肺炎疫情中的健康码

2020 年上半年，新冠肺炎疫情对我国的政治、经济、社会、文化等诸多方面提出了考验。虽然中国的新冠肺炎疫情已得到控制，但是世界其他许多国家的疫情形势仍然不容乐观。疫情防控成了现代治理体系和治理能力的试金石。我们不但要一手抓防疫，而且还要一手抓复工。如何进行复工的资格确认？健康码就是由疫情产生的新型数据权益。

健康码是一项利用大数据、移动互联网等技术加强疫情防控的创新举措。健康码以真实数据为基础，市民或者返工返岗人员在网上自行申报，并由后台工作人员审核，以此生成属于个人的二维码。这个二维码将是个人在当地出入通行的电子凭证，一次申报通过后将在全市通用。

8.1.1 健康码的使用现状

1. 健康码的出台标准

2020 年 3 月 5 日，第一个"防疫出行码"的团体标准——《防疫通行码参考架构和技术指南》送审稿通过了专家评审会的审核，并正式报批。此项标准是在深圳市政务服务数据管理局的指导下，由深圳市标准促进协会发起的，腾讯作为该标准的牵头编制单位，牵头起草了该标准的草案稿。

《防疫通行码参考架构和技术指南》的出台不仅为开发防疫通行码的企业提供了技术规范，还对防疫通行码使用单位的人员管理、授权管理和采集点管理等必须具备的功能制定了详细的规范和要求。此外，该技术指南涵盖了亲属绑定等一系列贴近实际生活的功能，为老人和儿童在防疫信息上报和出行提供了合理的解决办法。

2. 健康码的涵盖范围

健康码的应用范围涵盖了交通出行、社区管理、企业复工复产、学生开学、居民买药、商超购物等多个使用场景，在协助企业、社区和学校等做好防疫管理和疫情控制工作中发挥了不可替代的重要作用。健康码可以在商场、地铁、公交、办公楼和火车站等人流密集的地点实现高效率的人员流动管理，提高过检效率，避免过多的人员接触和聚集。

3. 健康码的使用现状概览

健康码这一概念最早诞生于阿里、腾讯等互联网科技企业的政务服务基础架构中。在新冠肺炎疫情发展的初期，各大科技企业凭借着对用户需求痛点的精准把握，迅速响应政府号召，在政务服务平台入口设立与疫情相关的功能服务。2020年1月31日，广州政务服务数据管理局推出微信小程序"穗康"，用户可以通过"穗康"申报登记最近14天内离返行程及健康状况，还可以预约购买口罩。2020年2月9日，深圳成为疫情期间全国第一个凭码出行的城市。2020年2月11日，杭州实施绿、红、黄三色动态码管理。这一精准、高效的数字管理方式，在国家层面很快得到了回应并积极推进。

2020年2月25日，国务院印发了《关于依法科学精准做好新冠肺炎疫情防控工作的通知》，明确鼓励有条件的地区推广个人健康码等信息平台。2020年2月29日，国家政务服务平台推出了"防疫健康信息码"，并利用汇聚而来的卫生健康、交通系统等方面的数据，进一步提升健康码的覆盖范围和准确度。2020年3月20日，国家卫健委宣布，未来将大力推动各地区健康码互认互通工作。目前，全国绝大多数地区的健康通行码可以实现"一码通行"。

4. 健康码使用现状

（1）北京市

2020年3月1日，北京市上线健康宝小程序。目前，健康宝小程序2.0

版本已经上线，该小程序还开通了"环京通勤人员使用"功能。这个功能主要是结合进（返）京数据进行大数据分析，对于符合通勤比对规则的人群，"北京健康宝"将呈现绿色状态；对于北京市相关部门暂不掌握其疫情状态的进京人群，"北京健康宝"将弹窗提示"系统中暂无您的防疫信息"。北京市下一步将依托全国一体化政务服务平台，加快推进健康信息跨地区互通认证工作。

（2）上海市

2020年1月17日，上海市的"随申码"正式上线。"随申码"通过整合卫健委、公安、交通等部门，以及电信运营商、航空、铁路等企业的数据，进行数据建模、数据分析评估等，测算出红、黄、绿三种颜色的风险状态。这三种颜色的健康码相当于在疫情期间为用户提供的一张个人电子通行凭证。

自2020年2月24日起，上海有将近1500家线下政务服务大厅已经全面启用"随申码·健康"服务模式，只要显示绿码，就可以通行。3月1日，上海市大数据中心表示，依托政务服务"一网通办"移动端"随申办"推出的"随申码·健康"服务，目前已有能力覆盖到在上海的所有人。港澳台同胞及外籍人士也可以获取"随申码"，为他们在沪生活、工作提供便利。截至3月2日，由"随申办"App、"随申办"微信及支付宝小程序同步推出的"随申码·健康"服务，总访问量超过4716万次。

（3）广东省

2020年2月21日，广东珠海斗门宣布启动健康码模式，该模式通过用户自行申报、实名认证和数字化分析等产生红、黄、绿三色动态健康码。斗门健康码根据当地疫情防控形势制定了不同的规则，做了精细的划分。企业、施工工地、机关事业单位、村（社区）、小区人员持绿码、黄码都可以通行；但是在各类室内公共场所、公共交通工具、娱乐休闲场所，以及室外人流密集场所，则必须持绿码才能通行。

（4）湖北省

2020 年 3 月 10 日，根据湖北省新冠肺炎疫情防控指挥部发布的通告，湖北健康码可以通过"鄂汇办"App、支付宝小程序、国家"互联网＋监管"小程序以及"鄂汇办"微信小程序自主申领，并在经过湖北省防疫数据库的数据比对核验后，生成个人专属二维码。

湖北省的健康码分为绿、黄、红三色码。相关部门经比对核验全省防疫数据库中四类人员的数据，如果未查询到相关信息，则发放绿码；如果比对核验发现申请人记录为在管的密切接触者，则发放黄码；如果比对核验发现申请人记录为确诊病例、疑似病例、发热病例、无症状感染者，则发放红码。在低风险地区，健康码会在申领后的 4 小时内生效；在中风险地区，健康码会在申领后的 12 小时内生效；在高风险地区，健康码会在申领后的 24 小时内生效。

目前，全国各省（区、市）正依托全国一体化政务服务平台深入推广健康码互信互认功能。健康码作为在交通卡口、居住小区、工厂厂区以及公共管理和服务机构的通行凭证，必须在全国范围内推行"一码通行"。

5. 各平台健康码使用现状

（1）支付宝健康码

2020 年 2 月 11 日，支付宝和浙江省杭州市联合推出了健康码模式。2 月 16 日，支付宝官方宣布为助力全国复工复产，将借鉴浙江等地区推出的健康码模式，并基于全国一体化政务服务平台，加快研发"全国版"统一的疫情防控健康码系统。2 月 25 日，支付宝宣布在过去的两周时间内，从杭州发源的健康码已落地全国超过 200 个城市，覆盖了公交、地铁、社区、写字楼、易宝支付、商场超市、机场、火车站等场景。

（2）腾讯防疫健康码

2020 年 2 月 15 日，腾讯宣布与国家信息中心联合推出"健康码标准"，该标准已被正式推荐给各地作为技术标准规范。此外，腾讯联合东方金信等合作伙伴，在全国各地加速健康码落地。深圳是全国第一个凭微信健康码出行的城市，全市所有居民都可以通过微信小程序"深 i 您"、微信公众号"i 深圳"等平台自主申报个人信息并获得专属健康码。

2020 年 3 月 4 日，腾讯宣布其名下的防疫健康码已经可以实现全国各省市的互通互认功能。同时，基于《全国一体化政务服务平台防疫健康信息码接口标准》，腾讯也正在推动全国一体化政务服务平台"防疫健康码"与全国各地健康码的互信互认工作。腾讯防疫健康码已落地北京、上海、天津、重庆、黑龙江、广东、湖南、湖北、安徽、四川、云南、贵州、广西、青海等近 20 个省级行政区，覆盖了广州、武汉、福州等 300 多个市县，并支持多国语言。截至 3 月 10 日，腾讯防疫健康码累计亮码次数超过 16 亿人次，覆盖了将近 9 亿人口，累计访问量超过 60 亿，是服务用户最多的健康码。

（3）中国移动易（疫）统计健康码

中国移动于 2020 年 2 月推出了易（疫）统计健康码。根据中国移动的介绍，易（疫）统计健康码将基于中国移动的 OneNET 研发，针对小区出入、公共交通出行、返工复工以及商超购物等场景的无接触通行的认证需求，提供"健康码申领＋扫码＋测温＋健康打卡"的组合服务，同时 OneNET 会结合用户的近期通行位置、旅居史和漫游地等信息，为城市防疫提供位置溯源、风险管控等服务。

中国移动易（疫）统计健康码共分为红、橙、绿三个风险等级。居民使用健康码，除了应遵守当地的规定居家隔离外，还需要据实申报个人在最近 14 天内去过的地方、健康情况及是否接触过病例等。其中，持有绿码的人员可以直接出行、复工等；持橙码的人员则需要进行连续 7 天的隔离打卡，之后可在无其他健康风险的前提下转为绿码；而持红码的人员需要连续进行 14 天的隔离打卡，之后可在无其他健康风险的前提下转为绿码。

6. 其他国家健康码使用现状

2020 年 3 月 16 日，Verily 网站（原谷歌 X 生命科学部门）正式公开美国新冠肺炎疫情风险筛选和测试功能，即建立了美版健康码。美版健康码以问卷形式要求用户如实填写信息，检测自身是否感染新冠肺炎，进行初步的自我调查，并在怀疑感染的情况下快速采取相应对策等。

2020 年 4 月 10 日，谷歌和苹果宣布将联合推出一项可以追踪疫情传播的方案，该方案主要是利用蓝牙技术来帮助政府和医疗卫生机构减缓病毒的蔓延。

8.1.2 健康码在公共卫生事件中的作用

健康码是疫情防控的重要工具，被认为是现代城市公共卫生医疗系统升级的新方案。

健康码只是我们表面上看到的纸质通行证的简单替代品吗？如果按照传统做法，各地在搜集人员流动数据时主要依靠各单位零散的填报，程序会较为烦琐，而且，社区人员出行需要依靠纸质通行证，这种做法存在交叉感染的风险。

那么为何 2003 年的非典时期没有这种产品呢？因为当时国内的互联网平台还没有真正形成规模，而且，近十多年是国内手机等移动互联终端设备普及应用的时期，各地政府对互联网应用的接受度也大大提高，为健康码的普及提供了成长的土壤。

1. 健康码在此次疫情中的作用

随着全国各地确诊病例不断增加，恐慌情绪在人群中不断蔓延，多个城市出现了口罩、防护服和检测试剂等医疗物资短缺的现象。于是切断传染源、查找疑似病人成了重中之重。各级政府工作人员需要做的就是竭尽全力减少人员流动和聚集。但是基层政府工作人员数量不够、检测手续繁杂、信息表格过多等成为疫情防控和社会治理的难题。

健康码的推出有效地解决了疫情中的两个关键问题：一是个人接触史等信息不对称问题，二是主观意愿披露问题。健康码在很大程度上提高了数据收集、共享和分析的便捷性。

（1）统一信息收集的渠道

以往居民上报健康信息主要通过社区、公司和学校三个渠道重复上报。这不仅耗费了个人大量的时间，而且会引发不耐烦的情绪。对于每个组织而言，还需要将收集到的信息层层上报，这大大降低了工作效率。健康码大大提高了各个环节的运作速度和工作效率，加快了信息收集的速度。

（2）简化过关检测手续

无论是社区、铁路还是机场，以往工作人员需要仔细查看健康证明。当情况紧急时，可能会存在误看、漏看等情况。健康码将这一审查过程简化为只查看颜色，大大提高了通关效率。

（3）数据从静态变成了动态，为居民及时提供健康信息

健康码的颜色区分有两个因素：一个是个人自主申报的信息，另一个是大数据分析。后者关联了个人居住地的实时动态，以及乘坐交通工具的情况等。与传统的纸质填报相比，健康码不仅可以向上汇报信息，还可以反过来让居民了解是否接触过确诊患者。

2. 健康码在未来公共卫生事件中的作用

未来新技术将更快、更直接地对现有生活方式及工作方式产生影响。数字化正在全面渗透至社会的每一个角落。

数字技术和病毒的战斗，本质上是在和时间赛跑。我们要想取得胜利，就要依靠全面的数据、快速的计算能力和运用数字技术加强各方协同作战的能力。

中国抗击疫情的健康码是现代社会治理中数字化的充分体现，数字化为疫情防控提供了更加便捷、安全的信息化手段，降低了交叉感染的风险，提高了疫情防控的精准性。

（1）健康码对政府的作用

政府是疫情管理和企业复工管理的需求方、发起方、推动方和最终实现方。政府决定了健康码应用中数据采集的类型、内容、使用方式和用途。健康码有助于实现扁平化社会治理，以"信息录入—平台数据核验—健康码发放—自动统计分析"的形式让基层得到减负，使市民实现安全出行。疫情期间，政府对疫情小程序和健康码的需求，以及诸多 AI 测温等技术的运用，充分体现出政府数字化的进程已经从最早的信息化阶段升级到智能化阶段。同时，政府服务进一步升级，以人为中心来推进整个流程的梳理和数据的互通。以健康码为代表的智慧化的程序已经开始整合其在政务领域的经验和成果，为数字政务、城市治理、城市决策和产业互联等领域提供解决方案。

（2）健康码对企业的作用

对于普通企业而言，何时复工复产和如何复工复产是亟待解决的难题。企业如何做到安全健康地复工复产，关键在于企业能否实时地掌握相关工作人员的健康信息，保证出入人员符合公共健康安全的要求。健康码可以解决这一难题。

健康码的运行机制在于有序分类，现有的健康码模式主要依据用户是否曾接触过确诊或者疑似病例，是否来自疫区，以及自我隔离的时间长短来判断复工人员的健康状况，具有一定的有效性。但是，疫情状况时刻都在发生变化，个人健康信息需要得到实时更新。即便是已获得绿码的人员，也并不意味着不存在被感染的风险，这时就需要对个人健康码信息进行及时的修正，并依靠云端数据进行实时更新。健康码是大数据技术在防疫领域的一次生动运用，健康码通过数据统计、数据分析、流动人员疫情监测等多个方面平衡了企业复工和疫情防控两者的关系。

（3）健康码对个人的作用

虽然只凭健康码并不能准确地判断出我们的健康状况，但是可以为疫情防控提供追溯。健康码生成之后，相关部门会根据我们自身的活动轨迹、活动场所、乘坐过的公共交通工具、消费记录等大数据判断我们的健康状况，从而为我们的日常出行和有序流动提供非常重要的保障，有效降低交叉感染的风险。

例如，某新冠肺炎确诊病例曾经在某天乘坐某辆公交车，那么防控部门就需要找到这辆车上的所有乘客。这些乘客属于密切接触者，需要将其隔离后排查。这时通过健康码对我们的活动轨迹、消费记录进行判断，可以非常容易地找到同乘人员，为疫情防控提供追溯。

另外，微信和支付宝的健康码也是非常重要的身份识别依据。我们在进出各大公共场所（如超市、商场、餐厅）的时候，可以通过出示健康码来证明自己的健康状况，这也提高了门卫排查的工作效率。

由此可见，健康码虽然并不能完全真实地反映出个人的身体健康状况，也不能判断每个个体什么时候会生病或者得了什么疾病。但是它能以大数据采集的方式为疫情防控提供信息追溯，同时也可以作为出入公共场所的健康凭证，为排查工作提供了非常大的便利，在方便基层工作人员排查的同时，也节省了人们的时间。

8.1.3　健康码在使用过程中存在的问题

1. 用户隐私保护不力

为了提高疫情过后各省市复工复产的精准性、科学性和有序性，从根本上解决老人、儿童的防疫信息上报问题，2020 年 2 月 11 日，浙江省杭州市首次提出了健康码的概念。通过收集用户的个人健康信息、手机漫游信息等生成电子出行凭证，提高人员流动效率。

健康码的运作机制主要分为三个阶段。第一阶段是信息采集阶段，申请人需要如实上传姓名、性别、手机号、身份证号、居住地址、活动轨迹、健康信息以及确诊病例接触史等个人信息。除此之外，健康码信息采集系统还接入了电信运营商数据库，银行等金融机构支付数据库，民航、铁路、公路、ETC 自驾数据库，以及公交、地铁等交通数据库。第二阶段则是大数据比对阶段。综合以上数据，国家大数据系统可以准确描绘出具有出行需求的用户的行动轨迹，并针对其健康状况进行综合研判，精准识别高危人群，及时采取有效的防范措施。第三个阶段为信息反馈阶段。经过前两个阶段的收集、对比与分析后，健康码便会根据收集到的用户健康数据，按照风险高低程度，从高到低地显示为红码、黄码和绿码，持绿码者可自由出行，持黄码者需隔离 7 天，持红码者需集中隔离 14 天。健康码的数据系统整合了多个领域、多个部门的大量信息，进而能够从空间、时间和人际交往等方面对用户的感染风险进行综合分析、判断，并实现结果的实时共享。一旦出现确诊病例，政府就能及时找到与该病例有过接触的人群。

健康码的运用为我国的精准防疫提供了便利，也为全球抗疫行动提供了参考。然而，通过健康码的运作机制我们可以看到，健康码数据库中的个人信息颇具隐私性与敏感性，几乎涵盖了用户的全部私人数据，任何机构都能够据此勾勒出极其精准的用户画像，这不禁会使用户开始担忧自己的隐私安全是否得到了合理的保障。其实，多数健康码程序并未严格遵循用户隐私保护章程的有关规定，没有签订用户隐私协议。

首先，在支付宝推出的各类健康码系统中，我们看到"余杭绿码""健康通行码""社区防疫通""阿里健康快码""河南健康码""甘肃复工卡"等程序均未设置签订用户授权协议和用户隐私协议环节，申请人进入上述程序后直接就能授权位置信息开始申报。"四川健康码"同样也未设置用户隐私协议签订环节，仅弹出了"四川健康码申请获取你的身份信息（姓名、身份证号）"的简单授权窗口。与"四川健康码"类似，在"北京健康宝""湖北健康码""杭州健康码""渝康码""斗门健康码""贵州健康码""海南健康一码通""山东电子健康通行卡"等程序中，同样也均未提示用户签订隐私协议，但相比"四川健康码"，上述各应用程序均签订了更为规范的《用户授权协议》。该协议明确表示，为了方便用户使用健康码程序，一旦用户签订授权协议，则意味着用户同意支付宝平台将其个人信息依法传递给第三方机构。在提交信息之前，用户可以在页面上了解到具体的授权对象和授权信息类型。只不过该协议的约束对象仅包含用户本人和支付宝平台，并不涉及任何第三方机构。

其次，在微信推出的"豫码通""重庆健康出行一码通""穗康""深 i 您""桂人助""武汉战役""龙江健康码"等健康码小程序中，运营商同样未与用户签订授权与隐私保护协议，用户直接授权登录就能进入信息填报界面。

最后，与前两类健康码应用程序相比，"国家政务服务平台""随申办"等程序则更为规范，用户需要首先与支付宝平台签订《用户授权协议》，之后还需要与运营方签订单独的用户隐私协议。

在保护用户隐私方面，各个健康码程序的不同之处如表 8-1 所示。

表 8-1　健康码程序内用户协议签订情况

健康码程序名称	是否签订用户协议	是否签订隐私协议
国家政务服务平台	是	是
随申办	是	是
北京健康宝	是	否
湖北健康码	是	否
杭州健康码	是	否
渝康码	是	否
斗门健康码	是	否
贵州健康码	是	否
海南健康码核验助手	是	否
海南健康一码通	是	否
健康复工码	是	否
山东电子健康通行卡	是	否
余杭绿码	否	否
健康通行码	否	否
社区防疫通	否	否
阿里健康快码	否	否

（续表）

健康码程序名称	是否签订用户协议	是否签订隐私协议
河南健康码	否	否
甘肃复工卡	否	否
浙里办健康码	否	否
四川健康码	否	否
豫码通	否	否
重庆健康出行一码通	否	否
穗康	否	否
深 i 您	否	否
桂人助	否	否
武汉战役	否	否
龙江健康码	否	否
新湘健康码	否	否
平安山东一码通	否	否
四川群防快线	否	否
云南抗疫情	否	否
镇江市健康申报平台	否	否

通过以上简单的调查分析可见，支付宝和微信推出的各类健康码应用程序并未完全实现信息传递的公开与透明。除了国家政务平台和支付宝推出的少数几个健康码应用程序外，用户并没有能够充分行使知情权与同意权的渠道。这充分表明，现有的各类健康码应用程序在用户协议和用户隐私政策方面的实施并不理想，用户在健康码应用程序内的信息采集、使用、共享、披露及存储等环节中缺乏最基本的知情权和同意权。在疫情防控过程中，各级政府、卫生行政部门、疾病预防控制机构、医疗机构等均有权采集个人身份证号、详细地址、健康状况、确诊病例接触史、旅行史等个人信息，并要求其他组织、机构全力配合疫情防控工作，主动收集、分析、调查、审核、上报辖区内传染病疫情情况。根据《中华人民共和国传染病防治法》（以下简

称《传染病防治法》）的规定，"在中华人民共和国领域内的一切单位和个人必须接受疾病预防控制机构、医疗机构有关传染病的调查、检验、采集样本、隔离治疗等预防、控制措施，如实提供有关情况"。虽然公民有如实上报并配合机关部门采集个人信息的义务，但并不意味着各级组织、机构、部门能够无限制地采集上述信息。作为人格权的组成部分，用户的知情权与同意权仍应得到基本的尊重，第三方数据处理机构仍应履行基本的告知义务。

2020 年 2 月 4 日，中共中央网络安全和信息化委员会办公室发布了《关于做好个人信息保护 利用大数据支撑联防联控工作的通知》（以下简称《通知》），要求 "各地方各部门要高度重视个人信息保护工作，除国务院卫生健康部门依据《网络安全法》《传染病防治法》《突发公共卫生事件应急条例》授权的机构外，其他任何单位和个人不得以疫情防控、疾病防治为由，未经被收集者同意收集使用个人信息"。与此同时，《通知》还要求 "为疫情防控、疾病防治收集的个人信息，不得用于其他用途。任何单位和个人未经被收集者同意，不得公开姓名、年龄、身份证号码、电话号码、家庭住址等个人信息，因联防联控工作需要，且经过脱敏处理的除外"。2020 年 3 月 5 日，中华人民共和国民政部办公厅、中央网信办秘书局、工业和信息化部办公厅、国家卫生健康委办公厅，四部委联合印发了《新冠肺炎疫情社区防控工作信息化建设和应用指引》（以下简称《指引》），《指引》指出 "社区防控信息化产品（服务）因疫情防控工作要求，需要收集社区居民信息的，应向社区居民明确提示并取得同意，明确用于此次疫情防控，对于用于其他目的的，必须重新征得社区居民本人同意；同时遵守《网络安全法》《居民身份证法》和有关法律、行政法规关于个人信息保护的规定，落实中央网信办《关于做好个人信息保护 利用大数据支撑联防联控工作的通知》要求"。通过以上法规、条例我们可以看到，在防疫信息申报的过程中，国家各级机关部门均对用户的知情同意赋予了高度的重视，要求有关机构必须按照已有法律，严格保证用户的知情权与同意权，必须如实告知用户有关信息收集、使用、共享、转让、披露、存储、管理等内容。

但通过前面的调查我们发现，按照规定，严格履行用户信息收集范围、使用目的告知义务的第三方运营机构寥寥可数，大部分健康码应用程序运营商都显然违反了相关规定，并没有认识到健康码内数据的特殊性、敏感性。按照《网络安全法》的相关规定，"网络运营者收集、使用个人信息，应当遵循合法、正当、必要的原则，公开收集、使用规则，明示收集、使用信息的目的、方式和范围，并经被收集者同意"。这些未设置授权流程的健康码应用程序显然忽略了平台的披露义务，侵犯了用户对个人信息享有的基本权益，用户为第三方机构无偿提供了个人隐私数据，但并未收到相应的安全保护承诺，产生了隐私泄露的隐患。

2. 后续处理程序模糊

最初创立健康码的目的是为了便利疫情期间人口流动，便利有关机构收集、存储、上报公民的健康信息，做到精准防疫、高效复工。然而，随着国内疫情逐步得到控制，人口流动逐渐恢复，复工复产禁令逐渐放开，健康码也开始逐渐退出生活舞台。此时，已申请的健康码后续的处理便成了广大用户关心的话题。从前文的介绍中我们可以知道，健康码内存储的信息具有量大、范围广、隐私程度高、敏感性强的特点。健康码停用后，若不及时对其采取合理的脱敏或者删除等数据处理措施，一旦被犯罪分子抓到机会，将极易发生用户信息泄露事件。然而，目前除了"随申码"和"杭州健康码"在疫情过后仍将继续服务于市民的日常生活，成为市民的随身识别标志，便利市民的就医就诊和医保报销以外，其他各省市均未出台明确的健康码后续处理规范。模糊的后续处理流程，加上用户的知情权和同意权尚未得到有效保障，健康码的隐私泄露风险被进一步推高。

3. 各自为政，数据不通

伴随着健康码的全面推进，居民的日常生活都受到健康码颜色变化的影响。然而，近日来，用户健康码无端变红的情况却时有发生。例如，2020年3月25日，河南省的兰女士前往贵州省参加一家公司的面试，出行之前其申请的河南健康码是"绿码",然而到了贵州省后,兰女士的健康码却变成了"红码",防疫人员据此将兰女士纳为"高风险人群",并按照规定将其送往指定区域集中隔离。当晚,兰女士通过核酸检测,结果显示为阴性,但健康码却依然显示为红码。对此,官方回应称,由于各省市之间的数据沟壑,贵州省与河南省之间并未实现居民健康信息互通,需要等河南省剔除兰女士的数据信息后,贵州省的健康码才能进行数据更新。无独有偶,杭州市民徐女士也是健康码数据壁垒的受害者之一。居家自我隔离期间,身在湖南吉首老家的徐女士的健康码无故变红。随后,徐女士向平台提出申诉,官方回应称,根据健康码接入的电信漫游定位系统来看,徐女士在湖南吉首老家期间,曾到访过湖北恩施,因此系统根据风险区域的划分,自动将其判定为"高风险人群"。但在防疫期间,徐女士从未前往过湖北恩施。对此,电信运营商解释称,由于湖南吉首与湖北恩施相邻,徐女士偶然间接收到了来自湖北恩施的电信信号,因此导致了漫游地点的转移。查出健康码的误判后,徐女士随即向电信运营商申诉,手机漫游地址得到了更改,但由于"各自为政"现象的存在,修改后的电信数据并未能及时传送至健康码应用程序内,所以健康码的颜色依旧为红色。被迫隔离的徐女士是一家服装店的店主,受技术故障的影响,徐女士不仅无法正常开张营业,同时还需要承担高额的固定成本,却没有任何追溯渠道。

在防疫的大背景下,综合了个人各项健康数据、人际交往数据、电信漫游数据等而得到的健康码成了评定用户是否具备回归正常生活条件的唯一参考依据,小到小区进出、单位打卡,大到跨省流动都需要出示健康码。虽然虚拟的电子健康码成了保障居民正常生活的重要的工具,但由于上述两个案例中提到的技术故障、信息壁垒等漏洞,其带来的生活成本却是实际存在的。各机构间各自为政,采取"用户发现异常—上报—更改"的办法不仅是治标不治本,而且大大降低了运行效率。只有从技术角度出发,实现各省份间的健康码信息互认,从根本上打通数据壁垒,才能从本质上增强疫情防控的精准性,提高复工复产的效率。

4. 运作规则僵硬

2020 年 3 月 11 日晚，湖北武汉治愈患者葛先生手握出院文件、核酸检验报告、解除隔离证明等 10 份健康证明文件，却仍因为尚未及时更新信息而出现异常的红码，被呼和浩特白塔机场的工作人员拦在了登机口外。受数据壁垒的影响，用户的健康码数据信息往往得不到及时更新，此时，健康码的运作机制就需要进行灵活的调整。然而，现阶段过于僵化的运作规则使得健康码的运用略显累赘。

8.1.4　健康码中数据权益资产化应用探析

健康码的运作机制依赖于用户的个人数据，但正如前文所述，不规范的隐私保护流程、不通畅的数据传输渠道都在一定程度上挤压了健康码的使用空间，无形间增加了社会运转的实际成本，形成了市场痛点。此时，若将数据权益资产化的概念引入健康码的应用环境，实现用户与第三方数据处理机构间的有偿交换，通过市场规范双方的权利、责任与义务，便能在很大程度上促进健康码市场的规范化与标准化发展，开拓双赢局面。数据权益资产化在健康码内的应用主要体现在以下五个方面。

1. 增强用户隐私保护力度

数据权益资产化就是将数据主体拥有的对个人信息的控制权、使用权等权利商品化，将其作为一项能够为主体带来现金流入的资源，在平等的买卖双方之间自由地进行有偿交换。在数据权益资产化的大背景下，健康码的信息采集必须严格遵守数据权益交易的规范流程，数据权益资产化对用户授权的规范化流程具有天然的约束力。这是因为，只有当买方（数据处理机构）向卖方（用户）发出了数据请求并公示了自身获取数据的目的以及报价后，卖方才会有售卖数据权益的动机，进而达成买卖合约，实现授权；相反，如果没有请求与公示环节，双方就不会达成统一的买卖合约，也就不存在授权流程。和"同意管理架构"一样，健康码应用程序平台作为数据接收器必须经数据源向用户主体提出数据请求,报告数据使用范围与目的,并同时取得提取用户信息同意凭证和授权证明后,才能开启数据源与平台数据库间的信息传递通道,获得用户授权范围内的个人隐私数据,进而掌握该项数据的使用权。在这样规范化的操作流程下,运营商必须与用户就隐私问题与授权问题签订用户隐私协议与用户授权协议,扭转健康码市场上存在的授权空缺现状,从根本上保障用户的知情权与同意权。除此之外,健康码应用程序平台还可以借助区块链技术取得用户的信息使用资格。区块链技术将时间序列引入每个区块中,通过时间戳将前后两个区块有序地连接起来,搭建了一个不可逆的、有序运转的交易空间。与此同时,区块链社区中的社员都各自掌握着由系统随机生成的不对称密钥,这对密钥就像一把独一无二的钥匙一样,只有所有者本人或经所有者授权的第三方才有资格开启门后的世界。当且仅当数据处理机构主动向用户披露了真实的信息采集范围与使用目的后,才能获得接入用户个人数据库的密钥。区块链的技术特点使得信息主体的确权与追溯成为可能,让数据权益交易变成了现实,也让数据主体能够完全掌握个人信息的流转情况。

综上所述,不管是借助"同意管理架构"还是区块链技术来实现数据权益的资产化,其本质都是为了规范用户与健康码平台间的授权流程,利用数据权益资产化,强制第三方数据处理机构自觉履行告知义务,捍卫用户主体的知情权和同意权,强化隐私保护力度。健康码内储存的个人健康生理信息、个人通信信息、个人位置信息等都属于具有较高敏感性的个人隐私数据。全民配合防疫,主动申报个人情况是理所当然的,但这不应以损害用户的知情权和同意权为代价,只有在充分保障用户数据权益,维护主体隐私安全的基础上,才能实现长久、稳定的发展。

2.打通数据壁垒

2017 年,工业和信息化部为加快实施国家大数据战略,印发了《大数据产业发展规划(2016—2020 年)》(以下简称《规划》)。《规划》指出,

"'十三五'时期是我国全面建成小康社会的决胜阶段，是新旧动能接续转换的关键时期，全球新一代信息产业处于加速变革期，大数据技术和应用处于创新突破期，国内市场需求处于爆发期，我国大数据产业面临重要的发展机遇。抢抓机遇，推动大数据产业发展，对提升政府治理能力、优化民生公共服务、促进经济转型和创新发展有重大意义"。大数据成果的应用得益于新一轮的科技革命，推行数据化建设的本质就是利用大数据传播范围广、处理速度快等优势，实现信息数据在不同部门间的互通共享，发挥其特有的社会服务功能。如果仅因为某些技术瓶颈制约了大数据的应用与发展，则是得不偿失的。

在政策暖风下，数据开放逐步指向社会数据，数据平台的建设逐渐被视为重要的公共基础设施建设。在此次新冠肺炎防疫战中，以人工智能、云计算、大数据等现代化技术为依托的智慧城市建设已初见成效，健康码的应用在城市政务、交通、医疗等领域中尽显神通。然而现阶段，政府、企业和公共服务机构之间的数据共享仍缺乏有效的探索。由于用户授权程序的不规范、不健全，公安部门、医疗机构出于对自身利益以及对患者、用户隐私安全的考虑，始终难以推进一些涉及个人隐私的重要数据的开放与流通，导致各省市的健康码数据系统并未完全实现跨省互认，各机构间各自为政，甚至就连电信、交通运营商与健康码运营平台间的信息传递也都存在障碍，这致使以"高效复工"为宗旨的健康码阻碍了部分群体的正常流动。要解决健康码数据壁垒问题，可以通过政府制定数据标准和接口标准，强制各类健康码平台按照标准实现数据互通。但是这种方法实现难度大、监管成本高，很难达到预期效果。数据权益资产化是将个人信息集中存储在个人节点客户端，并采用点对点的方式进行数据传输，可以将以政府为主体的数据共享模式转化为全民参与的数据共享模式。个人对自身信息的掌握最为真实、全面，通过数据权益资产化可以激发个人收集、整理、分享健康码信息的积极性，完善健康码程序内的用户授权流程，打破不同系统间"各自为战"的隔离现状，使运营平台取得更加灵活自主的用户信息控制权。一旦明晰了双方的权责，各省市的健康码应用程序便能够在已有的权力范围内获得真实的个人健康码数据，各数据运营商也能够在协议范围内主导用户数据的传输。

数据权益资产化可以完善健康码的运作机制，打通现有体系下存在的数据壁垒。在国家顶层设计和统筹规划的指导下，在"统一标准、建立机制、充分共享"原则的督促下，健康码平台可以放开手脚建设居民健康信息数据大平台，全力推进各级医疗卫生部门、防疫部门和数据共享交换平台之间的互联互通，形成全国上下标准统一、责任明晰的健康码信息采集、维护、共享机制，构建出一整套畅通、便捷、统一的健康信息应用网络，助力"高效复工、精准抗疫"目标的实现，为部分省市健康码平台的后续功能的顺利开发提供技术支持，同时也为城市建设的智慧化转型奠定坚实的基础。

3. 避免权属纠纷问题

数据权益资产化在健康码平台中的应用主要体现在以下两个方面。

第一，数据权益资产化可以厘清平台与客户之间的权属问题。大数据时代，信息成了数字经济和信息社会的核心资源，被誉为"21世纪的新石油"，其重要性堪比农耕时代的土地和工业社会的资本，是数字时代发展前进的动力引擎。数据权属问题关系到国家安全、公民隐私、网络安全，甚至社会稳定。公民的数据权益具体可以表现为数据的管理权、控制权、使用权等权利。在健康码的运作体系中，现有通信结构的阻碍、技术形态的制约和法律监管的缺失都在一定程度上造成了数据权属的混乱。除了"国家政务平台""随申码"等少数几家健康码平台之外，绝大多数平台都忽略了用户主体的数据权益，它们在未完成用户授权的情况下，利用市场优势随意采集、使用公民的个人信息，这种数据权属模糊、收益分配不清楚的现实格局与大数据的健康发展要求极不匹配。

将数据权益资产化引入健康码的程序设计中，意味着运营平台在采集用户个人信息阶段需要为获取用户信息的使用权、控制权而支付一定的对价。交易完成后，平台方毫无疑问拥有该数据的使用权，且自然受到法律的保护。这不仅保障了用户的合法权益，同时也减少了平台在后续信息处理过程中可能产生的不必要的纠纷，降低了平台的违规风险，节省了可能因权属纠纷问题而产生的诉讼、赔偿费用。

第二，数据权益资产化可以化解平台与平台之间的权属矛盾。

企业之间因数据权属矛盾而引发的纠纷案件有很多，究其本质，均为企业数据权益管理的缺位所导致。值得注意的是，健康码应用程序中也存在诸如此类的用户数据权益管理缺陷，如"北京健康宝""湖北健康码""杭州健康码"，虽然用户签订了与支付宝平台间的授权协议，但并不构成任何对第三方机构的制约。这无形中增加了平台间的数据侵权风险。此时引入数据权益资产化，借助市场规则完善数据流通程序，规范数据传递流程，确保平台本身能够实现对其获得的数据资源的有效控制，不仅能够减少企业对数据权益纠纷的投入，而且还能够促进数字产业的良性循环，推动行业健康发展。

4. 提高用户参与的积极性

充分调动用户参与的积极性是提高产品或服务竞争实力、抢占市场份额的有效途径。如今，个人掌握的隐私数据催生着巨大的交易市场，但是用户与数据处理机构间的信息传递多是用户无偿提供的，受此种机制的影响，平台用户群体缺乏足够的动机与激励去完成个人信息的如实申报与及时更新。将数据权益资产化的概念引入用户数据传递过程中，表明用户与平台间发生的数据流转不再是单纯的、无偿的信息交换，而是与市场上售卖酒水饮料等消费品一样具有实质意义的买卖行为，从而使用户能够通过出售数据权益这类无形资产获取应有的报酬。通过物质奖励点燃用户主动分享个人信息的欲望，从而提高用户参与的积极性，并借助市场经济规范整个行业生态，改善数据质量良莠不齐的困境。全国信息管理平台也应肩负起基本的市场监督职责，实时监控各项交易活动的合法性与合理性，筛选价值信息，建立行业规范，开展行业自律，推动标准落地，坚决杜绝投机行为的发生，维护稳定、有序的市场秩序。

5. 促进用户转化的实现

用户转化是指完成平台参与者从"用户"到"客户"的转变。其中，用户是指使用某个产品或某项服务的人，只要是正在使用或者用过的人就属于该项产品的用户；客户是指购买了某个产品或某项服务的人，客户不一定是用户，但他一定是为这项产品或服务支出费用的人。二者之间最重要的区别就在于，通常情况下，用户不需要为平台提供的产品或服务付费，但客户作为消费者，需要支付一定的费用。现阶段，健康码平台与个人之间的关系仅为"平台"与"用户"的关系，双方之间不存在利益往来，用户黏性较低。然而，若按照数据权益资产化的理念，当健康码平台承认用户的数据权益，并且愿意支付一定的费用来获取该数据的使用权时，平台自身也就有理由将其拥有的部分数据权益视作资产出售，进而实现业务范围的拓展，推动用户转化的实现，提升市场需求度，增强客户黏性，提高平台利润。

8.2　脸书的 Libra

脸书是全球最大的社交网络平台，用户可以通过脸书分享照片和视频，并与家人、好友交流。对于商家来说，脸书不只是展示广告的地方，更是一个策略性平台，一个用于和顾客交流、巩固和管理顾客关系的平台。据 2019 年第四季度和全年财报显示，脸书第四季度营收为 211 亿美元，与去年同期相比增长 25%；净利润为 74 亿美元，与去年同期相比增长 7%；日活跃用户增长 9%，达到 16.6 亿人；月活跃用户增长 8%，达到 25 亿人。

然而，脸书于 2019 年 6 月提出的 Libra 加密数字货币，引起了公众和全球央行的高度关注。为何社交媒体巨头会突然进入加密数字货币领域？脸书的个人隐私数据与数据权益资产化有什么关系？

8.2.1　脸书的商业模式分析

脸书是全球领先的在线社交媒体和社交网络服务提供商，其收入来源有两大类：广告服务收入和衍生服务收入。

1. 广告服务模式

脸书作为目前全球规模最大的互联网科技公司，广告服务收入是其重要的收入来源。2015—2017 年，脸书的广告收入分别为 170.79 亿美元、268.85 亿美元和 399.42 亿美元，约占脸书当年总收入的 95%、97% 和 98%。我们不难发现，脸书的广告收入占总收入的比重呈上升趋势，主要有以下三个原因。

首先，脸书拥有全球广泛的用户群体。从其用户基数来看，截至 2019 年 12 月 31 日，脸书月活跃用户总数达到 25 亿，意味着有 25 亿用户至少使用该公司核心应用程序（Facebook、Instagram、Messenger 和 WhatsApp）中的一款应用。从用户黏性来看，2019 年，脸书日活跃用户为 16.6 亿，平均使用时长超过 50 分钟，用户忠诚度较高。庞大的用户群体和日活跃量吸引了大量的广告投放。

其次，脸书能够精准地投放广告。脸书基于用户真实的注册信息，可以直接从用户的个人基本信息甚至是用户常用的硬件设备等维度进行用户画像分析。广告主可以据此自定义广告受众，确定目标客户群体，精准投放广告。

最后，脸书能够建立起"粉丝经济"。互联网的快速发展使商家纷纷建立属于自己的品牌主页，通过专业的"粉丝洞察报告"了解客户的需求以及客户与广告主的互动情况，给客户提供多样且个性化的商品和服务，最终实现盈利。

2. 衍生服务模式

2015—2017 年，脸书的衍生服务带来的收入分别是 8.49 亿美元、7.53

亿美元和 7.11 亿美元，主要来自以下三个方面。

第一是第三方应用程序的盈利，这部分收入主要来源于游戏开发商。脸书独特的互联网生态系统有着高度的开放性和互动性，能够实现企业与用户之间的交流和分享，因此吸引了大量的游戏开发商。在为开发商提供平台的同时，脸书也通过三七分成的合作模式赚取一定的利润。

第二是社会化商务服务。脸书作为全球用户活跃度与黏度相当高的社交网络平台，越来越多的企业选择在脸书上开通账号并支付佣金和管理费，消费者可以直接在脸书上购买商品或服务。除此之外，明星和网红等公众人物为维持曝光度，也需要向脸书支付一定的管理费用。

第三是付费调查服务。脸书通过实名制注册收集到的用户信息保证了数据的真实性和可靠性。广告主、研究人员等可以通过支付一定的费用来购买用户数据，或者利用庞大的用户群体发布问卷调查和进行产品分析等，这些服务也给脸书带来了一定的收入。

虽然脸书是当前全球最成功的互联网公司之一，但其商业模式显现出了一些严重的问题，尤其是与数据权益保护之间的矛盾日益突出，以下事件是这种矛盾的具体表现。

（1）脸书用户信息泄露

2018 年 3 月 17 日，美国《纽约时报》曾报道称，脸书上超过 5 000 万用户的信息数据被泄露给一家名为"剑桥分析"的公司，剑桥分析利用这些用户数据左右 2016 年美国总统大选。

此次事件是脸书成立以来面临的最大危机，也是最严重的数据泄露事件，但该起事件并非是一起突发的偶然事件，而是源自企业内部对用户个人数据管理的漏洞。

（2）脸书遭遇用户集体诉讼

2020 年 1 月 29 日，脸书同意支付 5.5 亿美元用于解决其在伊利诺伊州使用人脸识别技术而遭遇的用户集体诉讼事件。这次判决再次引发了人们对脸书采集个人隐私信息做法的质疑。

脸书的商业模式本质上是对平台上个人信息数据的收集、挖掘和利用，并通过精准推送广告和应用来获得高额收益。用户的个人信息其实就是脸书最大的资产，但是随着人们对个人隐私保护和数据权益的重视，这一商业模式正面临着监管风险和成本提高的风险。自 2019 年起，越来越多的用户向监管机构投诉脸书征集用户个人信息的做法，与此同时，监管者和业内人士也普遍认为强化监管或许是必要的。在监管趋严的大环境下，脸书可能面临着被迫删除用户个人数据，甚至停止使用这些用户数据进行精准广告投放的困境。这将对脸书非常倚重的广告业务造成致命的打击。

8.2.2　Libra 项目简介

脸书于 2020 年 4 月发布了"Libra 白皮书 2.0"。根据"Libra 白皮书 2.0"中的描述，Libra 协会的使命是利用区块链技术在全球建立一个简单的支付系统和金融基础设施，目的是让数十亿人从中受益。Libra 项目中的 Libra 币是由现金、现金等价物和非常短期的政府证券组成的储备金支持，它将由独立的 Libra 协会和协会附属的网络管理。事实上，脸书的 Libra 项目不仅利用区块链技术发行 Libra，而且构建了全新的覆盖全球的金融商业模式。

下面我们从核心技术、发布机制、组织形式、现状、意义和潜在影响六个方面对 Libra 进行简要介绍。

1. Libra 的核心技术

"Libra 白皮书 2.0"强调了三项技术，并以此与其他区块链区分开：一是设计和使用 Move 编程语言，二是使用拜占庭容错（BFT）共识机制，三是对已广泛采用的区块链数据结构进行迭代。Libra 并没有全盘否定现有技术，除了 Move 编程语言之外，其余两项技术都是对现有技术的改造。这是从更容易实现以及安全的角度选择的更加成熟的方案。这种折中考量和局部创新的思路贯穿了 Libra 的整个设计。

（1）Move 编程语言

"Move"是一种新的编程语言，用于在 Libra 区块链上实现自定义交易逻辑和智能合约。因为 Libra 的目标是有朝一日能为数十亿人服务，所以 Move 的设计以安全和保障为最高优先级。Move 从迄今为止使用智能合约发生的安全事件中获得洞察力，并创建一种语言，使编写代码变得更容易，从而减少意外错误，降低安全事件发生的风险。具体来说，Move 旨在防止资产被克隆。它支持将数字资产约束为与物理资产属性相同的资源类型，即资源只有一个所有者，只能被使用一次，并且新资源的创建将受到限制。此外，Move 语言有助于自动证明交易满足某些属性，例如，付款交易仅更改付款人和收款人的账户余额。通过优先考虑这些功能，Move 将有助于确保 Libra 区块链的安全。通过简化关键事务代码的开发，允许开发者调用各种过程或使用概念。Move 可以安全地实现 Libra 生态系统的治理策略，比如 Libra 货币管理和节点网络验证。综上所述，Move 语言的开创将加速 Libra 区块链协议的演变以及在此基础上的任何金融创新。

（2）BFT 共识机制

BFT 共识协议允许一组验证器创建单个数据库的逻辑外观。这种一致性协议可以在验证器之间复制提交的事务，在当前数据库中再次执行潜在事务，并对事务和结果执行的顺序启用协议绑定承诺。因此，所有的验证器都可以按照状态机复制范例为给定的版本号维护一个相同的数据库。Libra 区块链使用了大量的 Hotstuff 协议，该协议称为 LibraBFT。它在传统的 DLS 和 PBFT 以及较新的 Casper 和 Tendermint 的部分同步模型中提供了安全性和活力。

在 BFT 共识机制的约束下，即使存在拜占庭错误，验证器之间也必须就数据库状态达成一致。除了在计算上有限制之外，拜占庭失败模型允许一些验证器在没有约束的情况下任意偏离协议。一个能够容忍恶意或黑客验证程序所导致的拜占庭错误的一致性协议可以减轻任意硬件和软件故障。

LibraBFT 假设一组"3f+1"的选票分布在一组可能是诚实的或拜占庭

式的验证器中。当最多有 f 票被拜占庭验证器所控制时，它可以防止双重支付和叉形指令等攻击，使 LibraBFT 保持安全。只要存在全局稳定时间（GST），LibraBFT 仍然可以实时地从客户端提交事务。在该时间之后，诚实验证器之间的所有消息在最大网络延迟 δ 内传递给其他诚实验证器。除了传统的保证之外，LibraBFT 在验证器崩溃和重新启动时仍可保持安全，即使所有验证器同时重新启动。

（3）改善的数据结构

虽然 Libra 自称为区块链，但是在白皮书中也明确指出 Libra 并没有类似于比特币的区块链条模式，而是以统一的数据库形式存储。Libra 与以太坊一样，定义了账户的概念，并在账户中存储了相关的资源和模块。Libra 货币是以资源的形式存储在账户中的，天然受到 Move 语言的保护，不可以被随意复制或消除。Libra 以账本的当前状态和历史变化的方式存储整个系统，有点类似于可恢复到任意一个历史状态的数据库。每当一组新数据写入数据库，就会生成一个新的历史状态，并通过默克尔树（Merkle Tree）进行组织。默克尔树只需要观察根节点即可知道整棵树上各个节点的状态，而不必把树上所有节点重新计算一遍。这种结构可以方便地追溯数据库中任意一个账户在任意一个历史时刻的状态。尽管 Libra 账户与用户的真实身份并不挂钩，但出于方便监管的考虑，一旦账户出现异常，其所有的历史记录都可以被监管机构快速获得。如果 Libra 与现实储备资产的兑换也受到严格管控的话，其匿名性与比特币相比将大打折扣。这就好比是一把双刃剑，一方面，Libra 失去了对用户的吸引力；另一方面，Libra 也减少了非法跨境交易和洗钱的空间。

2. Libra 的发行机制

根据"Libra 白皮书 2.0"的描述，Libra 的支付系统可以支持单货币稳定币，也可以支持多货币稳定币，它们都可以被称为 Libra 币。其中，单货币稳定币需要有 100% 的风险准备金作为支持，储备金可以由现金、现金等价物和一些非常短期的政府证券组成。多货币稳定币则是多种单货币稳定币的集合。多货币和单货币一样，都以真实资产作为背书，具有稳定性。

3. Libra 协会的组织形式

Libra 协会注册于瑞士日内瓦，是一个独立的会员组织。Libra 之所以选择瑞士作为协会的总部是因为瑞士对金融创新一直保持着开放的态度，并且致力于严格的金融监管。Libra 协会创立的目的是促进和支持 Libra 支付系统的正常运作，并协调相关利益者之间签订协议。通过 Libra 协会对 Libra 储备的监督，Libra 支付系统能够为用户提供更加安全、合规的服务。

Libra 协会由协会的理事会管理，该理事会由每个验证节点指派的一个代表组成，每个代表都拥有一票提交理事会核准事项的表决权。与 BFT 协商一致的议定书所要求的"网络的绝大多数"相同，对于重大政策或技术决定，Libra 协会同样要求三分之二的成员投票同意。目前，理事会的成员主要为全球的企业、非营利组织、多边组织和学术机构的创始人。

首先，从 Libra 协会的职责来看，它类似于其他非营利实体，通常以基金会的形式来管理开源项目。由于 Libra 的发展依赖于一个不断增长的开源贡献者的分布式社区，因此，该协会可以指导社区开发和采用哪些协议或规范。

Libra 协会也是 Libra 储备管理的实体，可以实现 Libra 经济的稳定和增长。Libra 协会是唯一一个能够创造（铸币）和摧毁（燃烧）Libra 的组织。只有当授权经销商从 Libra 协会购买 Libra 币时，才会铸造币。同样，也只有授权经销商将 Libra 币出售给协会以换取相关资产时，才会销毁这些币。由于授权经销商始终能以与一篮子价值相等的价格将 Libra 币出售给 Libra 储备，因此，Libra 储备也就充当了"最后买家"的角色。Libra 协会的这些活动受储备管理政策的制约，只有协会成员才有可能改变储备管理政策。

在这个项目的早期，Libra 协会还需要履行一些额外的职责，比如，招募创始成员作为验证节点，筹集资金以启动生态系统，以协会名义建立社会影响力资助计划，以及设计和实施激励计划，以推动 Libra 被广泛采用。

其次，从 Libra 协会的目标来看，Libra 协会的一个重要目标是随着时间的推移，朝着越来越分散的方向发展。这种分散化确保了建立和使用网络的低门槛，并提高了 Libra 生态系统的长期弹性。此外，由于 Libra 协会认为分散和可移植的数字身份是金融包容和竞争的先决条件，因此，Libra 协会的另一个目标是制定一个开放的身份标准。

4. Libra 的现状

现阶段，Libra 项目的推进面临"内忧"与"外患"双重压力：一方面，由于内在的监管压力，Libra 需要不停地调整战略以满足全球相关监管方的要求；另一方面，受 2020 年年初新冠肺炎疫情的影响，不少计划需要推后执行。

（1）部分 Libra 协会成员退出

由于 Libra 项目不断遭遇障碍与监管压力，包括万事达、贝宝、Stripe、维萨等多位重要成员已经相继宣布退出 Libra 协会。

（2）竞争对手的出现

同样致力于促进支付领域的发展，创建包容性金额工具的繁荣联盟（Celo Alliance for Prosperity，Celo）项目已经公布了其 50 个创始成员，其中就包括了 Libra 的支持者（梅西百货、安德森霍洛维茨公司等）。也就是说，Libra 协会的部分成员已开始支持 Libra 的竞争对手，为自己做第二手准备。

（3）美国政府对 Libra 项目的态度不一致

脸书发布"Libra 白皮书 2.0"并宣布计划在 2020 年推出 Libra 币的这一消息，引发了美国政经各界和世界经济大国金融监管层的高度关注和热议。

- 美联储的摇摆不定

Libra 的出现对于美元和美国而言，到底如何定性，美国中央银行——美国联邦储备委员会的态度至关重要。不过在如何看待 Libra 的问题上，美联储主席杰罗姆·鲍威尔（Jerome Powell）的态度比较模棱两可，他先是表达了对金融创新的支持，但是随后又说时机不对，Libra 项目计划应当暂缓。

● 白宫的坚决反对

与美联储摇摆不定的态度相比，白宫的态度一目了然。2019 年 7 月 12 日，美国总统特朗普连发了三篇推文，炮轰脸书和 Libra。在特朗普看来，不受管制的加密资产会助长非法行为，就像毒品交易和其他非法活动一样。特朗普认为，脸书如果想要成为一家银行，就必须像其他银行一样寻求新的银行业务许可证并受到所有银行业务规则的约束。

美国财政部长史蒂芬·姆努钦（Steven Mnuchin）对 Libra 的立场与特朗普一致。姆努钦在一场新闻发布会上表示，脸书计划推出的 Libra 数字货币"可能会被洗钱者和恐怖主义金融家滥用，这将会上升到国家安全问题"。

● 国会的意见分歧

Libra 项目的推进速度也引起了美国国会的强烈关注。国会参众两院相关专业委员会要求 Libra 的项目负责人大卫·马库斯（David Marcus）于 2019 年 7 月 16 日至 17 日，就 Libra 的相关问题接受听证和质询。在听证会上，参众两院专业委员会的议员们发表了各自的意见，也提出了不同的问题。Libra 项目的支持者们大多数是共和党的议员们，而民主党却大多支持总统的观点。对此，马库斯表示，在监管机构感到满意之前不会推出 Libra 项目。

5. 脸书提出 Libra 的意义

（1）Libra 对脸书的意义

脸书现有的商业模式所面临的巨大挑战使其必须探索新的具有颠覆性的商业模式。Libra 项目的启动无疑是脸书至关重要的决策。

首先，Libra 项目的基础是区块链技术，其中的非对称加密技术可以很好地实现隐私保护，这无疑可以弥补脸书现有的信息泄露问题的短板，给予用户更多的信心，巩固脸书在社交领域的领先地位。

其次，脸书目前在 100 多个国家拥有 20 多亿用户，这超越了当前所有法定币种的使用规模。若 Libra 可以发行，将大幅提高脸书在金融领域的公共关系和地位，脸书也将从此占据另一个更大规模、更高频率使用的平台，脸书将迎来重大利好。

最后，Libra 协会纳入了当前众多行业的领先企业，这种合作模式也会进一步丰富脸书的业务生态，为脸书的下一步发展迎来更大的空间。

（2）Libra 的推出对全球的意义

尽管脸书推出的 Libra 目前还停留在规划阶段，但是 Libra 白皮书仍透露出了很多创新理念。

首先是从信息连接到财富连接。脸书希望通过 Libra 打造一个人人共享货币的新世界，拥有世界性数字货币 Libra 后，全球贸易往来将变得更加便捷、迅速，跨境汇款也变得安全可靠。目前 Libra 并未实际发行货币，而是在建立数据时代的货币标尺。

其次是构建数字时代的价值尺度。从地球村的角度来看，技术的发展和互联网的介入，需要形成真正意义上的电子化世界共识货币，也需要基于区块链技术的电子化世界共识货币体系慢慢取代当前的货币体系。

最后是高效的核心代替绝对的中心。中心化的组织在一定程度上提升了工作效率，但也容易造成组织的僵化，对组织内部创新形成阻碍，而去中心化将会成为未来组织的新趋势。

6. Libra 项目潜在的经济影响

（1）对各国法定货币的影响

Libra 对各国法定货币的影响并不一致。对美元的综合效应可能表现为信用增强，对英镑、欧元、日元等法定货币的综合效应可能表现为信用减弱，对于币值不稳的小国主权货币则可能具有摧毁作用。

Libra 对美元的影响可以从两个角度去思考：从国际结算角度来看，Libra 与美元可能存在着竞争关系；但从储备资产角度来看，Libra 和美元则是互相支持的关系。在美国境外金融机构发行的 Libra 代币本质上被认为是离岸美元。美国曾在过去较长时间内丧失了离岸美元的定价权，一度导致美元离岸市场同业拆借利率无法反映真实的融资成本，Libra 对于美国重新掌控美元离岸市场定价权具有一定的积极意义。

但是对于美元以外的各国法定货币，尤其是币值不稳的法定货币，Libra 可能会产生货币替代效应。在 20 世纪 70 年代的拉美国家和 20 世纪 90 年代的苏东国家都曾发生较大规模的货币替代。进入 21 世纪后，全球美元化的程度尽管有所降低，但发生过严重通货膨胀的国家（如委内瑞拉、阿根廷）的居民仍然有较强的动机持有美元资产。与此同时，这些国家已经考虑利用数字货币来对抗恶性通货膨胀。2018 年 2 月，委内瑞拉以石油为价值支持，发布了数字货币并正式对外发售。但事实上，非锚定型数字货币在价格稳定方面的表现均不如美元等强势法定货币。Libra 的出现将会提高通货膨胀国家的居民获得稳定货币的便利性，再次加剧货币替代，并对该国货币金融体系产生较大冲击，甚至有可能取代其主权信用。

（2）刺激各国研发法定数字货币

发行稳定币 Libra，一方面能为各国发行法定数字货币提供借鉴，另一方面也会刺激各国加快发行数字货币的步伐。除了厄瓜多尔、委内瑞拉、突尼斯、塞内加尔等国先后发行过数字货币之外，各主要国家已经纷纷启动对法定数字货币的研发：2014 年，中国人民银行启动了数字货币的研究工作；2017 年 7 月，中国人民银行数字货币研究所正式挂牌成立；2016 年 6 月，加拿大央行启动"Jasper 项目"；2018 年 3 月，新加坡金融管理局启动"Ubin 项目"；2018 年 9 月，欧洲央行和日本央行联合开展了"Stella 项目"。

目前，中国人民银行对于法定数字货币的研究走在了世界前列。在"Libra 白皮书 1.0"发布后，中国人民银行研究局局长王信表示，Libra 对各国货币政策、金融稳定和国际货币体系可能会产生重大影响；中国人民银行经过国务院正式批准，正在组织市场机构进行法定数字货币的研发。这反映了中国官方对 Libra 的重视和对此做出的积极反应。

（3）增加全球金融风险

从设计机制来看，Libra 的发行可能会增大全球系统性风险。

第一，Libra 的本质是"全球影子银行"，存在货币错配和期限错配的风险。用户倾向于将单一货币兑换成 Libra 代币，但 Libra 代币却基于一篮子货币计价，在资产端和负债端存在货币错配。此外，用户可以随时向经销商双向兑换 Libra 代币，但 Libra 资产池具有一定的投资期限，经销商和 Libra 协会无法实现实时兑换，从而导致期限错配。同时，货币错配和期限错配可能会相互强化，加剧错配程度和金融的不稳定性。

第二，Libra 经济系统存在无风险套利的空间。虽然用户持有的 Libra 代币没有利息，但是 Libra 的储备资产池（被托管在金融机构中）会产生投资收益，投资收益用于支付运营成本及为协会会员分红，而剩余收益则为资金加杠杆进入 Libra 体系进行套利提供了机会。

第三，虽然 Libra 没有发行规模限制，但如果发行规模过大，可能就会导致系统性风险。如果储备池资产为追求较高的投资收益而采取相对激进的策略，那么当面临集中大额赎回时，则可能无法完成兑付，进而导致折价出售储备资产，形成恶性循环，引发流动性危机。要避免这一情况发生，须对 Libra 资产储备池按照类型、信用评级、期限、流动性以及集中度等进行审慎监管。

第四，Libra 可能会加剧跨境资本流动风险，并导致监管套利。由于 Libra 是基于区块链上的地址而不是银行账户进行转移的，因此具有天然的跨境属性。在美元进入降息周期时，美元为全球金融市场提供流动性，并不断加杠杆；在美元进入加息周期后，资本便会发生反向流动，从而有可能造成当地金融系统崩溃。2008 年国际金融危机后，经济学学界开始重新思考资本管制的必要性。而 Libra 的发行可能会削弱资本管制政策，增大跨境资本流动风险。此外，Libra 全球化运营的特征为其利用不同国家的法律和政策进行套利提供了空间。

第五，Libra 可能会滋生洗钱、恐怖融资、偷税漏税和欺诈等违法犯罪行为。尽管金融机构可通过了解客户、反洗钱、反恐怖主义融资等准则规避相关风险，但 Libra 用户接入的低门槛和代币流通的跨国界仍然无法杜绝冒名注册等问题，消费者保护及金融健全性规则亟待建立。

（4）对商业银行体系的影响

互联网金融深刻改变了传统商业银行的盈利模式，加剧了金融脱媒。区块链凭借点对点价值传输等特点对以商业银行为代表的金融中介提出了更大的挑战。虽然脸书高度重视 Libra 的合规性，采取将部分商业银行纳入经销商以减少社会阻力的方式推进项目，但 Libra 的运作方式对于未成为经销商的银行则构成了更加严峻的挑战。

8.2.3 Libra 面临的挑战

脸书从创设 Libra 之初就声称将会致力于推进普惠金融，这一口号在当今世界似乎很容易产生共鸣。但是，Libra 是否如脸书所描绘的那样普惠和无害仍有待商榷。Libra 面临的挑战如下。

1. 监管部门关注的问题尚未得到解决

当前 Libra 发展面临的最大问题就是来自监管部门的担忧。对于 Libra 这种新兴业态，到底应该由谁来监管以及监管的领域具体应包括哪些方面，目前尚存争议。参与 Libra 项目的企业大多是重量级的跨国企业，在各国监管部门态度未明朗之前，这些企业定不会冒险强行推广 Libra，而各国监管部门关注的问题主要包括以下几点：

- 鉴于脸书在数据隐私和数据安全方面曾经暴露出的重大风险，失去了一定的公信力，那么脸书是否可以提供安全的数字货币交易平台还有待商榷；
- Libra 预期构建的覆盖全球的金融商业模式的可持续性尚不明确，可能会影响当前的金融稳定；

- 对于使用 Libra 的消费者来说，其利益是否有足够的保障；
- 脸书在社交网络方面具有前期积累的强大优势，一旦发行 Libra，可能就会产生联动效应，甚至再造一个垄断巨头；
- Libra 背后的法定货币储备托管机构的资质要求以及资产和数字货币兑换之间的赎回要求尚未明确；
- Libra 是否会要求完全匿名，若完全匿名，那么 Libra 最终是否会沦为洗钱和支持各种非法活动的工具。

由于"Libra 白皮书 1.0"发布后受到各方的质疑，所以"Libra 白皮书 2.0"为应对监管问题做出了一系列反馈，比如，建立金融情报部门，用以随时汇报相关可疑行为，制定反洗钱等合规政策，但是现行的监管框架和部门是否接受 Libra 2.0 所采取的方式仍有待观察。

2. 加密货币的隐私保护和金融监管存在根本性冲突

账户是金融监管的基础，而金融机构提供的绝大部分金融服务是需要以身份认证为前提的。很多加密数字货币都在强调账户的匿名性，这一特点与金融监管原则存在根本性冲突。如果数字货币允许使用匿名账户，那么就不能识别账户持有人的真实身份，这将在反洗钱等方面产生很大隐患，显然难以满足最基本的金融监管要求。除此之外，由于脸书近年来多次爆出侵犯个人隐私及数据泄露的丑闻，对于 Libra 能否建立起用户信任、是否能妥善保护用户隐私，市场和监管部门普遍存有疑虑。

3. 技术安全问题

区块链是 Libra 依赖的核心技术，虽然区块链技术相对安全，但全球区块链技术尚在开发阶段，并不成熟，还未完全解决客户端和应用安全问题，且缺乏统一、明确的规定和标准，因此不得不防范可能会出现的更高级别的黑客攻击。

4. 各国政府基于自身利益很难将 Libra 合法化

即便 Libra 项目可以解决上述所有的监管问题，但是它的体系架构中并未考虑各国政府的利益。而且，由于非主权货币形态本身就与主权货币相冲突，因此，Libra 也很难将各国政府的利益考虑在内。

5. Libra 声称传统金融普惠性未能完全覆盖

"Libra 白皮书 1.0" 对传统金融描述如下。

> 纵观全球，事实上穷人为金融服务支付的费用更多。穷人辛苦赚来的收入被用于支付各种繁杂的费用，如汇款手续费、电汇手续费、透支手续费和 ATM 手续费等。发薪日贷款的年化利率可能达到 400%，甚至更高，仅借贷 100 美元的金融服务费便可高达 30 美元。当被问及为什么仍然徘徊在现行金融体系的边缘时，那些仍未开立银行账户的人指出了原因：缺乏足够的资金、各种不菲且难以预测的费用、距离银行太远，以及缺乏必要的手续材料。

Libra 力图说服人们其是在致力于推进普惠金融，然而，从 Libra 目前的设计中，我们并不能看出解决这个问题的方法。首先，Libra 未能说明如何覆盖没有银行账户的用户，用户需要通过主权货币兑换或者别人转账获得 Libra，对于那些无法开通银行账户的用户，我们很难想象该用户可以轻松开通 Libra 账号并获得 Libra。如果 Libra 服务的目标人群是脸书的 20 亿用户，那么使用互联网平台的用户又怎么会没有银行账户呢？这和 Libra 宣称的普惠性相悖。其次，贷款体系和支付体系所需的能力、成本和运营模式都完全不同，如果 Libra 试图解决贷款利率过高的问题，那么 Libra 应当怎样做到比银行更加高效？最后，Libra 是否能够维持比银行更低的运营成本还有待观察。例如，区块链整体的 IT 成本、Libra 和主权货币的换汇等费用是否能够通过资产的储备增值来覆盖还可未知。因此，Libra 的普惠性还存在逻辑上的诸多疑点。

8.3 Libra 与数据权益资产化

随着世界范围内各国对隐私保护监管的不断加强和公众隐私保护意识的提高，脸书赖以生存的广告业务受到了严重影响并深陷诉讼泥潭。在此背景下，脸书突然推出看似和隐私保护及广告业务无关的 Libra，是否有更深层次的战略目的值得研究。

1. 脸书推出 Libra 的意图猜想

脸书突然发行数字货币让人多少感到有些意外，而作为大型社交平台的脸书并没有通过发行数字货币进行融资或增加用户黏度，从脸书发布的官方资料中也不能直接找出 Libra 与隐私保护问题的关联性。"Libra 白皮书 1.0"指出，Libra 是为解决被传统金融体系拒之门外的弱势群体的金融服务问题。但这一看似伟大的目标并没有得到各国监管部门的认可。一方面，Libra 对各国法币造成的影响将带来不可预知的金融风险；另一方面，脸书完全可以采用其他更安全的方式来帮助弱势群体，而非发行数字货币。因此，数字货币对于脸书来说非必然之选，更不是最安全和最合乎常理的选择，脸书冒着巨大的监管压力发行数字货币而且锲而不舍必定有更深远的战略目标。

目前，针对脸书发行数字货币意图的猜测主要有以下三种观点。

（1）通过实现通证激励来增加用户黏度

该观点认为，Libra 可以与脸书现有的业务相结合，在避免过度收集用户数据的同时，为互联网广告业务注入新的活力。具体而言，脸书可以在其社交网络、游戏等业务当中基于 Libra 构造通证激励体系。该体系不必过度分析个人信息，而是可以用 Libra 进行奖励，并配合一个通证二级市场实现通证的流通。在不了解用户具体偏好的情况下，该体系鼓励用户点击广告，引导用户深度互动。

该观点的主要问题在于 Libra 定位为稳定币，锚定了多国的法定货币，这种定位必然使得 Libra 的兑换价格不会出现大幅度的波动。通证激励是通过通证本身的价格波动提高用户对通证增值的预期来实现用户激励的，因此，Libra 并不能起到通证激励的作用。另外，如果脸书的目的是通过构建激励体系来增加用户黏度，那么通过类似 Q 币的传统积分体系就可以实现，完全没必要采用技术复杂度更高的区块链技术来实现。由此可见，脸书发行 Libra 是为了通过实现通证激励来增加用户黏度的研究结论并不成立。

（2）寻找新的利润增长点

Libra 能够在不侵犯用户隐私的情况下，从最高点切入金融科技领域，赚取巨额的收入和利润。互联网支付是 Libra 具备的最基本的能力，拥有巨大的规模和丰厚的利润，不但可以改善用户在隐私保护方面的支付体验，还可以大幅提升跨境支付效率。如果脸书可以向 Libra 有效转化用户，那么 Libra 仅手续费收入就比现在脸书的全部营收还要高，而这一切都无须过度获取用户数据就可以在端到端加密的情况下完成。脸书还可以与银行、基金公司、证券公司、交易所、保险公司等传统的金融机构合作，在自己的体系中创建各种金融产品，成为用户的金融服务入口，甚至是全球最大的金融中介，赚取高额的中介费用。基于此，Libra 有能力为脸书创造一个新的商业模式，不但能够使其摆脱目前过度依赖个人信息带来的困境，而且有可能使脸书在互联网领域里保持长期竞争优势。

该观点的主要问题是脸书切入金融科技领域谋求更高的收入和利润是否有必要通过发行数字货币的方式实现，是否可以通过类似中国的蚂蚁金服或财富通这种金融科技公司实现新的盈利增长点。关于这些问题，脸书一直没有给出让人信服的回答。

（3）构建数字货币央行

Libra 将锚定多国法币组成一篮子货币，这就意味着 Libra 和数字货币领域中的"稳定币"类似，在一定范围内控制价格波动，而不是试图通过通证升值来提供激励。更为可能的是，Libra 为持有者发放利息，从而使 Libra 体系更接近一个银行。有观点认为，脸书希望通过 Libra 项目构建数字经济世界里的中央银行，同时掌握铸币权和信贷权。

构建数字货币央行也许是脸书的理想，但理想往往和现实存在差距。货币发行权不但是国家主权的体现，而且其中还蕴含着巨大的经济利益和经济调节的作用。脸书拥有铸币权，势必对某国的主权货币造成冲击，侵害该国政府的直接利益，甚至引发通货膨胀，引起该国的货币政策失效，对其经济稳定造成一系列影响。因此，各国政府基于自身利益很难将 Libra 合法化，更不可能承认脸书的数字央行的地位。

2. 基于用户数据资产化的新商业模式

脸书宣称其一直在为实现个人信息保护的合规性进行整改，但这种整改是否可以达到预期效果，真正使用户获益呢？以欧盟《通用数据保护条例》为例，该条例要求服务商必须征得用户同意，才能使用用户的个人数据。为完成这一合规要求，脸书表示，用户将会被问及是否同意接收来自合作伙伴向其发布的广告数据，以及是否同意让脸书使用并分享个人信息。然而事实上，用户只能选择限制其个人信息用于广告投放的程度，但无法完全关闭分享。如果用户不想分享任何数据，那么结果就是系统会发出"账户即将被停用"的警告。从脸书的商业模式来看，选择退出有针对性的广告营销是不可能的，因为脸书本身就是一项由广告支持的服务。由此可见，脸书针对隐私保护的合规整改可以使其暂时符合监管要求，规避风险，但并不能从根本上解决商业模式和用户数据权益之间的矛盾。脸书必须寻找新的方案来解决这一矛盾。

在这种背景下，脸书推出 Libra 必然与上述问题存在关联。脸书最有可能使用区块链技术来解决现有业务与用户数据权益之间的矛盾，创造一种新的基于用户数据资产化的商业模式。脸书基于用户数据的商业模式可能包括以下内容。

（1）利用区块链对用户数据进行确权

在区块链出现之前，数据被确权基本是无法实现的，因为数据几乎能够无成本地被复制、传播，价值近乎为零。因为无法确权，数据也就无法成为资产。而区块链技术恰好能够防止数据无成本地被复制。区块链将数据的指纹信息上链，从而封装成链上的数据对象，通过私钥和指纹信息为每个数据对象确权，从而保护每个人的数据权益。

Libra 项目采用基于 BFT 共识机制的区块链，脸书可以利用该区块链完成对用户数据的确权。

（2）利用数字货币合法使用用户数据

利用 Libra，脸书可以通过向用户支付数字货币的方式来获得用户同意，甚至通过激励用户上传数据来实现现有广告业务更好的运转，从而解决令其头痛的用户隐私问题。因为用于激励的数字货币是脸书自己发行的 Libra，所以在用户将 Libra 真正兑换成法定货币之前，脸书依然是零成本地在使用用户数据。这种方式和原来的区别是，由于脸书支付了 Libra，所以现在脸书使用用户数据就变成了有偿使用。也就是说，脸书不存在侵权的问题，而是合法使用。

脸书通过互联网服务获得用户信息，利用这些信息为其广告服务盈利，这一商业模式由脸书首创并成为全球所有互联网公司主要的商业模式。现在脸书正通过推出 Libra 创造颠覆性的商业模式，一种将用户数据资产化的新的商业模式。

3. Libra 与数据权益资产化的异同

Libra 基于用户数据权益的商业模式的基本理念与数据权益资产化的理论相同，都是将无价值概念的数据赋予价值，然后通过交易使用权实现数据的合法流动。然而，Libra 与数据权益资产化存在以下几点不同。

（1）数据控制权不同

虽然脸书推出了基于 BFT 共识机制的区块链，但用户所有的原始数据还是存储在脸书自己的数据库中，脸书在使用用户数据时，只是在形式上获得用户的授权，真正的控制权还在脸书手里。

与之相反，数据权益资产化是采用去中心化的存储方式，所有的用户数据都被加密保存在个人节点的客户端中，没有任何一个中心数据库来存储这些数据，并且只有使用私钥才能进行查看、授权等操作。也就是说，用户数据的控制权真正归用户自己所有。

（2）定价机制不同

脸书出于商业利益，不会采用市场化的定价机制，而是采用基于数字货币的激励机制。在这种情况下，用户并没有真正获得应有的数据收益。

然而，数据权益资产化采用撮合交易、市场定价的机制，对交易双方都是公开透明的，不存在损害任何一方利益的情况。

（3）交易方式不同

虽然脸书出于商业利益将用户数据资产化，但不会真正实现市场化交易，而是采用激励的形式获得用户的数据资产。

数据权益资产化会采用公开透明的数据资产交易平台进行开放式交易。

（4）受众范围不同

脸书的用户数据资产化面向的是脸书社交平台用户。出于商业利益，脸书不会将自己用户的数据资产开放给其他商业组织。而数据权益资产化面向的是所有对数据有需求的个人、政府及企业，受众范围更广。

虽然脸书的 Libra 与数据权益资产化的理论有诸多不同，但这可能是大型互联网公司真正迈出用户数据资产化的第一步，将在数据资产化发展进程中起到举足轻重的作用。

后　记

　　人类社会已经从工业时代进入信息时代，开启了以大数据、人工智能、物联网、量子计算等技术为代表的第四次工业革命。算力、算法、网络和数据将是第四次工业革命的四个核心要素，尤其是数据，数据将成为本轮工业革命的"原材料"和驱动力。在新一轮信息技术浪潮中，"数据是可以变现的资产"已经成为共识。数据不再是免费的"公地"资源，商业机构将为使用数据付出越来越高的成本。未来，数据就像石油一样珍贵。

　　在信息技术被普遍应用的环境下，现实中的隐私空间逐步被压缩。人们不但关心现实中的真我形象，也越来越关心自己在互联网中的数字形象，原因有两点：一是人们对数字形象的控制权的需求越来越强烈；二是个人信息的价值逐步被发现。随着国民受教育程度的提高，人们对个人信息的认知将发生变化并呈现两个方面的趋势：一是关注个人信息保护的人将从高收入群体逐步过渡到普通大众；二是人们从只重视个人信息的人格利益逐步扩展到对数据权益价值的重视。

　　随着社会对隐私权和个人信息保护的关注，个人信息的法律保护变得异常严苛，执法力度加大、违法成本激增将是必然趋势。个人信息的专项立法出台将不会太久，个人隐私的侵犯和个人信息滥用将受到严厉的法律制裁。基于以上发展趋势，未来个人信息的获取将越发困难。虽然个人信息在获得严苛保护的同时也使得个人信息的流通和使用受到了限制，但工业革命的浪潮势不可当，个人信息的价值利用不能被阻碍，个人信息数据的流通问题成

253

为必须要解决的问题。

　　个人信息保护和数据治理问题已经成为世界各国的难题。我国是互联网大国，网民数量众多，数据治理的难度远超其他任何国家，但是从当前形势来看，我国是在个人信息数据治理方面做得最好的国家之一。本次新冠肺炎疫情中健康码的成功应用，充分显示出我国在数据治理中的巨大优势。一方面，通过健康码可以发动民众来获取公共事业所需的数据，取之于民并用之于民；另一方面，个人信息作为一种特殊的数据类型，使用者不应只关注获取环节的问题，还应该考虑数据获取后的安全存储、二次利用、知情权等问题。如果这些问题都得以解决，那么为此而付出的成本将是巨大的，这也是以政府为主体的个人信息保护和利用模式存在的主要问题。

　　数据权益资产化将以政府和企业为主体的个人信息保护和利用模式转化为"谁产生、谁维护、谁受益"的社会化全民参与方式，解决了个人信息保护和利用之间的矛盾，必将成为未来数据流通和利用的主要形式，并会随着其发展诞生新的技术和商业模式。当然，由于个人信息的特殊性，再加上数据权益资产化本身是新生事物，所以，其在实施过程中必然会需要相应的监管。数据权益资产化的监管首先确保了国家对数据的控制权，个人信息的产生环节需要和国家公民数据库对接，保证公民信息和行为信息的匹配，保证被授权部门（如国安、刑侦等）在保护国家安全、打击违法犯罪、维护社会稳定等方面对个人信息的使用，这也是数据资产化施行的前提。其次，数据权益资产化的监管使公共事业对个人信息的使用有限，在保护个人隐私的前提下使人们获得更好的公共服务。最后，参与数据权益资产化生态建设的商业机构必须遵守规则，不能使用非法手段破坏生态规则，避免信息不对称造成"次品市场"。随着数据权益资产化逐步施行，数据权益资产化的监管必将随之改进，产生新的监管形式和监管技术，最终达到公众、政府、商业、监管的多方均衡，实现数据治理的帕累托最优。

　　数据权益资产化作为社会发展到一定阶段的新生事物，必将经历一些波折。目前来看，真正实现数据权益资产化，需要解决的问题还有很多。首先，政府和公众对数据权益资产化的认知还需要提高，很多场景下一提到数据权益资产化仍被简单理解成个人信息的买卖。其次，相关技术还不能完全满足数据权益资产化的需求，尤其是底层区块链技术。区块链技术还处于初级阶段，需要进一步的技术研发，这方面还需要政府加大扶持力度。最后，从个人信息到数据需求方"最后一公里"的问题需要得到有效解决，包括交易方式的认可度、数据使用的简便性、数据和业务的结合性等问题。虽然在实现数据权益资产化和监管的过程中还存在诸多问题，但随着数字经济的发展，上述问题都可以得到逐步解决。

参考文献

［1］周毅，白文琳.数据驱动环境下公共信息服务行动的向度与逻辑［J］.
情报资料工作，2019（5）.

［2］颜佳华，王张华.数字治理、数据治理、智能治理与智慧治理概念及其
关系辨析［J］.湘潭大学学报（哲学社会科学版），2019（5）：25-30.

［3］齐爱民.个人信息开发利用与人格权保护之衡平——论我国个人信息保
护法的宗旨［J］.社会科学家，2007（2）：7-10.

［4］齐爱民.论个人信息的法律保护［J］.苏州大学学报，2005-03-20.

［5］张阳.数据的权利化困境与契约式规制［J］.科技与法律，2016（6）：
1096-1119.

［6］易莉.论个人信息的财产属性及其商业利用机制［J］.西部法学评论，
2019（2）：125-132.

［7］王融.关于大数据交易核心法律问题——数据所有权的探讨［J］.大数
据，2015，1（2）：49-55.

［8］王玉林.信息服务风险规避视角下的大数据控制人财产权利与限制研究
［J］.图书情报知识，2016（5）：116-122.

［9］丁道勤.基础数据与增值数据的二元划分［J］.财经法学，2017（2）：
5-10.

［10］周林彬，马恩斯.大数据确权的法律经济学分析［J］.东北师大学报
（哲学社会科学版），2018（2）：30-37.

[11] 陆小华. 信息的财产化进程 [J]. 中国政法大学学报，2009（1）：74-84.

[12] 童园园. 大数据时代下刑法对个人信息的保护 [D]. 华东政法大学，2014.

[13] 齐爱民. 个人信息保护法研究 [J]. 河北法学. 2008（4）.

[14] 郭兵，李强等. 个人数据银行——一种基于银行构架的个人大数据资产管理与增值服务的新模式 [J]. 计算机学报，2016-08-09.

[15] 王文平. 大数据交易定价策略研究 [J]. 软件，2016，37（10）：94-97.

[16] 干春晖，钮继新. 网络信息产品市场的定价模式 [J]. 中国工业经济，2003（5）：34-41.

[17] 吕小刚，王彩云，程立丽. 区块链技术视角下政府数据治理创新路径 [J]. 辽宁行政学院学报，2019（5）：12-16.

[18] 任翠萍，张俊丽. 面向大数据基于信息熵的隐私成本定价系统 [J]. 赤峰学院学报. 2018（7）.

[19] 汪寿阳，敖敬宁，乔晗，杨一帆，胡毅，姜懋. 基于知识管理的商业模式冰山理论 [J]. 管理评论. 2015（6）.

[20] 王凌霄，沈卓，李艳. 社会化问答社区用户画像构建 [J]. 情报理论与实践，2018，41（1）：129-134.

[21] 亚伯拉罕·马斯洛. 动机与人格（第3版）[M]. 许金声，译. 北京：中国人民大学出版社，2007：18-32.

[22] 刘燚璐. 论个人信息权的民法保护 [J]. 哈尔滨学院学报，2017（2）.

[23] 张新宝. 从隐私到个人信息：利益再衡量的理论与制度安排 [J]. 中国法学，2015（3）：38-59.

[24] 祁明，肖林. 虚拟货币：运行机制、交易体系与治理策略 [J]. 中国工业经济，2014（4）：110-122.

[25] 张慧菲. 商业模式评估方法的比较研究 [J]. 市场周刊（理论研究），

2014（1）：8-10.

［26］邵洪波.商业模式评估的理论、方法与发展（上）［J］.现代国企研究，
2014（8）：42-49.

［27］李曼.略论商业模式创新及其评价指标体系之构建［J］.现代财经（天
津财经大学学报），2007（2）：55-59.

［28］高蕾蕾.集聚战略下的 E-learning 提供方商业模式研究［D］.北京交通
大学，2011.

［29］李东，王翔，张晓玲，周晨.基于规则的商业模式研究——功能、结构
与构建方法［J］.中国工业经济，2010.

［30］张慧菲.商业模式评估方法的比较研究［J］.市场周刊（理论研究），
2014（1）：8-10.